O HOMEM QUE OUVE CAVALOS

MONTY ROBERTS

O HOMEM QUE OUVE CAVALOS

Tradução
Fausto Wolff

28ª edição

BERTRAND BRASIL
Rio de Janeiro | 2023

CIP-BRASIL. CATALOGAÇÃO NA PUBLICAÇÃO
SINDICATO NACIONAL DOS EDITORES DE LIVROS, RJ

R549h Roberts, Monty, 1935-
  O homem que ouve cavalos / Monty Roberts; tradução de Fausto Wolf. – 28. ed. – Rio de Janeiro: Bertrand Brasil, 2023.

  Tradução de: The man who listens horses
  ISBN 978-65-5838-208-9

  1. Roberts, Monty, 1935- . 2. Cavalos – Comportamento. 3. Cavalos – Adestramento. 4. Comunicação homem-animal. 5. Treinadores de cavalos – Biografia. I. Título.

23-84818
  CDD: 636.10835
  CDU: 636.1.083

Meri Gleice Rodrigues de Souza - Bibliotecária - CRB-7/6439

Copyright © Monty Roberts, 1996

Título original: *The Man Who Listens to Horses*

Texto revisado segundo o Acordo Ortográfico da Língua Portuguesa de 1990.

Todos os direitos reservados.
Não é permitida a reprodução total ou parcial desta obra, por quaisquer meios, sem a prévia autorização por escrito da Editora.

Direitos exclusivos de publicação em língua portuguesa somente para o Brasil adquiridos pela:
EDITORA BERTRAND BRASIL LTDA.
Rua Argentina, 171 — 3º andar — São Cristóvão
20921-380 — Rio de Janeiro — RJ
Tel.: (21) 2585-2000,
que se reserva a propriedade literária desta tradução.

Impresso no Brasil

Seja um leitor preferencial Record.
Cadastre-se no site www.record.com.br
e receba informações sobre nossos
lançamentos e nossas promoções.

EDITORA AFILIADA

Atendimento e venda direta ao leitor:
sac@record.com.br

DEDICATÓRIA

Não tive outra escolha senão dedicar este livro para Equus: o animal voador. Na minha opinião devemos desculpas a essa espécie por fazê-la suportar nossa falta de compreensão por milhares de anos. Equus tem sido meu professor, meu amigo e meu sustento.

COM AMOR E CALOROSO APREÇO

Preciso dizer com absoluta sinceridade que a sociedade com minha mulher, Pat, foi a contribuição mais forte para o progresso da minha carreira. Seu trabalho incansável no gerenciamento de nossa operação permitiu-me viajar de tempos em tempos para estudar a minha arte. Seus sacrifícios foram monumentais.

Pat e nossos filhos devem receber meus mais profundos agradecimentos. Por seu amor, paciência, tolerância e incrível carga de trabalho.

AGRADECIMENTO AOS MEUS PROFESSORES

Se Equus foi meu grande professor, Marguerite Parsons, Irmã Agnes Patricia, Bill Dorrance, Don Dodge e o Dr. Bob Miller levam o crédito por criarem um contexto no qual eu pude aprender.

E UMA PALAVRA AOS MEUS LEITORES

Embora cavalos sejam animais amigáveis, maus-tratos e medo podem transformá-los em criaturas hostis. Se você não conhece bem o temperamento do seu cavalo, é melhor ter cautela.

SUMÁRIO

Prólogo.... 9

1. Crescendo com cavalos.... 21
2. Vidas amargas.... 119
3. A síndrome do castelo de areia.... 185
4. Um convite que mudou a minha vida.... 271
5. Conjunção — um guia, passo a passo, do método de Monty Roberts.... 335
6. Círculo completo.... 347

Prólogo

Este livro conta a história de como aprendi a ouvir os cavalos e a me comunicar com eles por meio da divisão que nossas espécies definiram naturalmente para nós. Só me ocorreu escrever este livro depois do que se passou em uma noite de dezembro de 1988, quando eu tinha 53 anos.

Recebi o telefonema de um amigo e vizinho chamado John Bowles. Seu sotaque sulista era inconfundível.

— Monty?

— Sim.

— Adivinha, rapaz! A rainha da Inglaterra quer te conhecer.

Ele prosseguiu descrevendo como sua Majestade, a rainha da Inglaterra, pretendia investigar o meu trabalho com cavalos e talvez ver com seus próprios olhos o que eu alegava ser capaz de fazer em termos de me comunicar com eles.

É preciso dizer que John Bowles é homem capaz de passar trotes e foi nisso que pensei na hora. Perguntei-lhe como ele, um simples John Bowles, se transformara subitamente em mensageiro da rainha da Inglaterra.

Respondeu-me que um amigo inglês, um certo Sir John Miller, fora responsável pelos estábulos reais, e a rainha lhe dera instruções para que me encontrasse. Sua Majestade lera artigos de minha autoria publicados pelas revistas *The Blood Horse* e *Florida Horse,* nos quais eu explicava as demonstrações que dava, e ficara intrigada.

John Bowles disse ainda que me encontrar fora a tarefa mais simples que já lhe haviam dado. Então não era fácil descobrir alguém que morava a 10 quilômetros de distância e que ele conhecia havia mais de quinze anos?

Não muito tempo depois, Sir John Miller veio até a minha fazenda na Califórnia para ver o que eu sabia fazer.

Ficou impressionado depois que lhe dei uma demonstração. Quando voltamos para almoçar em casa e durante o almoço, ele começou a me falar de datas específicas no ano seguinte — o itinerário de sua Majestade. Ela estaria no Castelo de Balmoral em tal e tal data, e assim por diante. Conjecturei que ele estava para me encaixar na agenda da rainha.

Conjecturei certo. Informou-me que sua Majestade me convidaria para ir à Inglaterra em abril de 1989, para passar uma semana como seu hóspede no Castelo de Windsor. Perguntou-me naquele tom de voz característico da aristocracia britânica:

— Será que uma demonstração semelhante à que acabei de ver poderia ser arranjada para sua Majestade nas *mews*?

Na época eu não sabia que *mews* queria dizer estábulos, mas assegurei-lhe que daria conta da tarefa.

Ele finalizou dizendo que se a rainha se convencesse de que meu trabalho valia a pena, providenciaria para que eu fizesse uma excursão por cidades e vilas britânicas. E o mais importante era que ela gostaria de incluir as cidades escocesas de Gleneagles e Newmarket no roteiro.

Duas semanas mais tarde, recebi um convite formal do Palácio de Buckingham. Agora eu sabia que a coisa era para valer — estava às vésperas de conhecer a rainha da Inglaterra.

Por diversas razões que se tornarão claras no decorrer deste livro, tive que manter secreto o meu trabalho durante a maior parte da minha vida.

Desde criança fui agredido fisicamente, vilipendiado e acusado de charlatanismo sempre que decidia demonstrar às pessoas o que aprendera e o que podia fazer. Sabia que não era um charlatão e que o que aprendera fora o resultado de longas horas observando os cavalos soltos na pradaria. Uma coisa essencialmente simples e baseada no bom-senso. Se há algo de mágico no meu trabalho, é uma língua não descoberta; uma língua primitiva, precisa e fácil de ser aprendida. Uma vez aprendida, ela permite um novo entendimento entre o homem e o cavalo. Mas não há nada de mágico nisso e nem é exclusividade minha. Ainda recentemente ensinei meu ferreiro a conseguir resultados similares aos meus em poucos minutos.

Portanto, para mim, constituía a maior recompensa poder provar para a satisfação de sua Majestade que meu trabalho era importante e digno de crédito. Se conseguisse provar isso, traria para os meus métodos a maior audiência possível.

No dia 5 de abril de 1989 desembarquei no aeroporto de Heathrow, onde fui recebido por Sir John Miller. Fomos imediatamente conduzidos de carro oficial para o Castelo de Windsor, a cerca de 20 quilômetros de distância.

Estacionados no castelo estavam alguns veículos que se pareciam mais com tanques Sherman do que com carros de passageiros. Sir John me disse que a rainha estava almoçando com o presidente russo Mikhail Gorbachev e sua mulher Raisa. Os carros da comitiva haviam sido despachados diretamente da Rússia.

O interior do Castelo de Windsor foi uma revelação. Atrás daqueles portões e naqueles corredores por onde eu passava, importantes negócios de Estado haviam sido conduzidos por centenas de anos. Aquela família — a família real — já era proprietária de cavalos de corrida centenas de anos antes de o meu país ter sido descoberto.

Digamos que, como um garoto caipira da Califórnia, que trabalhara muito e arduamente no campo da equitação, eu sabia que me preparava para subir o mais alto patamar da minha vida.

Sir John levou-me até embaixo para um piquete em frente ao Castelo de Windsor, onde me mostrou quinze cavalos de todas as cores, formas e tamanhos. Em um padoque separado havia uma potranca puro-sangue, totalizando 16 animais.

Nenhum deles ainda havia sido montado. Eram todos verdes e crus. Haviam sido laçados e encabrestados. Eram os cavalos com os quais eu me comunicaria durante a semana de demonstrações que daria no castelo.

Sir John me levou para a área dos estábulos num dos lados do castelo. Então era nisso que ele falava quando se referira a *mews*!

Em seguida, fomos até a pista coberta. Parecia uma grande capela com janelas góticas e um teto muito alto em forma de abóbada. Numa das extremidades havia um balcão protegido por uma parede de vidro e madeira. Era uma espécie de camarote gigantesco à prova de som, e dele a família real assistiria a meus trabalhos com os cavalos.

No centro da escola de equitação havia um cercado de arame redondo, de aproximadamente 20 metros, que eu e Sir John encomendamos à Lodden Equipment Company.

Era um cenário atraente, mas eu jamais demonstrara a minha técnica em um cercado de arame e não sabia como os cavalos reagiriam. Eles poderiam ver o que havia fora do cercado, o que significa que não prestariam muita atenção no que eu estivesse fazendo.

De qualquer modo, não havia outra opção. Precisava acreditar que a tela circular de arame seria barreira suficiente e não distrairia os animais em excesso.

Sir John me dissera que a rainha convidara cerca de duzentas pessoas para assistir à demonstração na semana seguinte. Ela própria só poderia me dispensar uma hora na segunda-feira de manhã — seus compromissos anteriores não lhe permitiam mais tempo —, mas provavelmente à noite veria os treinos do dia em um vídeo.

Eu e Sir John voltamos ao castelo. Mikhail Gorbachev e sua esposa já deviam estar se despedindo e nos defrontamos com a enorme operação de segurança necessária para que deixassem a mesa do almoço.

Era uma sensação estranha observar os guardas russos misturarem-se aos seguranças britânicos. Homens armados de metralhadora por toda parte.

De repente, depois de uma discussão entre agentes russos e ingleses, um oficial britânico foi até onde estávamos e disse em voz alta para Sir John:

— Por Deus do céu, nós os paramos na Crimeia e vamos pará-los no Castelo de Windsor! — Esse sujeito certamente sabia guardar rancor.

Pouco depois, Gorbachev e Raisa saíram e passaram de automóvel bem na nossa frente, precedidos por muitos carros e seguidos por outros tantos. Uma experiência para mim, sem dúvida.

Às 9 horas da manhã seguinte, estávamos de volta ao Castelo de Windsor. Naquele dia eu levaria os cavalos para o redondel. Descobri ao longo de anos de experiência que meu trabalho funciona mais efetivamente quando o cavalo não é distraído pelo que se passa à sua volta. Se você pode imaginar um cavalo bravio laçado na pradaria, talvez sem ter tido um prévio contato com o homem, pode também imaginar o que significa induzi-lo a entrar num redondel de pouco mais de 20 metros, observado por centenas de pessoas. Seu poder de concentração certamente será afetado. Isso não torna impossível a demonstração de minhas técnicas. Simplesmente acrescenta 10 por cento ao fator tempo, uma vez que ocorrerão, de vez em quando, pausas estranhas enquanto o cavalo checa o inimigo do outro lado do cercado.

Quando cheguei às cocheiras, senti imediatamente a frieza e o distanciamento das tratadoras — a maioria garotas — que trabalhavam no local. Tive certeza de que o gerente estava achando que eu estava ali para pisar nos seus calcanhares.

Pedi algumas vezes a assistência das tratadoras para levar os cavalos para dentro do redondel, de modo que pudessem se habituar com a situação. Pretendia pegar um por um — uma vez que, uns mais, outros menos, eram todos selvagens —, e qualquer ajuda seria bem-vinda.

Eu estava caminhando para um lado e outro, tentando convocar alguém para me auxiliar, quando vi uma senhora em um maravilhoso traje de amazona saindo do pavilhão de cocheiras.

Vi quando se dirigiu diretamente a Sir John e começou a falar com ele. A transformação que tomou conta dele foi extraordinária. De repente, parecia outra pessoa. Sua pose mudou, bem como o seu tom de voz.

Ele falava com a rainha.

Por alguns dias eu andara pensando no termo apropriado que deveria usar caso a encontrasse. Considerei "sua alteza real" ou "sua Majestade", mas não estava certo sobre as diferenças entre uma forma e outra. Perguntava-me se deveria inclinar-me ou se um aperto de mão era a coisa própria a ser feita. De qualquer modo, jamais fora dito oficialmente que eu a encontraria em pessoa.

Agora ela se aproximava de mim e eu não havia ensaiado o código de conduta requerido. Longe de casa, hóspede de um país estrangeiro, queria fazer a coisa certa.

Mas ela me estendeu a mão, o que facilitou tudo. Eu a apertei timidamente, disse "sua Majestade", e isso foi tudo.

Aparentemente, ninguém levantou uma sobrancelha em desaprovação, o que aconteceria mais tarde...

Ela rapidamente me deixou à vontade, dizendo:

— Venha, Sr. Roberts. Mostre-me essa jaula de leões que instalaram no centro do meu picadeiro coberto. Gostaria que me falasse sobre ela.

Juntos fomos até o redondel.

— Tenho a impressão de que esse redondel é o tipo da coisa na qual você precisa entrar com um chicote e uma cadeira.

Concordei com ela, embora a semelhança não houvesse me ocorrido antes.

Então entreguei à rainha um resumo do que pretendia fazer na manhã seguinte. Gratificou-me a curiosidade dela sobre o meu trabalho e fiquei contente ao verificar que ela queria saber antecipadamente o máximo que pudesse.

Em seguida ela se foi.

Tive a impressão de que começara bem. Nossa conversa fora relativamente informal e ela passou-me a impressão de ser uma mulher franca e direta que fazia acontecer o que queria que acontecesse.

Ao meio-dia de domingo chegaram minha mulher, Pat, meu filho, Marty, e meu cavaleiro, Sean McCarthy, e foram diretamente para o Castelo de Windsor.

Estou casado com Pat desde que eu tinha 21 anos. Sean McCarthy, na época, já havia sido o cavaleiro principal no redondel por nove anos e já domara mais de 1.400 cavalos. Era agradável receber reforços — gente que estava do meu lado.

Sean e eu examinamos o nosso equipamento no redondel improvisado e depois eu o levei para ver os cavalos no prado. Ele ficou surpreso com a diversidade dos animais. Havia dois ou três que eram quase totalmente puros-sangues e a potranca no padoque separado era uma puro-sangue, registrada. Havia dois enormes pampas Shire que seriam posteriormente cavalos de tamboreiros na divisão cerimonial dos estábulos reais. Havia alguns cavalos cruzados com puros-sangues, bastante impetuosos, mais dois cavalos imensos e finalmente os menores, que iam até os pôneis Fell e Haflinger.

De qualquer modo eu tinha quase certeza de que nenhum deles me mataria.

Acabada a preparação, fomos todos passar a noite na casa de Sir John — Shotover House, perto de Oxford —, propriedade de sua família há mais de um século.

Juntamente com o major Dick Hearn — que fora o treinador dos cavalos da rainha por muitos anos — e sua mulher, Sheila, degustamos um excelente jantar naquela noite, o que ajudou a relaxar meus nervos para o trabalho do dia seguinte.

Às 9 horas deveríamos nos encontrar com a rainha, o príncipe Philip e a rainha-mãe, no picadeiro coberto.

Quando eles apareceram, criaram uma atmosfera diferente da anterior. De repente, aquilo era um evento oficial. A mulher em trajes de amazona que falara comigo ontem era, hoje, a rainha da Inglaterra atendendo a um compromisso. Ela e sua comitiva estavam cercados de seguranças, e sujeitos às regras do protocolo.

Sir John Miller nos apresentou como se não houvéssemos conversado no dia anterior. O imenso camarote — mais uma galeria —, protegido por vidros à prova de som, foi indicado para a comitiva real como o local de onde assistiria à demonstração, como se não houvéssemos falado sobre isso nos últimos dois dias.

O evento ganhou vida própria por si mesmo.

Devo admitir, eu estava nervoso. Normalmente, sou uma pessoa relaxada, precondição indispensável para o trabalho que faço. Foi desconcertante verificar que meu pulso estava acelerado e minha concentração menos firme.

A família real, acompanhada de Pat e Marty, reuniu-se na galeria envidraçada e tomou seus lugares. A demonstração iria começar.

Minha primeira tarefa seria "quebrar" a potranca puro-sangue, propriedade da rainha-mãe, que obviamente a tudo assistiria com a maior atenção.

Ao entrar na pista me ocorreu que se não relaxasse seria incapaz de me comunicar com o cavalo como faço normalmente. Nesse caso, a potranca não seria receptiva. Não seria de espantar que esse acabasse sendo o dia mais embaraçoso da minha vida. Quando fechei a porteira atrás de mim, imaginei-me humilhado e fui dominado por uma sensação de terror.

Então a potranca foi trazida para dentro do redondel e deixada livre. Ela era adolescente, estava assustada e seus olhos arregalados de medo.

Reconheci uma criatura mais amedrontada do que eu e que precisava da minha assistência. Ela dependia de mim para se sentir mais confortável. No momento em que senti isso, a presença daquele jovem animal selvagem ordenou meu sistema nervoso e eu comecei a trabalhar com ela.

Um ou dois minutos depois, senti que as coisas começavam a sair direito. Ela começou a me dar os sinais que eu buscava. De repente, já podíamos dar início à apresentação.

Nesse ponto, não vou começar a entrar em detalhes sobre a minha comunicação com cavalos, pois farei isso mais tarde. O propósito deste livro é transmitir meu conhecimento da linguagem equina do modo como ele chegou a mim, na esperança de que a compreensão do leitor acabe sendo tão bem fundada em fatos e observações como a minha.

É suficiente dizer que a jovem potranca, até então intocada, se comportou exatamente como eu previra. Sem que eu tivesse que passar-lhe qualquer tipo de corda ou arreio, ela me seguia em volta da pista depois de trabalharmos juntos por apenas sete minutos.

Se eu me virasse e caminhasse em círculos, ela faria o mesmo, suas narinas a menos de um metro dos meus ombros. Aonde eu fosse, era seguido por ela. Na sua situação, ela confiava em mim. Eu era o seu conforto.

A família real assistia a tudo de suas cadeiras no camarote. Em quinze minutos, a jovem e forte puro-sangue, que jamais tivera qualquer tipo de treinamento, estava parada, firme como uma rocha, enquanto eu lhe punha a primeira sela da sua vida. E eu ainda não havia colocado nenhum tipo de freio em sua cabeça.

Depois de 25 minutos ela aceitou tranquilamente o bridão, e Sean estava montado nela dando a volta pelo redondel. Era como se ela estivesse esperado por isso toda a sua vida.

Finalmente, Sean desmontou e ela foi levada para fora.

Assim que ela desapareceu, vi a rainha, o príncipe Philip e a rainha-mãe levantarem-se de suas cadeiras e descerem até onde eu estava. Pat e Marty os seguiram. O pessoal da segurança também resolveu se mexer e juntou-se a nós.

A rainha foi a primeira a emergir da porta que ligava a galeria à arena. Com um caloroso sorriso, ela me estendeu a mão e disse:

— Foi lindo.

Disse ainda que estava maravilhada com o que acontecera e com a reação da potranca. Aconselhou-me a sentir orgulho do trabalho que fazia.

Subitamente, me dei conta do longo tempo que esperara para ouvir alguém fazer comentários tão positivos. Meu redondel, em casa, fora construído com paredes sólidas e sem uma área para espectadores, exatamente para evitar que vissem o que eu fazia e duvidassem de mim. Essa apresentação fora a mãe de todas, a reviravolta em relação ao meu trabalho.

Pouco depois, o príncipe Philip estava à minha frente. Depois de apertar minha mão, perguntou se eu poderia trabalhar com o jovem que naquela semana estava domando alguns dos seus pôneis Fell.

Estava encantado com a reação da rainha e do príncipe ao meu trabalho, mas confesso que aguardava principalmente pelo que diria a rainha-mãe, a proprietária da potranca.

Em poucos minutos ela apareceu na porta do camarote e fui brindado com o comentário mais caloroso que poderia esperar. Havia lágrimas nos olhos da rainha-mãe quando ela me disse com uma calma que não conseguia esconder o entusiasmo:

— Você fez uma das coisas mais maravilhosas que vi em toda a minha vida.

Ela estava realmente emocionada com o que vira a sua potranca fazer, e por ter testemunhado o que é possível em termos de comunicação entre o homem e o animal.

Impressionado com a sua reação, esqueci quem ela era e onde estávamos. Pareceu-me que a coisa mais apropriada a fazer era envolvê-la num abraço gentil.

Os guardas da segurança prenderam a respiração e deram um passo à frente. Dei-me conta de que ninguém podia tocar um membro da família real com tal intimidade e dei um decidido passo para trás.

No entanto, ela não pareceu minimamente ofendida. Mantendo o mesmo calmo tom de voz, disse-me que esperava que eu continuasse meu trabalho e conseguisse propor uma relação diversa entre homem e cavalo. Mantive a satisfação do que ela me disse pelo resto da minha vida.

O resumo da minha visita ao Castelo de Windsor não acaba aí, mas é onde quero deixá-lo por enquanto.

Há mais coisas a dizer: naquela mesma tarde de segunda-feira ocorreu uma tentativa de minar meu trabalho. Mas isso eu também vou deixar para mais tarde.

Foi sua Majestade quem sugeriu que eu relatasse minhas experiências e explicasse meus métodos de comunicação em um livro. Graças a ela, me propus à tarefa longa e difícil de relembrar as coisas que aconteceram na minha vida; como aprendi a amar tanto os cavalos a ponto de transpor a barreira natural que divide nossas espécies.

I

Crescendo com cavalos

Nasci no meio da Grande Depressão na pequena cidade de Salinas, Califórnia, no dia 14 de maio de 1935.

A região fora o cenário de muitos dos romances clássicos de Steinbeck. Ele talvez tenha se inspirado em meus antepassados — típicos imigrantes e nativos que vieram se instalar na paradisíaca terra da Califórnia — para alguns dos seus personagens.

A primeira coisa que vi quando fui levado para fora de casa foram 2.300 acres de terra de primeira, localizada no que é conhecido como Tigela de Salada da América — um solo fértil em um clima temperado.

Entretanto, não era exatamente um cenário rural. Na verdade, estava situado nos limites da cidade e era considerado área urbana — com uma diferença: todas as construções tinham alguma coisa a ver com cavalos: estábulos, cocheiras, piquetes de cria, pistas de equitação e picadeiros cobertos. Eram instalações para cavalos.

E nessas instalações meus pais trabalhavam.

Antes do meu primeiro aniversário eu já estava na sela de um cavalo, sentado à frente da minha mãe. Mas ela não me pusera no cavalo para me divertir por alguns instantes como acontecia com as demais crianças. Eu ficava horas sobre um cavalo enquanto ela dava aulas de equitação. As orelhas do cavalo movendo-se para frente e para trás, o pescoço à minha frente, a crina balançando ao vento enquanto ele galopava — tudo isso era tão familiar para mim como a visão de seres humanos.

Quando tinha apenas 2 anos, já passava a maior parte do dia sobre um cavalo. Estava certamente numa posição única. Existem poucas pessoas que podem dizer que nasceram e foram criadas no solo da Pista de Rodeio de Salinas.

Esse local passou a existir por causa de um certo Sr. Sherwood, que, ao morrer, deixou para a cidade de Salinas, em seu testamento, 2.300 acres de terra. Estipulou, porém, que essas terras só poderiam ser utilizadas em atividades relacionadas com cavalos.

As autoridades da cidade de Salinas chamaram meu pai para tomar conta das terras. Ele concordou e logo depois foi iniciada a construção de oitocentas baias e uma pista de provas com capacidade para vinte mil espectadores sentados. Isso tudo ainda existe hoje em dia.

Além de ser o administrador geral, meu pai tinha a sua própria escola de equitação. Todos os dias, minha mãe pegava uma perua, passava pelas escolas locais, apanhava as crianças para as aulas de equitação e, acabada a aula, as levava novamente para as respectivas escolas. As escolas primárias e secundárias de Salinas tinham educação física no currículo, o que incluía equitação, e os alunos se matriculavam na escola hípica do meu pai.

Ele também treinava e alojava cavalos para clientes particulares e alugava as instalações para vários treinadores, que assim podiam conduzir seus negócios ali mesmo, como fora estipulado no testamento do Sr. Sherwood. Meus pais não só administravam o presente que o Sr. Sherwood dera à cidade de Salinas como também usavam o presente para conduzir seus próprios negócios. Todos relacionados com cavalos, é claro.

O primeiro cavalo que me deram se chamava Ginger. Tinha 17 anos e era um cavalo de rédeas do rancho Uhl que, quando jovem, fora muito bom em provas de rodeio por todo o oeste. Agora, aposentado, fora chamado para ser minha babá. Tinha um temperamento perfeito, era disciplinado e firme. Em verdade, mais do que babá, ele foi meu professor.

Ginger conhecia esse negócio de caubói de trás para frente, pois não fizera outra coisa na vida. Não podia fazer nada se o garoto que o montava achava que podia fazer ainda melhor. Ginger era paciente com o menino de 3 anos saltando sobre o seu lombo e abanando os braços em todas as direções. Não se pode dizer que ele teve uma aposentadoria nobre e pacífica, mas acho que se divertiu muito também.

Claro que, na minha opinião, ele não errava nunca. Ele era o meu camarada.

Não demorou muito para meu pai notar que minhas habilidades sobre o cavalo eram superiores ao normal. Eu podia fazer um cavalo andar, trotar e galopar. Podia fazê-lo mudar de pé e manobrá-lo para que fizesse um oito. As manobras me pareciam normais, mas me lembro das pessoas comentando:

— Esse menino só tem 3 anos.

Meu pai tinha planos de tirar vantagem das minhas habilidades. Ainda não tinha idade suficiente para frequentar o jardim de infância quando fui informado de que precisava treinar mais forte e por mais tempo do que já treinava. Meu pai contava mais comigo do que com meu irmão Larry, porque ele, além de ser mais moço, nascera com problemas que nos seus primeiros anos fizeram com que fosse, de certa forma, mais frágil do que eu. Larry precisava de cuidados especiais. Eu podia ser forçado até o limite.

Eu participava de rodeios regularmente e competia quase todos os fins de semana.

Ainda tenho um filme que mostra Larry e eu entrando na categoria júnior de equitação quando eu tinha 4 anos. O filme granulado e tremido nos mostra no centro da arena fazendo nossos cavalos galoparem em círculo, em espiral, galopando para frente e para trás, como se fôssemos miniaturas dos caubóis a quem haviam ensinado os truques — tudo isso no estranho silêncio dos filmes daqueles tempos.

Quando me vejo montado em Ginger e lembro o modo como puxava a sua boca, maltratando-o — por pura ignorância —, fico muito triste, e espero que ele tenha entendido que eu era apenas uma criança, que não sabia o que estava fazendo.

Era a categoria júnior de *stock horse* de Salinas e a maioria dos meninos era mais velha do que eu. Mas eu tinha Ginger do meu lado e ele sabia melhor do que qualquer outro cavalo como conseguir notas altas nessas provas. Já fazia isso havia anos em competições bem mais duras que as da escola. Tenho certeza de que ele decidiu que seria bom levar o troféu para casa. E eu fui o campeão da classe.

A publicidade que minha família ganhou por causa dessa improvável vitória minha e de Ginger teve um efeito intoxicante sobre meus pais. De início, houve um súbito progresso nos negócios. O Sr. e a Sra. Roberts eram certamente os melhores professores, pois tinham um filho de apenas 4 anos que ganhara um troféu.

Confirmara-se assim a crença do meu pai de que eu seria a criança que faria famoso o nome dos Roberts no mundo dos shows equestres.

Vou aproveitar o momento para descrever meu pai, porque ele foi uma figura importante na minha vida. Não quero dizer com isso que outros membros da minha família fossem menos importantes. Ocorre apenas que minha família não é o tema deste livro.

Minha mulher, meus filhos, nossos 47 filhos adotivos, meu irmão Larry e minha mãe — nenhum deles aparece muito nas páginas que se seguirão, pois merecem um livro somente para eles.

O tema aqui é a minha relação com cavalos — minha vida de trabalho. De qualquer forma, informar os leitores sobre isso é uma profunda experiência pessoal que me enche de emoção.

À parte do restante da minha família, peço permissão para descrever meu pai mais detalhadamente, uma vez que tudo que consegui ocorreu por ele ter me aproximado tão cedo dos cavalos. Ao mesmo tempo, se minha vida profissional teve uma diretriz, ela foi a de opor-me a ele. O vigor com o qual me mantive nessa diretriz é consequência da minha rebeldia contra ele e seus métodos.

Meu pai era um homem alto, musculoso, embora magro; feições bem-delineadas sob cabelos castanho-claros. Era tão ordenado quanto as circunstâncias o permitiam. Se encontrasse um amigo fraternal na cidade, diria que podia ser uma pessoa amigável e sedutora.

Entretanto, desde o início ele manteve um olho clínico e crítico sobre mim. Não perdoava e fiscalizava o que quer que eu fizesse, levando isso, às vezes, ao ridículo.

Eu diria que seus métodos de tratar com cavalos eram convencionais, ou seja, cruéis.

O método padrão de domar cavalos naquela época continua popular até hoje em dia. Um programa de televisão produzido em

1989 para celebrar os vinte anos das viagens espaciais alegou que, enquanto o espaço era a grande fronteira de nossa era, o "Oeste Selvagem" fora a fronteira anterior. Como o programa assinalou, algumas coisas não mudaram desde aqueles tempos. Um dos exemplos apresentados foi o modo de domar cavalos.

Meu pai mandara construir especialmente um redondel com seis moirões solidamente fincados a distâncias iguais em volta do perímetro. Desse modo, podia domar meia dúzia de cavalos ao mesmo tempo.

Primeiro lhes passava os cabrestos. Isso, eventualmente, envolvia fazê-los passar por um brete ou corredor apertado, a fim de possibilitar a aproximação. Em seguida, amarrava cordas resistentes aos cabrestos e os prendia, cada um a um poste. As extremidades das cordas eram então amarradas no topo da cerca de um metro e oitenta de altura.

Desse modo, ele tinha seis animais, distantes 10 metros um do outro, dentro dos limites do curral. A essa altura, os cavalos já estavam aterrorizados.

A seguir, meu pai ficava no meio do redondel com um encerado ou com um saco pesado preso à ponta de uma corda cuja outra ponta ficava presa na sua mão. Então ele jogava o encerado sobre o lombo e em volta das pernas dos cavalos. Quando o encerado atingia os animais, eles entravam em pânico. Seus olhos reviravam, eles escoiceavam, empinavam e se estiravam, a fim de se livrar daquilo que restringia seus movimentos, como se suas vidas dependessem disso — simplesmente porque aos seus olhos era o que estava acontecendo. Quem poderia lhes dizer que aquilo não era o fim de tudo? O medo está na natureza dos cavalos, e aquele método os enlouquecia, fazendo com que lutassem por suas vidas de todos os modos que pudessem. Suas cabeças e pescoços inchavam e frequentemente se machucavam na tentativa de escapar do que para eles era uma ameaça vital. O uso desse método era — e continua sendo — uma cena desesperadoramente cruel aos meus olhos.

Este processo é chamado de "banho de saco". Ele continua por mais quatro ou cinco dias e o propósito é quebrar o espírito do cavalo e diminuir sua capacidade de resistência.

O passo seguinte é amarrar para cima uma perna do cavalo, geralmente a posterior esquerda. Uma corda é amarrada logo abaixo da canela do animal, puxada para cima e presa a uma coleira posta em seu pescoço.

Com o animal contido dessa maneira, começa o segundo período do "banho de saco", que reduz ainda mais a sua capacidade de resistir. Os cavalos lutam valentemente, levantando o corpo sobre apenas três pernas de modo penoso, e gemem de dor ao sentir a pressão do cabresto. Quando acabam com a posterior esquerda, amarram a posterior direita e, finalmente, as duas patas dianteiras, uma de cada vez. Na medida em que o espírito indômito vai abandonando o animal, abrevia-se o "banho de saco".

Então, novamente com a posterior amarrada, colocam uma sela sobre o lombo do animal. Ele volta a resistir contra a incômoda novidade. O "banho de saco" prossegue. Alguns lutam por muitas horas, outros se entregam mais rapidamente e, confusos, aguardam por mais dor.

A essa altura já se passaram de oito a dez dias. Os cavalos sangram nas quartelas onde as cordas estiveram amarradas. Em alguns lugares, já não há mais pelos, graças à fricção. Frequentemente, todas as pernas apresentam equimoses ou ferimentos ainda mais graves. A relação dos cavalos com seus mestres humanos foi definida. Obedecem por causa do medo, e não porque assim decidiram. Destruir a vontade de um cavalo é simplesmente algo insano e imperdoável. A força de vontade é uma das características dominantes do cavalo e se for respeitada pode se tornar o aspecto mais sólido e gratificante do nosso trabalho com eles. Nos cavalos que treinei durante minha vida, o que mais me agradava era a vontade deles de fazer o que eu lhes pedia. Mas voltemos ao "banho de saco".

Nesse estágio, os seis cavalos eram desamarrados um por um, enquanto se lhes punha um *hackamore,* ou seja, uma focinheira sem embocadura.

Trabalhavam na rédea longa por uma semana.

Quando meu pai montava um desses cavalos pela primeira vez, seus posteriores eram amarrados para evitar que corcoveasse. Ele montava e desmontava do animal, dava-lhe pontapés na barriga e tentava conseguir alguma reação violenta. Se reagisse, era chicoteado.

Quando finalmente meu pai se convencia de que havia "quebrado" o animal, ele o desatava e o cavalgava dentro do redondel. Aqueles que ainda reagiam de qualquer modo à carga sobre suas costas passavam parte do dia com uma das pernas amarrada e puxada para cima.

O processo total para a doma dos seis cavalos levava no mínimo três semanas.

Agora, deixem-me fazer uma proclamação clara e direta: se me derem esses mesmos seis cavalos hoje em dia, eu os prepararei para serem montados sem nenhuma corda e sem infligir-lhes sequer um momento de dor ou desconforto. Não terei nenhum tipo de chicote perto dos cavalos. Usarei minha voz até certo ponto, mas principalmente a linguagem do meu corpo. Dessa maneira, vocês terão animais dispostos a fazer suas vontades pelo resto de suas vidas. Para conseguir isso com seis cavalos, levarei exatamente três *horas*; não três semanas.

Meu pai estava sentado ao lado de um estranho quando acenou para mim, pedindo que me aproximasse.

— Monty, este é o Sr. Don Page.

Don Page me pareceu um gigante quando se levantou e estendeu a mão para mim.

— Prazer em conhecê-lo, Monty.

— Prazer.

Era 1940 e eu tinha 5 anos. Eu e meu irmão Larry estávamos concorrendo ali nos Pickwick Riding Stables, de Burbank, Califórnia. Nessa área também estavam localizados muitos estúdios de Hollywood, como a MGM, Paramount e Warner Brothers.

Meu pai continuou:

— O Sr. Page trabalha num dos estúdios de cinema, Monty.

Os dois olhavam para mim em expectativa, e eu estava curioso para saber o que viria a seguir. O Sr. Page voltou a sentar-se para ficar no mesmo nível que eu e explicou:

— Você sabe que as histórias sobre cavalos estão muito populares no momento? Você já viu alguma?

— Vi alguns filmes em que havia cavalos.

Marquises de cinema do país inteiro, naquela época, anunciavam filmes sobre um cavalo e um menino ou uma menina.

Don Page perguntou:

— Você sabia que Mary O'Hara, a autora de *Minha amiga Flicka*, escreve histórias para a MGM?

Eu não sabia. Afinal de contas, só tinha 5 anos.

Don Page foi em frente:

— O que acontece é o seguinte: todo mundo anda louco por histórias com crianças e animais e coisas bonitas desse tipo para tentar esquecer os problemas da vida, como a depressão econômica, a guerra na Europa, e assim por diante. O problema é que não temos muitas crianças que montam cavalos.

Eu olhei meio de lado e comecei a entender o que ele estava querendo. Entendi certo, pois logo surgiu um convite que eu estava pronto para agarrar com ambas as mãos.

— Lá no estúdio estamos tendo muitas dificuldades para encontrar jovens cavaleiros. Seu pai me disse que você monta muito bem. O que é que você acha de vir comigo e me mostrar o que você sabe fazer?

O Sr. Page sugeriu que ficássemos mais um dia e fôssemos até uma locação ali perto onde a equipe de dublês do estúdio mantinha seus cavalos e treinava as proezas que faria diante das câmeras. Meu pai concordou e nos preparamos para um teste.

Na hora marcada nós aparecemos na locação e fomos recebidos por uma fila de pessoas que esperavam para ver e julgar minha capacidade. Não sei quem eles eram, mas imagino que fossem diretores. Só sei que disse um bocado de "alôs" e apertei um bocado de mãos.

Eles haviam preparado um cavalo calmo e previsível para eu montar; um animal que presumivelmente era usado para esse tipo de provas. Era um castanho castrado e levava uma vida ruim de montaria de estúdio, pois naquela época a indústria do cinema não estava tão preocupada com o bem-estar dos animais.

Um homem disse para mim:

— Ok, Monty, dê um galope da direita para a esquerda.
Foi o que eu fiz.
— Agora, volte da esquerda para a direita, se for possível.
Completei essa manobra difícil com sucesso.
— Agora, será que você pode esbarrá-lo e desmontar dele? — ele perguntou isso como se duvidasse.
Comigo estava tudo bem. Eu já fazia esse tipo de coisas havia uns dois anos.

Os observadores sussurraram alguma coisa aos ouvidos do meu pai. O sujeito que me dera as instruções se aproximou de onde eu estava com o cavalo esperando por novos pedidos. Ele olhou para mim e perguntou num tom muito sério:
— Você está vendo aquele areal, ali?
Descobri o lugar para onde ele apontava.
— Será que você poderia correr até lá e dar um jeito de cair do cavalo enquanto ele ainda estiver se movendo?
Galopei o cavalo até o areal e caí para a direita. Uma salva de palmas se seguiu, liderada, sem dúvida, pelo meu pai, que vira uma fila de automóveis do último tipo, novinhos, estacionados em frente ao estúdio.
Levantei-me e tirei a areia da roupa. Alguém foi apanhar o cavalo e o trouxe de volta.
Agora todos estavam entusiasmados e me pediam para fazer uma série de truques.
— Você pode cair pela traseira do cavalo? Você pode passar por nós, mas invisível, escondido do outro lado do cavalo?
Como a maioria da garotada, eu e meu irmão Larry víamos filmes aos sábados de manhã. Depois das sessões, eu e ele íamos para casa e tentávamos copiar os truques que tínhamos visto na tela. Até tínhamos uma sela própria para fazer truques, que nosso pai comprara para nós em uma velha selaria.
Eu deixei o estúdio com o corpo bastante dolorido, mas havia entrado no cinema e nos próximos anos apareceria em muitos filmes.
Certa vez, eu era o dublê de Roddy McDowell. A equipe estava instalando a enorme câmera que era usada naquele tempo, apon-

tando as largas lentes para dentro do curral. Reunimo-nos em volta da câmera para saber o que iria acontecer.

O diretor me deu suas instruções:

— Ok, Monty, você laça o cavalo aqui no curral. Aquela linda garotinha sentada sobre a cerca está te observando lá de cima. Entendeu?

— Entendi.

— O cavalo te puxa, mas você se segura na corda como se tua vida dependesse disso.

— Tudo bem.

Ele franziu as sobrancelhas, obviamente, preocupado.

— Não esqueça de deixar o cavalo te arrastar por um bom tempo em volta do curral, pois nós precisamos gravar tudo.

— Não. Vou ficar agarrado à corda até você mandar eu largar.

Ele gostou disso.

— Ótimo, vamos cortar a sequência na parte em que Roddy McDowell traz a menina até aqui e depois sai com ela.

— Entendi.

— Agora, se você for ao guarda-roupa, eles vão te dar uma calça igualzinha à que Roddy McDowell está usando.

Era uma coisa simples, embora meu pai estivesse caminhando de um lado para outro, atrás da câmera, sacudindo a cabeça e dizendo aos produtores o quanto perigosa seria a sequência, sugerindo que o preço a ser pago deveria refletir o nível do perigo a que seu filho se sujeitaria.

Passei o laço no cavalo, finquei os calcanhares no chão e comecei a ser puxado por ele. Literalmente, comi poeira e fui arrastado pelo cenário conforme o planejado.

Então todos nós ouvimos aquele som de roupa se rasgando. O que ninguém previra era que a calça que o departamento de figurino me dera era feita de um material fino, quase um crepe, e a parte de trás foi arrancada com a violência da cena.

Levantei-me mortificado. Fiquei ali parado, sem calça, e ninguém me ajudou a tempo.

E o que era pior: eles não tinham outra calça igual. A calça que eu recebera fora trazida para a locação especialmente para combinar com a que Roddy McDowell usaria no restante da sequência, e eles não tinham outra igual.

Houve alguma consternação entre a equipe e um pouco de correria. Depois disso, todos concordaram que precisavam fazer mais algumas tomadas minhas sendo arrastado pelo cavalo. Fiz as tomadas vestindo meu próprio jeans. O diretor teria que fazer o que pudesse com o problema da continuidade.

Quando fomos ver o filme acabado, havia uma parte em que Roddy McDowell usava calça branca em um momento e logo depois, enquanto laçava um cavalo que aparentava ser muito bravio, usava calça jeans, para em seguida aparecer novamente com a calça branca. Foi quando descobrimos que não se pode acreditar em tudo o que se vê na tela.

Fui o dublê de uma porção de crianças artistas. Fui Elizabeth Taylor em *National Velvet*. Fui Mickey Rooney, Charlton Heston, Tab Hunter e muitos outros. Era uma boa carreira para um menino que acabara de entrar para a escola primária.

Meu pai tomava todas as decisões ao tratar com os estúdios. Fazia as negociações e assinava os contratos. Legalmente, não era obrigado a me consultar nem a me informar quanto eu estava ganhando. Naquela época, não havia leis que regulavam o uso de menores em produções cinematográficas. Não havia previsão para o horário escolar, não havia salário mínimo e nem regras de segurança.

Hoje em dia, um menino de 6 anos que trabalha no cinema tem um empresário, um advogado e um fundo de crédito. Os pais têm que lidar com os filhos obedecendo a certos padrões éticos.

À medida que a minha agenda cinematográfica aumentava, meu pai às vezes me congratulava por ir tão bem financeiramente. Dizia-me que estava depositando o dinheiro que eu ganhava numa conta em meu nome, de modo que ele estaria esperando por mim na hora em que tivesse idade para usá-lo responsavelmente. Se eu pedisse alguma quantia para comprar uma nova sela ou qualquer coisa no gênero, ele sacudia a cabeça e me dizia muito sério:

— Monty, estou dizendo que vou guardar o dinheiro para você.

Devo admitir que foi fiel à sua palavra. Nunca vi um tostão.

Não sabia se havia mais cavalos ou pessoas, nem quem fazia mais barulho. A multidão ameaçava me levar com ela e fui obrigado a ficar agarrado ao meu pai para não me perder. Havia muitos gritos e chamadas, e o leiloeiro gritava no seu agudo tom de voz. Todo tipo de cavalo era conduzido a uma pista para ser exibido. Para um menino de 7 anos, o leilão de cavalos era muito excitante.

Espremo-nos perto da pista e olhamos os primeiros cavalos, sem que meu pai demonstrasse qualquer interesse. Então, uma assustadiça potranca alazã, cuja idade o programa do leilão dizia ser 8 anos, entrou no *tattersall*. Ela brincava e levantava a cabeça no ar, incomodada com a guia no pescoço, e atropelava o homem que a anunciava como se tivesse apenas 2 anos. Sem dúvida alguma, era um animal com problemas e ninguém demonstrou interesse por ela. De qualquer modo, ela era exatamente aquilo que meu pai estivera esperando. Ele levantou o braço e a comprou por uma ninharia.

Meu pai assinou um documento e depois pôs a mão no meu ombro.

— Monty, está na hora de trabalhar. Venha comigo — falou ele.

Pensei:

— Lá vamos nós outra vez.

Meu pai deu a volta no *tattersall* e foi até as cocheiras para ver a potranca que havia comprado. Eu corria atrás dele.

Quando pegou o animal, nos dirigimos rapidamente para um lugar onde não poderíamos ser vistos pelos compradores de cavalos. No caminho, meu pai havia apanhado uma guia, uma sela, uma cabeçada e um chicote.

Quando já estávamos a uma boa distância do leilão, ele selou a potranca e colocou a guia. Fez a égua correr em círculos, primeiro à esquerda e depois à direita, por uns dez minutos. Então, retirou a guia.

— Muito alimentada e pouco usada — comentou, fazendo um rápido julgamento sobre a insociabilidade do animal. — Quero que você a monte forte por uma hora e depois passeie com ela. Trate de acalmá-la e faça-a recuar a cada quinze minutos. Limpe-a direitinho, pois nós vamos colocá-la de volta no leilão em três horas. Vamos fazer o show de sempre.

Ele me deixou ali parado com as minhas instruções e correu de volta ao leilão para concluir o negócio. Pelas próximas horas, seríamos apenas eu e a potranca alazã.

Minha afinidade com cavalos-problema — ou, como eu os classifico, cavalos que precisam de atenção — data dessa época de experiências bastante dúbias em companhia do meu pai nos leilões.

Meu pai me entregava os cavalos cujas dificuldades, segundo ele, advinham do modo como haviam sido maltratados por cavaleiros jovens. Achava que eu era a pessoa mais indicada para tratar com um cavalo "estragado" por uma criança. Depois que eu os treinava, a transição para quem os montaria seria mais fácil de ser efetuada.

Fiz com a potranca o que meu pai me pedira para fazer. Mas sempre que fazia isso, tentava descobrir por mim mesmo qual realmente fora a causa do comportamento problemático.

Quase três horas depois, meu pai retornou.

— Vamos ver — disse ele.

Ficou observando enquanto eu cavalgava a égua em círculos de modo firme e compassado, enquanto eu caminhava com ela, fazia-a trotar e galopar. Depois, desmontei, abaixei a cabeça e passei por baixo da sua barriga diversas vezes.

— Ok — concordou meu pai. — Vamos lá.

De volta ao *tattersall*, os compradores observavam o que parecia ser um animal bem-domado e gentil. Fiz algumas manobras impressionantes, desmontei e passei por baixo dela diversas vezes. Podia sentir a pressão dos compradores em volta da pista. Estavam impressionadíssimos.

Ouvi a voz do leiloeiro se tornar mais rápida e mais alta enquanto o preço subia duas, três vezes a mais da quantia que meu pai pagara pela potranca algumas horas antes. Relembrando esse episódio, imagino que o leiloeiro devia saber o que meu pai fazia. Não havia nada de ilegal naquilo, é claro, mas evidentemente não era por meio dessa técnica que os problemas de qualquer cavalo em particular podiam ser resolvidos; eles eram apenas mascarados. De qualquer modo, o grande número de cavalos que montei me trouxe uma experiência difícil de igualar. Isso significa que desenvolvi a habilidade de ler e compreender os problemas dos cavalos de modo rápido e preciso.

Durante os anos em que fiz isso para o meu pai, tentei aprender o que causava problemas aos cavalos, observando suas ações e reações. Desenvolvi uma espécie de ouvido interior. Acreditava que os cavalos queriam me transmitir algo e, o mais importante, passei a acreditar muito pouco nas pessoas que lidavam com eles. Não que elas mentissem. Simplesmente não ouviam.

Com o correr do tempo, essa passou a ser a pedra fundamental do meu pensamento. Tanto que se tornou uma espécie de ditado que se repetia mais e mais à medida que minha experiência no campo da equitação provava que eu estava certo. *Um bom treinador ouve o cavalo falando para ele. Um grande treinador ouve o cavalo sussurrar.*

O forte sol da Califórnia castigava a terra seca enquanto meu pai caminhava pelo redondel no qual costumava "quebrar" os cavalos. Cada um dos seus movimentos era seguido por uma profunda sombra negra, como uma presença da qual ele não conseguia escapar. Ele foi até um dos seis moirões — quase tão alto e magro quanto ele — nos quais costumava amarrar cavalos novos.

Ele estava enrolando uma corda para deixá-la amarrada no moirão, pronta para o próximo pobre animal que dançaria na ponta dela como um peixe fisgado por um anzol, quando sugeriu:

— Talvez já esteja na hora de você aprender a "quebrar" um animal.

Eu tinha 7 anos. Não há possibilidade de eu estar errado quanto ao ano, pois acontecimentos que mudariam tudo ocorreriam dentro de pouco tempo. Ainda não sabia disso na ocasião, mas por algum tempo aquele seria o último verão que viveríamos ali.

Quando ele fez a sugestão, não respondi. Não queria ter nada a ver com o tal de "banho de saco". Já havia visto os cavalos com uma perna amarrada, já havia visto os cavalos sendo surrados e os ferimentos consequentes das surras. Até mesmo os moirões em volta do perímetro do curral pareciam tétricas sentinelas, guardando a reputação desse processo terrível.

— Além disso, não há mais nada que você não saiba fazer, embora seja apenas um garoto.

Fomos caminhando até um curral próximo onde meu pai, debaixo do sol inclemente, apontou para dois jovens cavalos.

— Esses dois aí.

Eu os observei durante algum tempo e me pareceram animais de disposição gentil. Então, passamos por cima da cerca e nos aproximamos deles. Os dois animais se moveram e se afastaram calmamente, mas demonstraram ser receptivos às nossas vozes. Alguém, obviamente, já havia lidado com eles.

— Você vai "quebrar" os dois juntos, ok? — perguntou meu pai.

"Não", eu queria replicar. Eu não estava pronto para aquele negócio de bater nos animais com sacos e nem para amarrar suas pernas. Nunca quis fazer isso e não o faria se pudesse evitar durante toda a minha vida. Diante do meu silêncio, meu pai continuou:

— Vou te dizer quando tiver tempo para te ensinar tudo.

Perguntei:

— Será que você podia me dar alguns dias?

Ele não sentiu minha relutância. Para ele, era incompreensível "quebrar" um animal por meio de qualquer outro método que não fosse o dele.

— Alguns dias para quê? — ele perguntou.

— Bem, gostaria de conhecê-los um pouco melhor, primeiro.

— *Conhecê-los?* — ele perguntou espantado.

— Talvez.

— Está bem, mas não tente nenhuma moda nova. Um cavalo é uma máquina perigosa e você será inteligente se não se esquecer disso. É preciso machucá-los primeiro, senão eles te machucarão.

Levei os dois para um redondel afastado na parte de trás das instalações e comecei a conhecê-los. Eu não corria perigo algum porque havia outras pessoas treinando outros cavalos e elas mantinham um olho em mim.

Eu simplesmente comecei a andar atrás deles enquanto eles davam a volta no redondel. Enquanto isso, tentava induzi-los a permitir que me aproximasse. Em verdade, eu não sabia muito bem o que estava fazendo, mas no terceiro dia fiquei surpreso ao constatar que um dos cavalos me seguia dentro do redondel. Aonde eu fosse, ele iria atrás. Para meu espanto, fiquei nas pontas dos pés e o encilhei. Aparentemente, não havia razão para isso. Simplesmente aconteceu.

Eu estava muito excitado com o que conseguira e corri imediatamente para casa, a fim de contar tudo ao meu pai. Pedi a ele que viesse comigo e olhasse.

Ele me lembrou que havia dito para eu não tentar novidades enquanto me seguia da casa até o redondel, a uma distância de pouco mais de 200 metros. Não dava para eu julgar o seu humor. Talvez estivesse relutante em perder tempo para nada. Talvez tenha sentido a minha desobediência e estivesse com raiva.

Quando chegamos, ele não disse nada. Não me perguntou o que veria nem que diabos eu pretendia fazer. Simplesmente sentou-se na arquibancada, pouco acima da cerca, e esperou.

Confiante, trouxe o cavalo para o redondel. Eu e ele andávamos de um lado para outro como se estivéssemos executando uma dança esquisita, sem que nenhum dos bailarinos soubesse os passos a serem dados. Por fim, eu estava parado ao seu lado.

Então, movendo-me calma e silenciosamente, levantei-me na ponta dos pés, o máximo que podia, e deslizei a sela sobre as suas costas. Foi uma experiência realmente mágica.

Nesse ponto, olhei para cima, para o meu pai. Ele olhava para mim de boca aberta. Não sabia como traduzir aquele olhar. Mas esperava que fosse de espanto e talvez orgulho por eu haver domado o cavalo em apenas três dias.

Ele se levantou bem devagar, olhando fixamente para mim. Aquele olhar podia querer dizer uma porção de coisas. Eis as primeiras palavras que gritou:

— Que diabo de filho eu estou criando?

Quando ele saltou da arquibancada, vi que tinha na mão um cabo de corrente de um metro. Irrompeu violentamente dentro do redondel e me agarrou por um braço. Repetiu, gritando:

— Que diabo de filho eu estou criando?

Acho que ele realmente acreditou que havia algo de maligno no que eu fizera.

Então, ele levantou a corrente e bateu com força nas minhas coxas e no meu traseiro. Senti como que um choque elétrico do topo da cabeça à ponta dos pés e senti o sangue ser drenado do meu crânio, como se fosse desmaiar. O impacto do ferro sólido contra meu corpo me deu certeza de que alguma coisa se quebraria. Ainda me lembro de sua mão esquerda esmagando meu ombro. Era impossível escapar. Usava a mão direita para me surrar com a corrente. A surra continuou por diversos minutos. Finalmente fui deixado, em estado lamentável. Ele usara comigo o mesmo tratamento que usava com os cavalos para levá-los à submissão. Senti a mesma raiva, a mesma sensação de fracasso e — posso informar agora — um ressentimento que duraria toda a vida. Era uma lição de como *não* conquistar respeito e adesão. O que meu pai fez foi instalar o medo dentro de mim e forçar-me a uma relutante obediência.

Com essa mancha de dor e decepção, aprendi uma segunda lição. Jamais voltaria a mostrar ao meu pai qualquer parte do meu trabalho no treinamento de cavalos. Isso eu prometi para mim mesmo.

Nunca mais me abri com ele — não por 44 anos. Em 1986, um pouco antes de ele morrer aos 78 anos, eu o convidaria a se sentar na arquibancada de um redondel novamente.

Mais tarde, naquele mesmo ano, em setembro de 1942, um estranho apareceu sem se fazer anunciar nos portões da Pista de Rodeio de Salinas.

Era um homem encorpado, mais baixo do que meu pai e com a compleição atlética de um jogador de rúgbi — um centro de gravidade baixo. Vestia terno, gravata e carregava uma pasta — não era coisa que se via muito por lá naqueles tempos. Foi saudado por meu pai e minha mãe, e começaram a conversar de pé.

De onde eu e meu irmão estávamos, víamos nosso pai levantar a mão e apontar em diversas direções. Quando começaram a caminhar, nós os seguimos a alguma distância, espiando por trás de celeiros a fim de ver para onde se dirigiam.

Não demorou muito para descobrirmos que o estranho andava visitando locais de concurso que não fossem parte costumeira da agenda de ninguém. Aos 6 e 7 anos, Larry e eu adivinhávamos facilmente para onde as pessoas iam e por quê. Enquanto os seguíamos, também sabíamos que algo esquisito estava acontecendo.

De vez em quando, víamos o estranho tomar notas num bloco depois de dar largas passadas, medindo os celeiros. Ele examinava, por exemplo, o perímetro das cercas e voltava a tomar notas.

Um mês depois, chegou uma carta. Meu pai a leu em voz alta enquanto escutávamos: "...foi confirmado que as instalações da Pista de Rodeio, de propriedade da cidade de Salinas, deverão ser requisitadas para serem usadas pelo governo dos Estados Unidos como um campo de concentração nipo-americano."

Estávamos chocados e confusos. O que era um campo de concentração? Pearl Harbor fizera com que a América entrasse na guerra de corpo e alma no ano anterior, mas eu não tinha ideia do que aquilo significava.

Meu pai e minha mãe nos explicaram tudo por partes. Nós estávamos em guerra com o Japão. Isso tornava os imigrantes japoneses e suas famílias nossos inimigos, e como tal deveriam ficar confinados durante a guerra.

Essas pessoas, porém, eram nossos amigos e vizinhos. Alguns moravam nas redondezas desde que podíamos nos lembrar. Estávamos definitivamente confusos.

Nossos pais não podiam fazer mais nada a não ser prosseguir dizendo que as coisas seriam diferentes enquanto a guerra continuasse. Os nipo-americanos que vivessem na nossa área seriam trazidos para a Pista de Rodeio de Salinas.

Sem entender, perguntamos onde todo esse pessoal viveria.

— O governo está pensando em instalá-los nas baias — respondeu meu pai.

— Nas baias? E os cavalos?

Meu pai permaneceu calado por alguns instantes enquanto dava outra olhada na carta. Leu em voz alta de novo: "Outros prédios serão construídos para providenciar instalações de uso comunitário."

Estou certo de que o Sr. Sherwood não previra tal reviravolta nos acontecimentos ao doar as terras para a cidade de Salinas.

É claro que após alguns instantes ocorreu a mim e a Larry que os acontecimentos não afetariam apenas os nossos amigos japoneses, mas também interfeririam em nossas vidas. Tínhamos uma lista de perguntas para nossos pais.

Meu pai dobrou a carta e explicou que nos haviam pedido para escolher o menor de dois males. Teríamos que reduzir a escola de equitação e o treinamento de cavalos ao mínimo, quase zero, se quiséssemos continuar vivendo onde vivíamos. Poderíamos também optar pela mudança.

Foi uma experiência traumática não apenas para mim e meu irmão, mas também para nossos pais. Se decidíssemos continuar morando em nossa casa, viveríamos em condições restritas, atrás de cercas de arame farpado, como se também fôssemos prisioneiros. Se ficássemos ou fôssemos, teríamos que vender quase todos os nossos cavalos.

Para aumentar ainda mais a confusão, para mim e Larry era difícil entender por que estávamos na guerra. Estudávamos na escola fundamental e tínhamos muitos colegas japoneses. Alguns deles eram nossos amigos e viviam pertinho com seus pais, que administravam fazendas com sucesso.

Agora, eles todos seriam aprisionados à volta da casa que pensávamos como nossa, embora tecnicamente pertencesse ao município de Salinas.

Lembro-me dos argumentos declarados, rebatidos e repetidos. As novidades mancharam a atmosfera do nosso lar. Em verdade, não tínhamos opção.

Decidimos ir embora.

No que me dizia respeito, minha vida chegara ao fim. Não conseguia dormir e chorava durante a noite. A maioria das minhas preocupações era egoísta, como tendem a ser as preocupações infantis. Naquela época eu já me convencera de que seria um cavaleiro campeão, com um belo futuro em concursos. E agora? Todos os nossos cavalos e equipamentos seriam vendidos!

Dando pontapés nos portões frontais, eu e Larry víamos ressentidos as intermináveis filas de veículos que vinham e iam, concretizando o plano sem maiores demoras. Alguns caminhões traziam materiais para a conversão das baias nas mais básicas moradias para os japoneses, e para a construção de instalações provisórias para o uso comunitário. Outros caminhões removiam nossos cavalos e equipamentos.

Muitos deles foram enviados para o famoso matadouro de Crow's Landing. Caminhões após caminhões transportando cavalos para serem mortos. Mais tristes e irritados do que pensávamos ser possível, eu e Larry víamos os cavalos desaparecerem em uma nuvem de poeira. Nunca mais seriam vistos.

Para nos ajudar a compreender tal decisão, nos informaram que a carne de cavalo era necessária para o esforço de guerra. Em quase todo o mundo, soldados americanos, não muito mais velhos do que nós, estavam vivendo em condições desesperadoras. O resultado positivo da guerra contra a tirania dependia de quão bem alimentados mantivéssemos os nossos rapazes. A carne de cavalo que providenciávamos iria para eles, que, de estômago cheio, venceriam a guerra.

Na verdade, não havia outro lugar para mandar os cavalos. A gasolina estava racionada e as pessoas não podiam nem mesmo pagar pelo transporte dos animais.

Ginger estava entre os cavalos que foram levados e mortos.

Mudamo-nos para uma pequena casa no centro da cidade de Salinas. O meio-fio em frente era de concreto e foi a única habitação em que morei em toda a minha vida que tinha um número na porta: 347, Church Street.

Era uma casa construída nos anos 1920, de madeira com lambris. Tinha três quartos de dormir e um assoalho elevado.

Tínhamos que passar por um longo pórtico antes de entrar. Havia um pátio nos fundos, com uma magnólia, e logo descobri que era alérgico a essas flores. Era uma casa urbana, com vizinhos por todos os lados.

Isso era diferente de tudo que eu conhecia e não gostei nem um pouco. Minha mãe tentou me consolar. Apanhou um enorme globo do mundo, levou-o para o meu quarto e pediu-me que achasse o Japão. Depois de algum tempo, acabei achando o local certo.

Então ela me pediu para achar a América.

— Aqui.

— Agora, Monty, olhe para esses dois lugares. O Japão é uma coleção de pequenas ilhas. Os Estados Unidos são um país imenso, não é mesmo? Ora, se você comparar o tamanho do Japão com o dos Estados Unidos, vai compreender por que em poucos meses a guerra terá acabado e poderemos voltar para nossa casa.

Ajudou, mas havia muitas evidências que diziam o contrário, e eu comecei a duvidar da minha mãe. Se a guerra ia mesmo acabar tão cedo, por que as pessoas punham adesivos em seus carros perguntando: "Essa guerra é mesmo necessária?"

Pediram ao meu pai para se tornar policial. Ele tinha 34 anos e, por lei, não podia entrar para as Forças Armadas, mas a carência de jovens e o fato de ele ter sido guarda florestal tornavam-no ideal para o departamento de polícia de Salinas.

Quando soubemos que ele seria nomeado para a polícia, tive a impressão de que a mudança em nossas vidas seria mais ou menos permanente. Nunca mais voltaríamos à Pista de Rodeio.

De qualquer modo, aconteceu algo que impediu a minha vida de se afastar muito do curso que eu havia traçado tão firmemente para ela. Meu pai deu um jeito de alugar um terreno nos limites da cidade. Era apenas um celeiro cercado por poucos acres de terra. Não podia se comparar ao que estávamos acostumados, mas permitiria que mantivéssemos entre dez e quinze cavalos para treinamento.

Fomos ao lugar com uma mangueira e o limpamos direitinho. Levantamos divisões, consertamos portões, esfregamos o piso de concreto até ficar brilhando. Inspecionamos o terreno polegada por polegada atrás de pregos e pedaços de arame farpado que pudessem ferir os cavalos. Reinstalamos o suprimento de água, recolocamos os portões nas dobradiças e levantamos um depósito para rações. Fizemos de tudo para transformar o local em uma habitação adequada para equinos, incluindo palha e feno.

O cheiro de cavalo estava novamente em nossas narinas, e isso significava felicidade.

Embora meu pai fosse um homem cruel e amedrontador, ele me dera de volta o que eu mais queria no mundo: um futuro com cavalos.

Mais especificamente, meu futuro estaria unido a um pequeno cavalo castanho e castrado chamado Brownie, que foi um dos primeiros a chegar às instalações de Villa Street.

Brownie tinha pouco mais de um metro e meio. Sua mãe era uma égua mustangue e seu pai um puro-sangue inglês — um dos garanhões de monta do governo. Brownie era parte de um projeto no qual a cavalaria dos Estados Unidos largava garanhões puro-sangue nas pradarias para se misturarem aos mustangues selvagens. Os produtos dos garanhões puro-sangue com as éguas mustangues eram perfeitos para a cavalaria. Para facilitar essa situação, o exército pagava aos rancheiros pelo mustangue macho que matassem. Nascidos e crescidos os potros, a cavalaria era chamada para capturá-los, deixando para os rancheiros as potrancas como um pagamento adicional por sua colaboração na iniciativa.

Como dizia o seu nome, Brownie era todo castanho-escuro, menos em algumas polegadas do focinho, onde a cor se tornava mais clara. Tinha ainda um pequeno ponto branco no centro, entre os olhos, o que lhe dava um olhar direto e concentrado. Tinha cascos bem formados, duros como pedras — uma lembrança da sua parte mustangue.

No minuto em que Brownie chegou e eu soube que ele seria meu, quis me ligar a ele como se fosse parte dele e vice-versa.

— Ok — concordou meu pai. — Vamos "quebrar" o bicho.

Senti um aperto no coração. Como eu poderia vir a ser o melhor amigo daquele animal quando na sua primeira tentativa de confiar em seres humanos ele seria violentado? Mas eu tinha muito medo do meu pai para falar qualquer coisa.

Fiquei observando enquanto ele se preparava para dar início ao método do "ensacamento". Enquanto Brownie esperava na sua baia, meu pai caminhava entre pilhas de velhos caixotes de ripas de madeira usados para o transporte de vegetais e que seriam queimados. Acabou encontrando o que procurava: um grande pedaço de papelão, bastante pesado, que servira de forro para os caixotes. Ele torceu bastante um dos lados do papelão e o amarrou à extremidade de uma corda.

Brownie foi tirado da baia e amarrado a um moirão que fora firmemente fincado na terra para poder aguentar a reação do cavalo quando fosse punido. Ele ficou parado pacientemente enquanto meu pai caminhava em volta dele e desenrolava a corda.

De uma certa distância, meu pai bateu pesadamente com a corda e, ao contato do papelão com a pele, Brownie pulou para um lado como se sua vida dependesse daquilo — e, segundo sua visão, dependia. Tentou esticar a cabeça, mas foi impedido pela corda. Isso foi apenas o começo.

Enquanto eu via os olhos de Brownie se arregalarem e revirarem de medo, esperando pelo que viria a seguir, fui invadido por terror e simpatia em doses iguais. Amaldiçoava meu pai em silêncio e queria, mais que qualquer outra coisa no mundo, desamarrar aquela corda. Tentei encontrar um modo de fazer meu pai parar com aquilo, mas não encontrei nenhum.

O ensacamento continuou e eu fiquei mais e mais determinado a encontrar um modo de acabar com aquela cruauldade. Eu estava desgostoso e infeliz, mas não havia nada que pudesse fazer. Não se tratava de um método exclusivo do meu pai — este era o modo de domar cavalos em geral. Ainda hoje, essa cruauldade, aos olhos de muitas pessoas ao redor do mundo, é vista como uma prática perfeitamente aceitável.

O tempo diria qual seria o impacto da experiência sobre Brownie. Durante sua vida inteira, teve fobia a papelão e até mesmo a papel. Qualquer coisa que soasse como batida de papel fazia com que ele entrasse em pânico, ocasião em que se tornava perigoso não só para os outros como também para si mesmo. Ele empinava loucamente e ninguém podia fazê-lo compreender que se tratava apenas de papel e que não havia o que temer. Nunca pude ficar zangado com ele por causa dessa confusão. Aceitava sua reação como falta nossa; crime nosso cometido contra ele.

Quando meu pai se tornou policial, nosso carro passou a ser um carro de polícia.

A guerra precisava de todos os veículos e era difícil adquiri-los. Quando meu pai entrou para o departamento, lhe disseram que ganharia um salário maior se permitisse que equipassem seu carro como viatura policial.

Na época, muitos carros particulares de policiais foram equipados com luzes vermelhas de emergência sobre o teto, sirene e rádio. Faróis e sistemas especiais foram instalados para permitir que o carro andasse em condições de blecaute. A Costa Oeste era vulnerável a ataques inimigos, e os blecautes, portanto, muito comuns.

Nosso carro era deveras singular. Lembro-me do meu pai chegar em casa um dia — isso aconteceu quando ainda morávamos na Pista de Rodeio — e dizer que precisávamos de um veículo maior por causa dos alunos de equitação. Disse que os Müller, donos de uma funerária em Salinas, tinham exatamente do que precisávamos.

Não era exatamente o rabecão, mas era a limusine em que a família do morto viajava nas procissões fúnebres. Tratava-se de um Cadillac sedã 1932, com enormes estribos, e equipado com todos os acessórios existentes na face da Terra — o tipo de carro que Al Capone dirigiria. Era imensamente espaçoso e abrigaria muito mais alunos de equitação do que qualquer carro novo que pudéssemos comprar pelo mesmo preço. Como muitos automóveis da época, não tinha um porta-malas tradicional. O porta-malas se parecia mais com um enorme baú de metal com um ferrolho, aparafusado na traseira do veículo.

Não levou muito tempo para os alunos reduzirem-no da sua condição imaculada a algo que mais parecia um estábulo sobre rodas.

Quando nos mudamos para a cidade em 1942, levamos conosco o carro que foi posteriormente transformado em viatura policial. Lembro-me de andar nele com meu pai quando ele recebia chamados radiofônicos, ou quando via alguém violar algum regulamento de trânsito. A luz vermelha se acendia, a sirene começava a soar e, a toda velocidade, íamos "apreender" o suspeito. Meu pai levava com ele, o tempo todo, o seu distintivo, e no porta-luvas havia sempre um bloco de multas e um par de algemas. O porta-luvas geralmente guardava também um revólver.

Tarde da noite, num dia de primavera de 1943, estávamos voltando de carro para casa. Fora um longo dia. Treináramos muitos cavalos e cuidáramos do trato de outros nas instalações de Villa Street, na zona rural. Agora estava escurecendo.

Exatamente quando chegamos aos limites do perímetro urbano, um chamado veio pelo rádio, informando que estava ocorrendo um assalto à mão armada no Golden Dragon, um *bar-saloon* na Soledad Street, em Chinatown.

Meu pai pegou o microfone manual e respondeu:

— Estou a apenas um quarteirão e meio do Golden Dragon e vou atender à ocorrência.

A voz no rádio perguntou:

— Você está armado?

— Estou.

Fui invadido pelo medo. Todas as outras vezes em que estivera no carro e ele tivera que atender a um chamado, jamais precisara se defender com um revólver.

O velocímetro do Cadillac pulou para quase 100 quilômetros por hora. Ele ligou as sirenes e a lanterna pisca-pisca vermelha. O carro balançava furiosamente de um lado para outro enquanto ia para Chinatown. Os faróis denunciavam gente correndo para sair do caminho.

Ele gritou para mim:

— Deite no chão do carro!

Meus joelhos se transformaram em geleia ao me dar conta da seriedade da situação. Deslizei do banco para o chão e, encolhido, esperei.

Estava para testemunhar um incidente que me transformou para sempre e que eu tentaria dali em diante enterrar nas profundezas do canto mais escuro da minha mente. Mas mesmo naquele canto escuro ele permanece claro como cristal, como se tudo houvesse acontecido apenas ontem.

Quando decidi escrever a história da minha vida, me perguntei se deveria incluir esse incidente. Pedi conselhos a alguns membros da família, que recomendaram que eu o omitisse.

De qualquer modo, o evento foi a experiência isolada que mais me influenciou. Particularmente, o modo como lido com cavalos foi reforçado pelo que vi naquele dia de 1943, embora nem ao menos um cavalo apareça na história.

Poderia dizer-se que nasci em 1943 com a idade de 8 anos. Antes daquele dia, eu era uma pessoa inteiramente diferente.

Ao recontar esse caso, quero deixar claro que não estou tentando vilipendiar a memória do meu pai. Ele nasceu e foi criado no mundo duro e muitas vezes cruel dos pioneiros americanos. Sua educação e suas experiências fizeram dele o homem que foi. A geração que nos separava podia ter 100 anos em termos do que houve na América durante as poucas décadas da virada do século. Enquanto crescia, meu pai teve que se defrontar com a lei natural do "matar ou morrer" quase diariamente.

Ele amoleceu um pouco com o correr dos anos. Quando minha mulher e meus filhos foram conhecê-lo, já não era o homem frio e rígido que conheci na infância. Conseguira livrar-se da luta dentro dele.

Fico sempre constrangido ao ter de mencionar a dificuldade que meu pai tinha em relação ao tema racial. Meio índio *cherokee*, ele sofreu na carne o preconceito racial enquanto crescia. Ainda assim, ficou irritado pelo fato de a Segunda Guerra Mundial ter trazido negros para nossa vizinhança, até então quase 100 por cento branca. As instalações militares do Forte Ord ficavam a vinte minutos de carro, e muitos soldados negros estavam instalados lá. Talvez seja verdade que as vítimas do preconceito racial sejam os primeiros a infligir racismo aos outros quando a oportunidade se apresenta.

O que escrevi não é desculpa para o que aconteceu, mas uma tentativa de ganhar do leitor uma visão mais compreensiva para as ações de meu pai, que sempre me ensinou o que eu *não* deveria querer ser, em vez do que eu poderia vir a ser.

À medida que o carro corria para a cena do crime, meu pai me deu uma segunda ordem:

— Me passe o revólver e as algemas.

Fiquei na ponta dos pés e abri o porta-luvas. Peguei rapidamente as algemas, mas não conseguia achar o revólver. Freneticamente, meus dedos se moviam entre mapas, canetas e outras bugigangas no porta-luvas, mas a arma não estava lá. Ele começou a gritar para que eu me apressasse.

Quando se convenceu de que a pistola não estava no carro, ele disse:

— Que droga! Estava certo de que trouxera a arma comigo.

Ele já havia apanhado as algemas e as enfiado no bolso. No momento em que o Cadillac estacionou a alguns metros do Golden Dragon, meu pai saltou antes mesmo de a máquina parar de se mover. Ao bater a porta atrás de si, gritou para mim:

— Fique no carro e *deite no chão*!

Deitei-me, encolhido, no chão, enquanto as luzes piscantes vermelhas, amarelas e verdes do *saloon* iluminavam o interior do carro de um modo muito estranho. Eu tinha cãibras, e o cheiro de cavalo, sujeira, suor e mofo era muito ruim. Lutei contra a vontade de me levantar, parte por causa do cheiro e parte por causa da curiosidade por saber o que se passava lá fora.

Finalmente, desdobrei as pernas e decidi me sentar. Minha cabeça estava no nível da janela dos passageiros. Tinha uma visão direta do bar a menos de 20 metros de distância.

A rua estava cheia de gente. Algumas pessoas falavam com meu pai e apontavam em direção ao *saloon*. Estavam agitadas e sussurravam entre elas. Pude ver que meu pai se preparava para entrar.

Embora eu estivesse congelado pelo pânico, surpreendi minha mão na maçaneta, abrindo a porta.

Rastejei para fora. A atenção de todos estava voltada para o que acontecia dentro do bar, logo após a porta de entrada, e ninguém viu um menino de 8 anos se arrastando em direção ao objeto da atenção geral.

Repentinamente, tive a impressão de que todos fizeram silêncio, pois tudo o que eu conseguia ouvir eram as batidas do meu coração enquanto deslizava para dentro do bar.

Dentro, não mais do que 2 metros afastado de mim, vi meu pai de costas para a porta. Os empregados do bar estavam todos juntos, espremidos num canto do balcão. A única pessoa que se movia era um negro alto e pesado.

Virou-se para o barman, apontando uma faca quase do tamanho de uma espada.

— Ponha o dinheiro sobre o balcão!

O barman, amedrontado, tirou muitas cédulas da caixa registradora e na pressa deixou cair algumas moedas no chão.

O assaltante havia estirado seu paletó no balcão e sobre ele já havia carteiras, relógios, anéis e pulseiras. Evidentemente, já limpara todos os presentes no bar e agora se preparava para embolsar a féria. Acabado o serviço, faria do paletó uma espécie de saco para o produto do roubo.

Nesse momento, meu pai levantou a insígnia policial bem para o alto, para que todos pudessem claramente determinar sua autoridade, e berrou:

— Polícia! Fique onde está, largue a faca e ponha as mãos sobre o balcão.

Por um segundo, o tempo pareceu ter congelado.

Então, em vez de obedecer ao meu pai, o negro voltou-se diretamente para ele com a faca na mão.

Nesse momento, rezei em silêncio para que meu pai desistisse e saísse do caminho do assaltante. Mas ele não fez isso. Ao contrário, deu um passo para a frente, em direção à faca. Um ferimento grave ou até mesmo a morte aguardavam por ele. Não tinha uma arma com que se defender. Tratava-se de um ato de bravura, mas o terror tomou conta de mim. Naqueles poucos segundos tive medo de ficar sem pai.

Tudo isso passou vertiginosamente pela minha cabeça enquanto eu via meu pai se aproximando do assaltante e dizendo:

— Não faça isso consigo mesmo. Ponha a faca no balcão. Vire-se e levante as mãos. Desista, rapaz!

Estavam a poucos centímetros um do outro, olhos nos olhos. No momento em que pensei que o homem ia se entregar, ele atacou. Com a faca, mirou as costelas de meu pai.

Meu pai tirou o corpo fora, fez um gesto com o braço e, quando vi, sua mão segurava o pulso do homem, próximo ao cabo da faca.

Com um movimento ágil, levou o braço do homem para trás das costas e obrigou-o a largar a arma, que caiu no chão. Em seguida empurrou o homem, que caiu de costas, batendo com a cabeça na quina do balcão. Ele continuou caindo e bateu novamente com a cabeça no apoio de metal para pés, na parte inferior do balcão.

O homem ficou deitado no chão sem se mover.

Senti a emoção correr dentro de mim. Meu pai estava vivo e não precisara usar uma arma para derrotar um criminoso armado. O homem indefeso e desarmado tornou-se um herói de repente. Observei então quando meu pai ficou parado em frente à forma inconsciente do homem. Vi-o levantar o corpo o mais alto que pôde. Então ele largou o corpo que devia pesar mais de cem quilos. Enquanto caía, meu pai lhe deu uma joelhada no peito com tanta força que deve ter lhe quebrado algumas costelas.

Agora, eu não sabia mais o que deveria sentir. Meu pai batera num homem desmaiado. Podia até ter cometido homicídio.

Meu pai algemou o homem. O pessoal do bar e o pessoal que a tudo assistia do lado de fora da porta estavam agora conscientes de que a situação havia mudado definitivamente. Já não eram mais as vítimas amedrontadas. Agora estavam do lado vencedor.

Meu pai apanhou a faca pela ponta da lâmina e a entregou ao barman para que a levasse para ele. Segurou a corrente que ligava as algemas e arrastou o homem, imóvel como um saco de batatas.

Quando se virou para o lado da porta, me dei conta de que eu estava onde não deveria estar e corri para dentro do carro. Assim que bati a porta, olhei para fora e vi meu pai emergir do bar cercado de gente. Deu mais um puxão na corrente das algemas e deixou o corpo cair na calçada.

Meu pai deu a volta e abriu a porta de passageiros do carro. O barman lhe devolveu a faca e ele a colocou cuidadosamente no banco ao lado daquele onde eu estava sentado.

Então ele foi para a parte de trás do Cadillac e abriu o enorme porta-malas. De dentro, tirou alguns sacos de aniagem vazios com os quais forrou a parte de trás do carro, a fim de evitar que ficasse manchada de sangue. Abriu bem as portas do carro e colocou o homem sobre os sacos. Depois, entrou no automóvel. Como a faca ocupava o banco de passageiros, fiquei espremido contra meu pai, evitando encostar nela. Ele mandou que eu a apanhasse pela ponta da lâmina e a colocasse dentro do porta-luvas. O fato de que a arma coubesse direitinho no porta-luvas dá uma ideia do seu tamanho.

Quando o carro partiu, ouvi sons provenientes da garganta do homem, mas meu pai não parecia preocupado. Disse-me que o homem estava fingindo e acrescentou:

— Logo ele vai ficar bom.

Àquela altura, muitos carros de polícia se juntaram ao nosso a caminho da delegacia. As viaturas, posicionadas atrás e na frente do nosso carro, ligaram as sirenes, que, juntamente com a nossa, produziram um som lamentoso que se ajustava perfeitamente ao que eu estava sentindo.

Meu pai falava pelo rádio e explicava como o assaltante tentara cortá-lo com uma faca. A história da prisão foi narrada em tom exibicionista.

Voltando-me para o banco de trás, olhei ansiosamente para verificar se o homem continuava respirando. Mal respirava.

Rezei para que chegássemos logo à delegacia. Lá ele estaria a salvo.

Quando chegamos, meu pai abriu a porta do carro e arrastou o homem até a calçada. Como se quisesse se certificar de que não haveria resistência alguma por parte do prisioneiro, levantou os ombros do homem alguns centímetros e deixou-o cair novamente na calçada de cimento.

Os oficiais que saíam e entravam da delegacia riam e gritavam. Meu pai apanhou a corrente das algemas de novo, levantando a cabeça e o torso do homem, e o foi arrastando escada acima em direção ao interior da delegacia. Ele subia alguns degraus, sacudia o homem, outros degraus mais, mais sacudidas.

Ninguém tentou achar uma padiola e ninguém o ajudou. Aquele era o seu troféu. Ele o pegara e agora o levava para exibir aos seus irmãos policiais.

Eles riam atrás dele, seguindo a trilha de sangue deixada pelo homem. Dentro da delegacia, no topo da escada, estava a mesa do sargento. Arrastando o homem pelos poucos metros que faltavam, meu pai o largou no piso de concreto em frente à mesa do sargento.

— Peguei uma carteira de motorista do bolso dele. Aqui está o nome. Registre o bicho e peça a alguém para lhe tirar as impressões digitais.

Um formulário foi colocado na máquina de escrever e as teclas começaram a produzir o seu som destacado, preenchendo os espaços em branco com as informações contidas na carteira de motorista do negro.

Pessoas acendiam cigarros. Os policiais riram muito quando meu pai recontou a história, dando ainda mais ênfase à violência e ao drama.

Implorei a meu pai que fizesse alguma coisa para ajudar o homem moribundo. Ele olhou para baixo, olhou para mim e gritou:

— Cale a boca e volte já para o carro. Este sujeito é cheio de manhas. Está fingindo. Não há nada de errado com ele.

Nesse momento, o prisioneiro recuperou a consciência e lutou para ficar de pé. Ninguém correu para impedi-lo enquanto ele cambaleava como um animal ferido em direção à porta.

Meu pai ordenou novamente:

— Vá para o carro, Monty!

Depois, virou-se e foi atrás do homem. Ele não havia ido longe. Tropeçara no topo da escada e caíra até a calçada, batendo com a cabeça no tronco de uma árvore. Mais uma vez ficou imóvel.

A essa altura, eu chorava de modo inconsolável. Meu pai gritou de novo:

— Vá para o carro!

Corri para o Cadillac, abri a porta e enterrei a cabeça no estofamento. Então ouvi o som da porta se abrindo, da porta se fechando e da chave do carro dando partida. Estávamos indo para casa.

Quatro dias depois, perguntei ao meu pai o que acontecera com o homem que ele prendera. Ele disse:

— Oh, ele morreu.

Meu pai deve ter sentido o meu choque e inventou rapidamente uma história:

— Ele não morreu por causa dos ferimentos. Morreu de pneumonia. Aquele garoto se recusava a se cobrir com a colcha durante a noite. Resultado: pegou uma pneumonia e morreu.

Eu acreditei nele. Daquele momento em diante e durante toda a minha juventude tomei cuidado para puxar o cobertor até o queixo na hora de dormir, assegurando-me que meu peito estava sempre bem coberto.

Anos depois, me informaram que o homem que meu pai prendera fora largado numa cama com costelas quebradas, pulmões arrebentados e cabeça rachada... até morrer.

Mais tarde, em cursos de psicologia, descobri como sequestradores e molestadores de crianças matam pequenos animais em frente às vítimas para traumatizá-las e instalar-lhes o medo que as tornará incapazes de reagir.

Nesse sentido, hoje compreendo que me tornei uma vítima da agressão do meu pai. Mas eu não via as coisas dessa maneira naquela época; tudo o que eu sabia era o medo que ele me inspirava. Do momento do assalto até tornar-me um adulto tive que controlar minha vida e tentar dirigi-la para longe da sua influência.

Certa noite, dois meses mais tarde, ele me disse que sairíamos juntos.

— Vamos ver as lutas — ele falou — e você vai encontrar lá um homem muito especial.

Fomos de carro até a National Guard Armory e passamos por uma multidão que estava do lado de fora do prédio.

Passamos por alguns quartos pequenos, atrás do salão de exibições. Entramos em um deles onde um negro enorme estava sentado numa mesa.

Minha pulsação acelerou. Aquele era o primeiro homem negro que eu via desde o assalto.

Meu pai me conduziu para perto do homem:

— Venha, Monty, quero que você conheça Joe Lewis. Ele é o campeão mundial dos pesos-pesados.

Joe Lewis cumprimentou meu pai:

— Oi, Marvin.

— Oi — retribuiu meu pai. Depois acrescentou: — Quero que conheça meu filho, Monty.

Recusei-me a me aproximar. O campeão de boxe disse:

— Pode vir, eu não vou te machucar.

Apertei a mão dele, mas não pude olhá-lo nos olhos.

Na esperança de acabar com a minha timidez, Joe Lewis apontou para o próprio ombro e disse:

— Ei, homenzinho, bata-me, eu o desafio.

Mas eu não consegui fazer a brincadeira. No final, ele apanhou minha mão, fechou-a em forma de punho e bateu com ela contra seu ombro, fingindo que havia sentido grande dor.

— Agora você pode dizer por aí que bateu no campeão mundial.

Um fotógrafo estava ajeitando a câmera ali perto e disse que estava pronto.

Meu pai passou o braço sobre os ombros de Joe Lewis e a foto foi batida.

Há uma raça de cavalos conhecida originalmente como "Garupa de Cobre" e pouco depois como "Pó de Aço". Esses nomes estranhos para os anos 1930 se devem aos nomes dos animais que deram origem à linhagem.

Essa raça pequena e especial era decidida, de fácil trato, calma, com patas bem desenvolvidas. Esses cavalos podem ser comparados muscularmente ao buldogue, com a garupa bem redonda e um belo coração.

Foram criados para trabalho de rancho porque a incrível arrancada na corrida os tornava ideais para laçar gado ou apartar um boi do rebanho.

Durante a semana trabalhavam no rancho e aos sábados e domingos eram levados para serem exibidos nos rodeios. Acabada a exibição, eram permitidos alguns minutos de repouso aos cavalos. Tiravam-lhes o equipamento de rodeio e os selavam para corridas que aconteciam nas proximidades.

Em corridas mais curtas, tipicamente menos de um quarto de milha, ninguém conseguia vencê-los. Saíam do partidor como balas de fuzil. De fato, muitos deles não respiravam até a linha de chegada. Só então se davam conta de que precisavam mudar o ar dos pulmões.

Em termos de corrida de cavalos, podem ser comparados às corridas de automóveis de rua a curta distância, com seus motores possantes. Por causa disso, sua linhagem passou a ser conhecida como "Quarto de Milha", distância na qual são imbatíveis.

Meu pai tinha atração por esse tipo de corrida. E eu adorava a emoção.

É claro que os garotos menores eram os preferidos para montar o quarto de milha, pois o peso era mínimo para o animal. Naquela época eu montava um quarto de milha por cinco dólares e ganhava dez se vencesse a corrida.

Pequenas cidades do sul ao norte da Califórnia — Salinas, King City, Fresno, Victorville, Stockton — sediavam essas reuniões de quartos de milha. O dono de cada animal punha seu dinheiro num bolo e o vencedor levava tudo.

É claro que havia também quantias enormes trocando de mãos nas apostas entre espectadores e proprietários. O jogo ainda não fora regularizado e não tinha a sanção de nenhuma associação turfística. Isso, é claro, o tornava mais animado, rápido e aguerrido — uma atmosfera intoxicante que é o alimento de qualquer jogador inveterado.

Não havia licença para os jóqueis, pouca importância era dada à sua segurança, e eu mesmo cansei de montar sem capacete.

O Sr. Frank Vessels era um dos principais proprietários desse tipo de cavalo, e seu treinador era um homem chamado Farrell Jones.

Um dia, eu estava observando o trabalho de Farrell na pista do Sr. Vessels. Digo pista, mas na verdade não passava de uma faixa de terra entre dois muros feitos de pilhas de feno. O Sr. Vessels tinha muitos cavalos, daí o feno, e durante as corridas o empilhava dos dois lados da pista para que os espectadores pudessem se sentar.

Nesse dia, Farrell Jones tinha um quarto de milha jovem, impaciente, atrás do partidor. Olhava os partidores como se fossem bocas de jacaré prontas para engoli-lo. Olhava temeroso para a pista, como se ela tivesse sido preparada apenas para assustá-lo, com aqueles fardos quadrados de feno e alfafa prontos para caírem nos seus flancos. Olhando para aquele cavalo, tive a impressão de que ele estava com medo de que o chão afundasse e o céu caísse sobre sua cabeça.

Acompanhando o animal estava uma égua veterana que sabia tudo sobre essas corridas e que, se pudesse, contaria histórias sobre os tempos em que alcançara o cavalo que estava na ponta no último fôlego, em uma corrida que durava alguns poucos segundos.

— Muito bem — falou Farrel. — Vamos colocá-lo no partidor.

Para saírem disparando do partidor, os quartos de milha eram treinados da seguinte maneira: fechados no boxe e chicoteados. Desse modo, quando o portão do boxe se abria, o cavalo estava doido para sair voando dali e escapar do castigo. O raciocínio era que, cada vez que o cavalo fosse levado para o partidor, o processo mental e o consequente medo se repetiriam. O instinto para correr garantiria um melhor resultado. Pior ainda: não era raro aplicarem choques elétricos nos cavalos para conseguir o mesmo efeito.

Eu estava observando quando Farrell Jones pegou o animal e o conduziu ao seu boxe de partida. Ele não fechou a porta de trás nem a da frente. Ele simplesmente fazia o cavalo passar pelo boxe, dar a volta, entrar novamente e assim por diante, com a égua sempre próxima.

Então ele deu outra volta. E mais outra.

Isso continuou até que as poucas pessoas que, como eu, a tudo assistiam, começaram a ficar tontas, e tenho quase certeza de que o cavalo estava morrendo de tédio com aquela história de andar em círculos sem parar.

Então, Farrell o levou para dentro do boxe, fechou a porta da frente e ofereceu ao cavalo um balde de ração para fazê-lo se sentir à vontade. A égua era perfeitamente visível para o cavalo noviço, através dos intervalos entre os sarrafos de ambos os lados do partidor.

Todos estavam se perguntando se aquele era um novo método para fazer o cavalo, que ainda não estreara, disparar assim que o portão se abrisse.

Depois de ver que o cavalo estava à vontade dentro do boxe fechado, Farrell mandou que abrissem os portões, mas não conduziu a montaria para fora. Oh, não, isso seria demais. Deixou que o cavalo ficasse sozinho no boxe o tempo que quisesse. Ele decidiria quando sair. Quando saiu, foi um momento excitante.

O que Farrell Jones fazia era tirar do cavalo toda a pressão do método de treinamento.

Além disso, comecei a perceber a razão da proximidade da égua. Com os portões fechados e o potro dentro do boxe, a égua era levada pela pista e pelos lados. O portão foi aberto e, sem encorajamento algum, o potro saiu gentilmente do boxe e caminhou até alcançar sua namorada.

Um pouco mais tarde, o cavalariço que montava a égua a fez andar num ritmo mais rápido e a levou um pouco mais para o fim da pista. Dessa vez, o potro, aberto o portão do boxe, teve que trotar para alcançá-la.

Algumas poucas horas depois, Farrell conduziu seu potro para o boxe com a maior facilidade. Com o focinho apertado contra o portão da frente, ficou esperando na maior antecipação, pensando apenas em ir para frente, pronto para voar por sua própria vontade e ir ao encontro da égua que era mantida um pouco atrás, de modo a permitir que o potro a alcançasse e "vencesse" a corrida.

Ele estava se divertindo.

Eu estava impressionado com o que vira Farrell Jones fazer e queria saber tudo sobre o assunto. Perguntei como chegara ao seu método.

Sempre mastigando tabaco, ele explicou:

— Já vi muitas dessas corridas e prestei atenção, como você faria se soubesse que um monte de dinheiro está em jogo e pode entrar no seu bolso se você escolher o cavalo certo. Verifiquei uma coisa interessante. Não são os cavalos nervosos que partem mais rapidamente. Esses estão tão ocupados dando coices, batendo de um lado e do outro do interior do boxe, pensando no torturador que está sobre suas costas, que levam menos tempo para ver que o portão se abriu. Os animais relaxados são os que dão a melhor partida.

Farrell Jones provou para mim que essa crueldade — chicotear os animais nos boxes para amedrontá-los e fazer com que queiram sair — era não somente desnecessária, mas também prejudicial, pois tinha um efeito contrário.

Esse exemplo tornou-se parte da minha filosofia de que o homem não deve dizer ao cavalo "você deve fazer isso". Deve, isso sim, convidar o cavalo a correr "porque você vai gostar de fazer isso".

Levando isso um pouco mais adiante: pedir a um cavalo para fazer algo não é tão inteligente quanto induzi-lo a querer fazer algo.

Cavalos querem correr. Isso é natural para eles e se não são treinados direito podem perder a vontade de fazer exatamente o que mais querem, correr no máximo de seu potencial — e eles gostam tanto de correr quanto nós gostamos de vê-los correr.

Como acabou acontecendo, eu trabalhei a maior parte da minha vida em corridas de cavalos puro-sangue e até hoje continuo firme na minha crença de que os chicotes devem ser banidos. Não há razão para eles se os treinadores se aproveitarem da vantagem, que é a vontade que o cavalo tem de correr. Certamente, eu não quero por motivo algum desse mundo nenhum chicote por perto dos lugares onde treino meus cavalos.

Eu devo ter montado cerca de duzentos cavalos de corrida, principalmente quartos de milha, quando tinha entre 8 e 12 anos. Nunca tive nenhum acidente sério, embora tenha caído uma ou duas vezes.

Frank Vessels fundou a Associação de Quartos de Milha em 1945 e construiu uma bela pista, bem diferente daquela na qual começou: um simples caminho entre pilhas de blocos de feno e alfafa.

Bem cedo, ele elevou a modalidade *sprint,* como são chamadas as corridas de arranco e pouca distância, à mesma classe das corridas de puros-sangues.

A Associação Americana de Quartos de Milha começou em 1946 com uma equipe de inspetores que viajavam pelos Estados Unidos e registravam propriamente esses animais.

Poucos meses antes de 1949, montei minha última corrida em King City, Califórnia. Era apenas uma cidade rancheira, mas lá havia dois proprietários que se tornariam muito importantes nas corridas de quarto de milha: Gyle Norris e os irmãos McKensie. Os irmãos McKensie eram donos de uma égua de primeira classe chamada Lady Lee, que tive a sorte de montar algumas vezes. Eram também proprietários de um quartos de milha chamado Dee Dee, que foi em 1946 o mais velho campeão da sua linhagem.

Em 1949 eu já não conseguia manter meu peso abaixo dos 47 quilos, ao contrário de Tucker Slender, que era um homem alto e magro, três ou quatro anos mais velho e melhor jóquei do que eu. Mais tarde, ele se tornou o juiz de partida principal das maiores pistas do sul da Califórnia e ainda hoje é o juiz de partida principal dos hipódromos de Santa Anita e Del Mar.

Farrell Jones tornou-se o líder nas estatísticas dos treinadores de cavalos puro-sangue nos Estados Unidos. Seus métodos e seu pensamento original mantiveram-me na boa estrada, pois foi ele quem me deu a primeira lição. Seu filho, Gary Jones, é atualmente um dos melhores treinadores do país.

Montados sobre cavalos de um tipo particular naqueles tempos pioneiros e naquelas pistas improvisadas, nós todos começamos a indústria de corridas de quartos de milha, uma universidade para mim no que diz respeito aos partidores.

Quando eu tinha 9 anos, meu tio Ray me contou uma história antiga: a história da nossa descendência de *cherokees*.

Meu avô nascera no País de Gales, Reino Unido, em 1870. Meu amor por cavalos talvez se deva a ele, que os usava na agricultura, para caçar raposas e pelo prazer de montar. Ele se chamava Earl Roberts e emigrou para os Estados Unidos aos 17 anos.

Rapidamente, foi atraído para o oeste com a promessa de trabalho fixo construindo estradas sobre as montanhas de Serra Nevada. Serra Nevada não é um nome pretensioso se levarmos em conta a imensa barreira natural que limita os estados da Califórnia e de Nevada. Só perde em tamanho para as Montanhas Rochosas.

Quando meu avô Earl foi para o oeste para construir essas estradas através de Serra Nevada, as turmas de trabalhadores só podiam trabalhar seis meses por ano. O resto do tempo, os caminhos estavam bloqueados. Só posso imaginar o trabalho que deve ter sido cortar essas montanhas usando apenas homens e animais.

Earl fora contratado para prover cavalos de carga nesses projetos rodoviários e também cavalos de sela para os capatazes que dirigiam as turmas de trabalhadores.

Os trabalhadores eram imigrantes como ele, mas havia também índios da nação *cherokee* que tinham sido trazidos para Nevada, pelo governo dos Estados Unidos, de suas reservas no meio-oeste.

Entre eles havia uma mulher que se tornaria minha avó, uma jovem *cherokee* de menos de 20 anos. Ela se chamava Sweeney, nome tirado do sobrenome do agente que transportou sua família para Nevada.

Entre as poucas coisas que tinha, havia documentos que a classificavam como uma *cherokee* puro-sangue, com direitos especiais desde o berço.

Earl pediu à família de Sweeney para casar-se com ela, e ela lhe deu nove filhos, um atrás do outro, dos quais cinco sobreviveram, entre eles meu pai e meu tio Ray.

Quando Ray, o filho mais moço, tinha 11 anos, Sweeney decidiu que cumprira sua parte do contrato de casamento com Earl. Um dia, quando a família acordou pela manhã, ela havia partido.

Eles a procuraram durante meses. Acabaram descobrindo que caminhara a pé de Tulare até a reserva *cherokee*, uma distância de 600 quilômetros.

Pouco depois disso, Ray, que tinha 11 anos, pegou pneumonia. Earl decidiu levá-lo de volta para Sweeney, na reserva dos *cherokees*, onde ele foi adotado pela tribo e criado até se tornar adulto. Teve a vantagem de aprender tanto os costumes indígenas como os costumes dos brancos.

Meu tio Ray me disse que, antigamente, quando os *cherokees* queriam capturar cavalos selvagens nas grandes planícies do meio-oeste americano, eram confrontados sempre com o problema de como chegar perto deles o suficiente para laçá-los. Acabaram superando esse obstáculo de modo extraordinário.

Em vez de persegui-los até o afunilamento de um vale ou prepararem outras armadilhas desse tipo — o que seria difícil devido à peculiaridade do terreno —, passaram a usar um método bem mais rápido.

Primeiro, seguiam a manada de cavalos. Não os perseguiam, mas simplesmente andavam atrás deles, obrigando-os a andar mais rapidamente.

Faziam isso por um ou dois dias.

Então, quando decidiam que era a hora certa, os *cherokees* davam a volta e passavam a andar na direção oposta à dos cavalos selvagens.

Invariavelmente, a manada se virava e passava a seguir os índios. Era o "efeito ioiô".

Os índios simplesmente guiavam os cavalos até currais que mediam entre 2 e 5 acres.

Aparentemente, os *cherokees* usavam métodos semelhantes para se aproximar da caça que pretendiam comer. Usavam esse efeito ioiô para veados, antílopes e búfalos. Para que suas flechas realmente alcançassem o alvo de modo efetivo, o índio *cherokee* tinha que estar a uma distância de 15 a 20 metros do animal. Andava atrás dele durante algum tempo e depois lhe dava as costas, indo em direção oposta. Os animais invariavelmente se voltavam para segui-lo.

Depois desse movimento oscilatório ser repetido algumas vezes, os caçadores ficavam suficientemente próximos das presas para matá-las.

Mais tarde, quando tive a oportunidade de observar cavalos selvagens no campo, acabei entendendo as razões por trás dessa sua estranha tendência de se voltarem e procurar a proximidade dos seus perseguidores. A esse fenômeno dei o nome de "Avanço e Recuo" ou "Avançar e Recuar". Ele formaria a base da minha técnica de trabalhar com cavalos.

Mas para o menino de 9 anos que eu era quando o tio Ray me contou a história, aquilo era um mistério. Acreditei que fosse verdade, mas não sabia o porquê.

Os anos da Segunda Guerra Mundial foram recheados de morte — e creio que a guerra transmite isso para todos de um modo ou de outro —, metaforicamente ou não.

No pequeno mundo de um menino entre 8 e 11 anos, naquela época, nos meus sonhos, a morte me pareceu uma certeza durante algum tempo, logo depois que nos mudamos da Pista de Rodeio.

Vira meus amigos nipo-americanos serem presos e confinados em um campo de concentração que fora o meu lar. Vira a morte do negro nas mãos do meu pai, o que fez com que perdesse o respeito por ele e procurasse minha própria trilha na vida.

Ao mesmo tempo em que me esforçava muito para dissociar a minha vida da dele, ele me proporcionava o que eu mais queria no mundo — trabalhar com cavalos.

Agora, com o fim da guerra, era muito confuso para qualquer um voltar à normalidade. Para meu pai, isso equivalia a lutar para retornarmos à Pista de Rodeio. Significava também me inscrever no maior número possível de provas pelo país inteiro.

Isso era exatamente o que eu queria fazer, mas era uma coisa muito frenética. O retorno à Pista foi como um circo, um festival.

Os japoneses haviam retornado para suas casas, mas o local ficara em condições horríveis. Tivemos que empurrar localizadores magnéticos de um lado para outro durante semanas, pois os trabalhadores que haviam desmantelado as instalações onde viveram os prisioneiros deixaram pregos, parafusos e tachinhas no chão, o que era uma ameaça para as patas dos cavalos.

Tivemos que reerguer os estábulos, reformar galpões, reparar assoalhos e tetos. Toda a família da minha mãe apareceu para oferecer ajuda.

Meu pai mandou serrar o teto do Cadillac para transformá-lo numa picape, e eu passava os dias indo e vindo do depósito de lixo.

Lembro-me do dia em que chegaram as novas selas — vinte ou trinta —, todas jogadas no pátio ao mesmo tempo. Eu estava lá, desmanchando as embalagens e encaixando as peças das selas, pronto para recomeçar minhas aulas no dia seguinte.

Com o custo do equipamento — para não falar dos cavalos —, havia muito risco envolvendo a nossa volta aos negócios. Tínhamos constantes reuniões de família em volta da mesa de jantar da nossa antiga casa.

Decidiu-se que meu pai permaneceria no departamento de polícia, pois havia sido promovido a tenente e não poderíamos dispensar seu salário se quiséssemos pagar nossas dívidas.

Meu pai nos disse que se quiséssemos ser bem-sucedidos teríamos que contar apenas conosco, sem o auxílio de empregados. Só podíamos nos dar ao luxo de contratar um homem, Wendell Gillott, que já havia trabalhado para nós e que havia acabado de retornar do Havaí. Era um bom sujeito. Não tinha o maior Q. I. do mundo, mas era doido, engraçado e trabalhador.

Eu e meu irmão Larry fomos informados que nosso período escolar seria mínimo, para que pudéssemos ajudar Wendell em tudo o que fosse necessário.

Estávamos de volta ao lar, mas certamente não para descansar. Wendell chegava por volta das 4h30 da manhã e começava imediatamente a dar de comer aos sessenta cavalos que tínhamos.

Eu pulava da cama, às vezes antes das 5 horas, para dentro da mesma calça que usara no dia anterior e que deixara no chão do quarto. Tinha pressa — precisava limpar 22 baias antes do café da manhã. Logo, meu irmão Larry estaria me fazendo companhia. Ele tinha dez baias para limpar — menos do que eu por ser mais jovem e menos forte, graças à doença que o atacou quando era pouco mais do que um bebê.

Eu dava um "alô" rápido para Wendell antes de limpar uma baia de alto a baixo, repor a serragem necessária e partir para outra.

Enquanto trabalhava, ia contando o tempo. A ideia era não levar mais de três minutos e meio em cada baia, de modo que as 22 estivessem limpas em menos de uma hora e meia. Era como uma corrida. Quando jogava o ancinho contra a parede, levantava as mãos para o ar como os vaqueiros fazem para informar ao cronometrista do rodeio que o bezerro está no chão com as quatro pernas amarradas.

O café da manhã era das 6h30 às 7 horas. Enquanto comíamos, eu e Larry ouvíamos as instruções do meu pai sobre quais cavalos deveríamos montar e o que deveríamos fazer com eles.

Depois do café da manhã, Wendell limpava as trinta e poucas baias restantes enquanto eu e Larry montávamos na pista das 7 às 9 horas. Eu montava, nesse período, talvez uns seis cavalos, com uma variedade de programas de treinamento e tarefas a serem cumpridas.

Depois disso, retornávamos correndo para casa, tomávamos banho, trocávamos de roupa e estávamos prontos para a escola, que começava às 9h30.

Às 13h30 estávamos de volta à Pista de Rodeio, montados nas respectivas selas, com a obrigação de treinarmos, cada um, por volta de cinco, seis cavalos. No meio da tarde já havíamos montado por mais de quatro horas.

Então, todos nós — meu pai, minha mãe, Larry e eu — dávamos aulas de equitação. As turmas tinham entre seis e doze alunos. Havia crianças de todo tipo. Uns morriam de medo de cavalos, outros eram valentes e até irresponsáveis, outros prestavam atenção. Nós fazíamos o melhor que podíamos.

Às 17h30, minha mãe deixava as crianças da vizinhança em suas casas.

Larry, Wendell e eu continuávamos trabalhando, levando os cavalos para as cocheiras e tratando-os.

Minha mãe, por volta das 6h30, já estava preparando o jantar e eu era o seu ajudante, o que fez com que me interessasse por culinária. Depois do jantar, tínhamos os deveres escolares.

Embora eu só estivesse na escola 10 por cento do tempo normal, meu pai insistia para que eu tirasse as melhores notas. De qualquer ponto de vista, ele era um incrível cobrador de tarefas.

A capacidade de uma criança da idade que eu tinha na época é muito elástica, mas ele esticou a minha ao último limite. Talvez crédito igual deva ser dado à Srta. Parsons, que me tutorava e fazia com que eu quisesse passar em todas as sabatinas e exames. Sua bondade, paciência e compreensão permitiram que eu ganhasse nota dez em quase todas as matérias, apesar de passar tanto tempo ausente da escola.

Acho que tinha uma cenoura amarrada na frente do meu rosto e um chicote atrás, como nos desenhos animados.

Com o fim da guerra, havia à venda um excesso de maquinaria militar.

Entre os fazendeiros locais virara moda andar de um lado para outro dentro de jipes militares quase novos em folha, que eles compravam por pouquíssimo dinheiro. Desconfio que, de um modo ou outro, compravam também muitas armas militares.

Meu pai também foi contagiado pela febre de comprar equipamento militar, mas de um modo bem diverso. Dito hoje, isso parece extraordinário, mas ele arrendou um vagão da cavalaria do exército americano. E lá estava ele, imenso como a vida, o nosso próprio vagão de transporte. O pagamento para garanti-lo por muitos anos era mínimo. Desenhado para transportar montarias de oficiais pelo país sobre os trilhos das diversas estradas de ferro, tinha baias para quinze cavalos.

Meu pai raciocinou que, embora houvesse menos provas e mesmo essas fossem menos propagandeadas do que antes da guerra, com o vagão chegaríamos a qualquer rodeio, por mais distante que fosse.

Além disso, com o fim da guerra as provas tenderiam a aumentar e ele queria tirar todas as vantagens do retorno à vida normal.

Aquele vagão cruzou a América de norte a sul e de leste a oeste, aumentando ainda mais as ambições do meu pai e as minhas também. Ele mandou retirar seis partições do vagão e no lugar delas construiu um quarto com beliches, um para alimentar os cavalos, um depósito de rações e um enorme reservatório de água. Ainda sobrou espaço para a cozinha. Na verdade, era um canto onde fazíamos café.

Pelos dez anos que se seguiram, aquele vagão seria o meu lar longe do lar durante os longos verões.

Eu e meu pai consultávamos os calendários de provas de norte a sul do país e selecionávamos as que julgássemos melhores e tivéssemos tempo de alcançar. Então levávamos o nosso itinerário para a estrada de ferro Southern Pacific e reservávamos um lugar para o nosso vagão. O pessoal da estrada de ferro, por sua vez, nos indicava datas, horas e locais onde deveríamos estar, bem como os locais dos desvios e manobras ferroviárias. Desse modo, por exemplo, seríamos o vagão 21 no desvio 56, e na hora estipulada uma locomotiva de manobras nos tirava da linha auxiliar e nos colocava na linha principal.

Meu pai ficava para trás, a fim de atender seus compromissos de policial e empresário-treinador de cavalos. No vagão, viajavam comigo, além do meu favorito, Brownie, até oito cavalos, um tratador e a Srta. Marguerite Parsons.

Marguerite Parsons é uma personagem de importância central na minha vida. Ela fora nossa babá desde que eu tinha 2 ou 3 anos e depois se transformou em nossa professora. Composta, organizada, firme como uma rocha, ela lia histórias para mim e fazia dos estudos um divertimento. Acima de tudo, ela era instruída e me enriquecia espiritualmente com seus conhecimentos.

Ela me entendia melhor do que os meus pais e se solidarizava com os meus problemas. Não só me ensinou a me comunicar com as pessoas, mas também me encorajou a relaxar; me ensinou que, se eu quisesse seguir uma carreira de cavaleiro pensando do modo dedicado e peculiar que pensava desde tão cedo, teria que encontrar meu próprio ritmo para não me desgastar antes do tempo.

Ela tinha apenas 20 anos, mas para mim estava sempre certa em tudo o que dizia ou fazia.

No quarto de beliches do vagão a Srta. Parsons dormia de um lado, atrás de uma cortina estirada sobre uma divisão. Quando nos recolhíamos, à noite, eu costumava ouvir um ruído estranho vindo do outro lado da cortina onde dormia a Srta. Parsons, que eu não conseguia imaginar o que fosse. Era como o som de um sussurro, mas jamais ouvira nenhum cavalo produzir som parecido. Logo, não era ruído de cavalo. Só podia ser a Srta. Parsons. Mas que diabo de ruído seria aquele?

Alguns anos depois eu viria a descobrir que aquele era o som de uma mulher tirando e botando a roupa de baixo, mas naquele momento o ruído simplesmente se juntava às misteriosas qualidades da minha professora.

Uma das primeiras ocasiões em que usamos o vagão foi para ir a uma prova em Pomona, no sul da Califórnia.

Eu estava muito excitado com todos os preparativos que envolviam a expedição. As selas e os bridões tinham sido todos limpos, polidos e dispostos num baú que se encaixava numa das paredes do vagão. Eles teriam que ser transportados cuidadosamente do vagão para o local da prova. Nós simplesmente tirávamos o baú da parede e o colocávamos no carro, sem que o equipamento sofresse danos ou sujasse no caminho.

A Srta. Parsons, por sua vez, antes das viagens, estava sempre ocupada preparando os deveres escolares que eu teria que fazer para manter-me em pé de igualdade com os outros alunos que frequentavam na escola.

Especificamente nessa viagem para Pomona, o tratador era Wendell. Já havíamos embarcado os cavalos e o equipamento e estávamos prontos para prender nosso vagão na locomotiva da Southern Pacific que passaria para nos apanhar.

— Suba a rampa! Suba a rampa! — exclamava a Srta. Parsons assim que entrávamos no vagão. Ela se preocupava com os camundongos, que eram muitos ao longo dos trilhos, porque ali caíam os cereais durante o transporte, cargas e descargas, que lhes davam um saudável suprimento de comida. A Srta. Parsons odiava camundongos e mantinha um olho vigilante para que executássemos o programa de extermínio dos bichos no vagão antes de subirmos.

Na hora certa a locomotiva fez a manobra e nos colocou sobre os trilhos da linha principal. Um suave *bump* e o som de um gancho se fechando nos diziam que dali em diante éramos apenas mais um dos vagões atrelados à locomotiva que podíamos ouvir, apitando e soltando fumaça à frente do trem.

O trem da Southern Pacific nos levou para o sul. Passamos por San Luis Obispo, Santa Bárbara e Ventura em direção à bacia de Los Angeles. Espiando para fora, pela malha de arame que protegia as janelas do vagão, vi uma paisagem extraordinária antes e depois de o trem cortar as montanhas. Creio que passamos por uns quatorze túneis.

Correr ao longo do mar era uma experiência diferente, de tranquila beleza. O ritmo lento das rodas sobre os trilhos tornou-se nossa rotina enquanto íamos em direção ao sul.

Wendell cuidava dos cavalos e do equipamento. Teve que repregar uma ferradura numa das patas de Brownie e ocupava o restante do tempo checando uma segunda vez o equipamento.

A Srta. Parsons era uma perfeccionista. Tinha listas de regras e regulamentos colados nas paredes do vagão, os quais éramos obrigados a ler em voz alta todos os dias. Ela preparava os meus deveres escolares e escrevia as provas que esperavam por mim em uma mesinha instalada num canto do vagão. Geralmente, eu respondia as provas e fazia os deveres durante as longas paradas do trem. Desse modo, nem ela nem eu ficávamos zonzos tentando ler e escrever com o trem em movimento. Às vezes, uma embriagadora sonolência se abatia sobre nós, e estudar era a única forma de permanecer acordado. Na maioria das vezes, eu fazia meus deveres à noite enquanto o trem estava parado. A Srta. Parsons examinava meu trabalho no dia seguinte e em seguida preparava outros deveres.

Quando não estava correndo de um lado para outro do vagão caçando camundongos, a Srta. Parsons continuava sua cruzada contra a poeira. Mal ela limpava uma superfície, outra camada de poeira se instalava no mesmo lugar em frente aos seus olhos, como se a desafiasse.

Depois dos túneis e da marcha vagarosa ao longo do mar, chegamos a Los Angeles, uma experiência de arregalar os olhos.

Nunca antes eu vira tanta gente apertada num só lugar. O número de prédios e automóveis colados uns aos outros me proporcionava um cenário quase irreal. Estava estupefato com o grande número de pessoas.

Finalmente chegamos a Pomona, nosso destino. Vi logo que a prova seria de primeira classe, altamente competitiva. Eu a encarava com temor. Em algumas das provas de que participara, podia ver desde o início que venceria. Ali era diferente.

Outro fato curioso: o dono do local da prova — o Sr. Kellogg, dos cereais Kellogg's — mandara instalar trilhos que o conectavam com a rede principal da Southern Pacific. Desse modo, não precisamos parar num desvio e transportar nossos cavalos e equipamento para o local da prova. Nosso vagão foi até o local e tudo o que tivemos que fazer foi colocar uma rampa para os cavalos descerem quase em frente ao picadeiro.

Os outros concorrentes paravam e olhavam espantados para aquele menino aparecendo quase dentro do picadeiro com o seu trem, enquanto eles tinham que deixar seus cavalos em cocheiras a mais de 2 quilômetros de distância. Foi uma boa tática psicológica — já me sentia em vantagem.

No momento em que a rampa foi colocada, meus olhos foram surpreendidos pelo cenário: uma arquibancada de dois mil lugares, concorrentes galopando de um lado para o outro, fantasticamente equipados e montados em cavalos caríssimos. Eu sabia que se tratava de um concurso sério e teria que dar a Brownie toda a ajuda possível se quisesse abrir uma trilha em direção ao topo.

Brownie também sentiu a importância da ocasião. Uma descarga de excitação percorreu seu corpo, e ele estava tão energizado quanto eu. Por causa da sua linhagem — meio aristocrata, meio mustangue —, seus nervos estavam sempre antenados e ele sabia que aquilo era algo especial.

À medida que eu conduzia Brownie para fora e voltava para ajudar Wendell com os outros cavalos, uma fila de crianças começou a nos observar, nossa primeira audiência. Continuavam observando enquanto eu treinava Brownie para aquecer seus músculos, ligamentos e tendões, como faria qualquer atleta depois de uma longa jornada de exercícios inadequados.

Enquanto as crianças olhavam, tive a impressão de que, para elas, eu e Brownie éramos o "outro time", a oposição.

Num determinado momento, enquanto eu trabalhava com Brownie, meus olhos foram surpreendidos por algo espetacular — num picadeiro a pouca distância, um cavalo que vinha galopando em alta velocidade foi esbarrado pelo seu cavaleiro. Sob a barriga do animal, levantou-se uma nuvem de poeira, produzida pelos membros posteriores fincados violentamente no chão. Eu estava impressionado — entusiasmado, mas deprimido ao mesmo tempo, pois pensei: "Ali está o campeão dos juniores, certamente."

Quando me aproximei um pouco mais, pude notar — com enorme alívio — que o cavaleiro era um adulto e não competiria na minha categoria, mas sim na divisão aberta. Aproximando-me um pouco mais, reconheci Clyde Kennedy montando Rango, o cavalo vaqueiro campeão do sul da Califórnia. Agora eu sabia por que ficara impressionado mesmo a distância. Decidi que tinha que conhecê-lo.

Depois de terminar o aquecimento de Brownie, eu o conduzi até sua baia no vagão onde ele aguardaria a sua vez de se exibir. De certa forma impressionado com a atmosfera profissional do evento, duvidava que fôssemos nos sair muito bem. O vagão e o fato de estarmos estacionados em frente à arena fariam com que qualquer falha se tornasse mais evidente para todos. Senti uma profunda ansiedade.

Quando chegou a hora de a categoria júnior se apresentar, Wendell trouxe Brownie até onde eu estava. Vendo-o trotar em minha direção, o ponto branco entre seus olhos como um terceiro olho, seu modo elegante e firme, de repente me bateu a certeza de que eu tinha o melhor cavalo. Montado sobre ele, com a mão no seu pescoço, senti sua pulsação baixa e sua atitude capaz, e acalmei meus nervos. Eu duvidara dele, mas já não duvidava mais. Sentíamo-nos como profissionais. Nós estávamos ali fazendo o que sabíamos fazer. Entramos na pista.

Fazer as figuras de oito na pista era o tendão de aquiles de Brownie, mas dessa vez ele se saiu melhor do que de costume. As coisas estavam indo bem — eu sabia que Clyde Kennedy estava me observando. Eu encontrara um novo herói e queria impressioná-lo.

Na hora dos esbarros, Brownie foi razoavelmente rápido, mas não obtivemos maiores reações da plateia. Do terceiro esbarro eu lembro até hoje porque disse a Brownie "Ôooo!" quando galopávamos em alta velocidade no centro da arena e ele deslizou para um trepidante, perfeito esbarro em menos de 8 metros. Nós estávamos no meio de uma nuvem de poeira quando ouvi a plateia gritar; os aplausos ecoaram, como quando um atleta faz o gol da vitória em um jogo de futebol. Eu soube então, antes mesmo de fazermos os recuos e *spinners* e o exercício de desmontar e montar com o cavalo em movimento, que havíamos nos saído muito bem.

No portão de saída, lá estava Clyde Kennedy para cumprimentar Brownie e para me perguntar se eu tinha um treinador. Disse-lhe que não, mas que o vira montar Rango e que aprenderia o que ele quisesse me ensinar. Clyde foi até o vagão e, intrigado, deu uma olhada nas instalações.

Naquela noite, Clyde Kennedy, a Srta. Parsons e eu fomos jantar na cafeteria dos ferroviários, perto da estação. Enquanto comíamos, fui informado da rivalidade entre Jimmy Williams, o favorito local em Pomona, e Clyde. Nos próximos dois dias essa rivalidade seria acirrada.

Clyde continuou a fazer perguntas sobre o nosso vagão. A Srta. Parsons, toda orgulhosa, lhe disse como estávamos amarrados a um orçamento muito restrito. Não havia nem balas nem refrigerantes para o jovem Monty Roberts, não, senhor. Ele teria sorte se encontrasse tempo para juntar garrafas vazias de Coca-Cola e levá--las de volta ao trem para trocá-las por alguns centavos e com eles comprar um refrigerante.

Clyde sacudiu a cabeça, impressionado.

Naquela noite não consegui dormir. Enquanto estava deitado dentro do vagão, podia ver crianças sussurrando do lado de fora à procura de Brownie, que já virara uma espécie de herói. Certamente, no dia seguinte o cavalo estaria recebendo uma fila de jovens visitantes perguntando: "Posso dar uma cenoura ao Brownie?" ou "Posso fazer um afago no focinho dele?" Havia toda uma fila de escarapelas presas do lado de fora do vagão, bem como esporas, fivelas e outros prêmios. Brownie demonstrava essa celebridade na sua passada larga, como se pensasse que aquilo lhe era devido. Não que ele fosse um cavalo arrogante; era simplesmente um caráter firme que permanecia despreocupado diante das mais variadas experiências — desde que não envolvessem papel ou papelão.

No último dia de provas, a rivalidade entre Clyde Kennedy e Jimmy Williams estava estabelecida: diante de duas mil pessoas, os dois lutavam pelo prêmio maior da divisão aberta.

Jimmy era bom — seu cavalo Red Hawk (Falcão Vermelho) podia girar em volta de uma moeda de um dólar e apartar uma novilha de um lote movendo-se tão agilmente como se fosse um cão e não um cavalo. Quando esbarrava, podia ser visto a quilômetros graças à poeira que levantava e que parecia sinais *cherokee*. Também ajudava o fato de a torcida estar do seu lado.

Embora fosse esplêndido, Clyde Kennedy só contava com a minha torcida, a da Srta. Parsons e a de Wendell. Rango executou as figuras de oito em verdadeiro estilo. Voava de uma direção para outra como se fosse ambidestro e não se preocupasse com a pata que iniciaria a manobra. Seus *spinners* eram incríveis e enquanto os fazia mantinha, o tempo todo, a cabeça empinada, não permitindo que suas patas dianteiras se entrelaçassem enquanto ele rodopiava em ambas as direções. Eu já vira seus esbarros, de modo que não me surpreendi quando ele ganhou o primeiro prêmio da divisão. De qualquer modo, foi muito emocionante. Eu, a Srta. Parsons e Wendell lideramos os aplausos seguidos dos da plateia, que estava desapontada por Jimmy Williams não ter vencido.

Quando a prova acabou, Wendell, a Srta. Parsons e eu conduzimos os cavalos para o vagão, carregamos nossas coisas e esperamos para ser puxados até a linha central do trem.

Próxima parada: Tucson, Arizona, uma viagem de oito horas.

Toda a minha vida estava à minha frente. Parecia tão direta e descomplicada como os próprios trilhos da estrada de ferro.

Recentemente, tive oportunidade de revisitar o local onde se realizara a prova de Pomona. Veterano de 60 anos de provas de picadeiro, rodeio e pistas de corrida, fiquei parado no meio da área onde a grama crescia selvagem e disse para a minha mulher Pat:

— Espere um pouco. Eu já estive aqui.

— Como assim?

— Venha que vou te mostrar. — Fiz uma picada entre a vegetação rasteira e subimos o vale, uma curta distância. — Aposto que vamos encontrar uma linha de trem abandonada, um pouco mais acima.

Ela olhou para mim como se eu fosse louco, mas continuou me seguindo.

Alguns metros mais acima, encontrei os trilhos escondidos pela vegetação.

— Aqui estão eles.

Ficamos ambos olhando para os trilhos.

— Está vendo? — continuei. — Uma linha de trem. Eu desci aqui quando era menino.

Descemos pelo leito dos trilhos até chegarmos ao local onde se realizara a prova. Mostrei para Pat o lugar de onde fora demolida a tribuna de honra, mas o picadeiro principal ainda era discernível. As balaustradas estavam cobertas de vegetação, e o próprio *tattersall* era visível apenas como uma forma oval.

De repente, aquele dia, meio século antes, surgiu nítido na minha memória e revivi o triunfo e a excitação. A realidade do lugar e o terreno da prova foram sendo vagarosamente destruídos pela erosão e pela vegetação selvagem; aquele evento do passado vivia apenas na mente daqueles que dele haviam participado. Não demoraria muito e todos os vestígios da ocasião desapareceriam.

Ficamos parados ali, um casal unido havia quarenta anos, com filhos crescidos e vidas que não trilharam linhas retas de modo algum, e nos sentimos bem, tendo atingido nossa maturidade, e mais: tínhamos orgulho das nossas lembranças.

Eu e meu irmão Larry costumávamos apanhar garrafas vazias de Coca-Cola nas provas e trazê-las de volta ao vagão para trocá-las por dinheiro. Agora, pensei, surgia a ocasião em que as garrafas viriam até nós — e como!

Em 1947, em Salinas, o primeiro rodeio depois da guerra iria ocorrer na Pista de Rodeio. Seria um enorme evento — talvez a segunda ou terceira maior atividade relacionada a cavalos do país — que duraria quatro dias.

Seria realizado em frente à tribuna de honra ao ar livre; uma plateia com capacidade para 25 mil pessoas sentadas. A tribuna de honra era uma imensa estrutura com um muro de concreto nos fundos e um em cada extremidade. As cadeiras de madeira começavam no muro dos fundos e se espalhavam para frente e para baixo até o nível do terreno a uns 30 metros, criando um enorme espaço triangular debaixo das cadeiras, cujo acesso não era permitido ao público. Havia grandes portões de aço no muro da frente, que eram mantidos trancados.

Um pouco antes do rodeio, fui a Doc Leach com uma proposta.

Doc Leach — um homem baixinho, de óculos, com um sofisticado senso de humor — era nosso dentista, mas era também, nessa época, o presidente da associação eleita de tempos em tempos para fiscalizar e decidir o que deveria ocorrer na Pista de Rodeio.

Membro destacado da nossa comunidade, ele era, em um sentido mais amplo, de grande ajuda para os irmãos Roberts. Não foram poucas as vezes em que nos deu um dólar para tomarmos conta dos seus cavalos e depois mais dois dólares ao verificar que havíamos feito um bom trabalho. Eu e meu irmão competíamos, brincando, é claro, para ver até onde poderíamos levar essa busca pela excelência no que se referia ao trato dos cavalos de Doc Leach.

Nessa ocasião, quando fui vê-lo, levava comigo uma ideia mais elaborada para apresentar. Dirigindo-me agora oficialmente ao presidente da associação que fiscalizava a Pista de Rodeio, perguntei-lhe:

— Doc, quem limpa embaixo das cadeiras quando o rodeio acaba?

Ele não pensara no assunto. Disse:

— Nós temos uma equipe de limpeza, mas nunca falamos sobre o espaço debaixo das cadeiras.

Tentando manter a voz calma e firme, ofereci nossos serviços:

— Nós limpamos debaixo dos assentos, Larry e eu. Vamos limpar tudo direitinho e em pagamento só queremos as moedas e coisas que acharmos.

Ele não estava muito convencido:

— Mas isso vai levar muito tempo para vocês, não vai?

— Prometo ao senhor que eu e meu irmão vamos limpar tudo muito bem e rapidamente. Nada de papéis, vidros quebrados e assim por diante.

Ele me olhou ceticamente. Talvez se perguntasse por que estávamos nos oferecendo para fazer um serviço duro, contando apenas com a possibilidade de encontrar alguma moeda perdida. Acabou concordando:

— Tudo bem. Se vocês querem fazer o serviço, vão em frente.

Doc Leach não sabia que eu estava atrás das garrafas de Coca-Cola que caíam na divisão entre as cadeiras. De qualquer modo, ele nem saberia do sistema de troca, pois ele não existia antes da Segunda Guerra Mundial, e além do mais Doc não era tão moderno a ponto de ter Coca-Cola em sua geladeira.

De qualquer modo, no dia seguinte ao rodeio eu receberia um sinal de alerta de que talvez a coisa não saísse tão bem como pensávamos.

Ainda não havíamos aberto os portões para ver nossos despojos, mas eu já havia pedido ao meu pai para me pôr em contato com um representante da engarrafadora da Coca-Cola, pois imaginara que precisaríamos de muitas caixas para garrafas vazias, que ficariam empilhadas junto aos portões enquanto uma fila de caminhões estaria à espera para carregá-las. Estava certo de que eu e Larry teríamos um longo e lucrativo dia pela frente.

Um tal Sr. Carlson, representante da Coca-Cola, nos advertiu que as pessoas estavam se habituando com o sistema de troca e que provavelmente nós não encontraríamos muitas garrafas vazias debaixo das cadeiras. Disse ainda que a maioria das pessoas levaria sacolas de papel para pôr as garrafas e posteriormente trocá-las por dinheiro. Segundo ele, teríamos muito trabalho por pouco dinheiro.

Quando eu e Larry abrimos os portões, fomos recepcionados por um cenário espantoso. A área inteira estava coberta de lixo. A luz do sol filtrada pelos espaços entre as cadeiras jogava longas listas de luz e sombra no terreno.

Avançamos para dentro do mar de papel, ansiosos por achar a nossa primeira garrafa. Quando a achamos, a colocamos contra a luz do sol para ver se estava quebrada. Não estava. Em verdade, naquele dia, não encontramos um só casco quebrado. Estávamos salvos.

Eu e meu irmão levamos dois meses e meio para limpar embaixo das cadeiras! A maior parte do trabalho era feita à noite para não interferir na lista de tarefas que nosso pai preparava todos os dias para executarmos. Precisamos do auxílio de luz extra para podermos ver o que fazíamos.

No final, havíamos encontrado oitenta mil garrafas intactas e, como eu havia imaginado, tinha uma fila de caminhões esperando do lado de fora dos portões para transportá-las. Havia uma garrafa intacta para cada bilhete vendido nos quatro dias de rodeio.

Isso foi o suficiente para que eu e Larry ganhássemos, cada um, oitocentos dólares — uma pequena fortuna, na época.

Debaixo das cadeiras, encontramos apenas cerca de mil garrafas quebradas, o que não deixa de ser um tributo ao vidro que a Coca-Cola usava naqueles dias, pois havia assentos a uma altura de 20 metros.

Doc Leach escreveu um artigo a respeito no jornal local. Com humor, ele admitiu seu erro e nos acusou de sermos dois empreiteiros que lhe passaram a perna. Admitiu também que a Associação de Rodeios perdera a oportunidade de ter um bom lucro. Admirou a engenhosidade com que o acordo com os irmãos Roberts funcionara antes do rodeio, mas manteve sua palavra. Acho que também deu umas boas risadas.

Mas ele não repetiria o mesmo erro. Nos anos seguintes, como parte do contrato, a equipe de limpeza teria que limpar, também, debaixo dos assentos.

Coincidentemente, o Sr. Carlson, representante da Coca-Cola, tornou-se proprietário de cavalos e coube a mim treinar alguns para ele. Em consequência disso, acabei aparecendo em alguns comerciais da Coca-Cola.

Não preciso me esforçar muito para reviver a mesma sensação de conquista que senti no longínquo passado, quando, aos 10 e 11 anos, Larry e eu ganhamos uma enorme quantia em dinheiro graças ao ingênuo Doc Leach.

Em 1947 foi difícil para Doc Leach arranjar cavalos selvagens para a corrida da Salinas Rodeo, parte muito importante da prova.

Normalmente, teria sido fácil. Ele reuniria o mesmo pessoal de sempre e diria:

— Vamos lá, gente, preciso de cento e cinquenta mustangues para serem entregues em Salinas por volta do dia primeiro de julho.

E por volta de primeiro de julho, os cento cinquenta mustangues estariam em casa.

De qualquer modo, como a carne de cavalo fora usada durante a guerra para alimentar soldados, o número de mustangues também diminuiu muito. Em 1947, as manadas do norte da Califórnia, Nevada e sul do Oregon haviam sido reduzidas a dois terços, a maioria em Nevada.

Em 1947, os pedidos telefônicos de Doc Leach bateram em ouvidos surdos.

— O quê? Mustangues? — os rancheiros perguntariam. — Melhor o senhor subir até aqui e ver se consegue capturar alguns.

Naquele ano, portanto, a Associação de Rodeio de Salinas teve que se contentar com os animais que conseguiu, e posso garantir que a corrida de cavalos selvagens de 1947 foi muito mansa. Parecia mais um punhado de cavalos velhos demais para o trabalho, ou incapazes de demonstrar vigor atlético para todos aqueles admiradores de rodeio.

Em 1948, vi a oportunidade de prover Doc Leach com um serviço que salvaria a reputação da corrida de cavalos selvagens — e ao mesmo tempo salvaria a vida de mais de uma centena de animais. Eu sabia que nos anos anteriores, assim que o rodeio acabava e os mustangues não eram mais necessários, eram levados para o matadouro de Crow's Landing e transformados em carne para cachorros. E se eu pudesse demonstrar que aqueles animais valiam mais do que seu horrível destino?

Ainda entusiasmado com o negócio dos cascos de Coca-Cola, fiz uma proposta a Doc Leach.

— Que tal se eu e meu irmão formos a Nevada e arranjarmos os mustangues?

As sobrancelhas de Doc Leach apareceram acima dos seus óculos:

— E como é que vocês vão fazer isso? Caminhando?

— Não. Durante nossos shows por lá, fizemos uma porção de amigos. Sei que posso pedir ajuda no rancho Campbell. Podemos levar nossos próprios cavalos, e Tony Vargas dirigirá o caminhão. Ele tem carteira de motorista e talvez possamos fazer um bom negócio para o senhor.

Fiquei olhando para ele enquanto considerava minha proposta e acrescentei:

— Eu sei que nós podemos fazer tudo direito. Larry e eu.

— Bom para vocês.

— Nós cavalgamos até as pastagens com alguns peões do rancho Campbell e aposto com o senhor que capturaremos umas cento e cinquenta cabeças.

— Cabeças de quê? De galinhas ou de cavalos?

— Cabeças de mustangues fortes e saudáveis, Doc.

Como já disse, ele tinha um senso de humor sofisticado, mas não gostei do fato de não nos levar a sério. Afinal de contas, fomos nós que rimos por último no negócio das garrafas vazias de Coca-Cola. Continuei:

— Capturados os cavalos, alugaremos o transporte de Irvin Bray para trazê-los para Salinas. Eu e Larry podemos tomar conta deles até a corrida no rodeio. Eles estarão treinados, preparados. Eu e Larry estaremos por perto para garantir que farão um bom show.

Doc Leach passou seu cachimbo de um canto da boca para o outro e piscou algumas vezes. Deu para ver que começava a pensar seriamente no assunto. Finalmente, ele perguntou:

— E o que é que vocês ganham com isso?

— Larry e eu achamos que depois do rodeio podemos domar os bichos e leiloá-los, de modo que sirvam para algo melhor do que carne de cachorro.

Expliquei a Doc Leach que talvez ele não tivesse de mandar cavalo algum para o matadouro naquele ano. Fui em frente:

— Na hora do leilão, eu e meu irmão montaremos os cavalos e tenho certeza de que muitos serão comprados como animais de montaria.

Mas ele continuava a pensar no assunto sem me dar uma resposta. Insisti:

— Além disso, o leilão talvez renda mais para a Associação de Rodeio do que a venda dos animais para o matadouro.

Doc Leach tinha suas suspeitas desde que lhe passamos a perna no negócio das garrafas e quis saber todos os aspectos da operação para verificar se não havia deixado de perceber algo. Quando viu que não poderia ser enganado, concordou.

— Ok. Não vejo nada de errado nisso. Vamos ver como vocês se saem na empreitada. De qualquer modo, nada pode ser pior do que a prova do ano passado.

Nós agradecemos e garantimos que honraremos a sua confiança. Ele moveu a cabeça para cima e para baixo e se ofereceu para contratar Irvin Bray, que transportaria os cavalos capturados de Nevada até Salinas.

Por fim, chegamos a um acordo sobre o lucro. Para cada cavalo leiloado, metade iria para a associação e a outra metade para mim e meu irmão.

E foi assim que, com 12 e 13 anos, Larry e eu estávamos a caminho de Nevada para reunir cento e cinquenta cavalos selvagens. Ficaria demonstrado que esta seria a mais importante oportunidade da minha vida: estudar os cavalos no seu habitat.

Pelos três anos seguintes eu subi a Serra Nevada e fui para o alto deserto, além dela, para viver perto das manadas selvagens por semanas. Essa terra é chamada de Terra Federal, logo ao norte de Battle Mountain, porque pertence ao Birô de Administração de Terras. Um vazio imenso.

Essa experiência me ensinou uma língua, uma língua silenciosa que eu subsequentemente batizei de "Equus". Lá entre os mustangues selvagens eu aprendi as teorias básicas que me permitiram definir de modo acurado e convincente os princípios do trabalho da minha vida.

Em junho de 1948, portanto, Dick Gillott, Tony Vargas, meu irmão e eu pusemos nosso equipamento na van e seguimos em frente. Ziguezagueamos pelos contrafortes, por montanhas menores, antes de subirmos a Serra Nevada, dirigindo ao longo de estradas cortadas por nossos ancestrais para dentro da paisagem inóspita e agressiva.

Além de Battle Mountain há um alto deserto. Era o nosso destino, o rancho Campbell.

O ar era mais rarefeito. Essa foi a primeira coisa que notei assim que saí da van. Descendo do carro, logo compreendi que aquela paisagem não seria parecida com nada que eu já houvesse visto. Os horizontes se deitavam contra o céu mais alto que eu já vira, o que me dava a sensação de estar em outro planeta. A terra, que era sedosa e fria ao toque pela manhã, queimava nossos pés ao meio-dia; era como uma paisagem lunar coberta por vegetação agreste e cortada por barrancos profundos onde cresciam inúmeras árvores.

O alto deserto... em algum lugar naquela terra imensa e brava estavam os cavalos que queríamos.

O rancho Campbell tinha alguns peões índios que foram indicados para nos ajudar. Eu meio que esperava que eles recomendassem o mesmo truque que meu tio Ray explicara anos antes. Como relatei anteriormente, Ray me dissera que nossos ancestrais *cherokees*, antes de conduzirem os mustangues até as armadilhas, os perseguiam na direção oposta por um dia ou dois. A tendência dos cavalos seria seguir os índios, pressionando-os como haviam sido pressionados.

De qualquer modo, este não era o caso presente. Os peões índios nos explicaram o modo como fariam os mustangues caírem em suas armadilhas.

A uns 75 quilômetros do rancho, eles haviam construído um curral de cerca de 600 metros de comprimento. Procuraram por um barranco profundo mas já muito trilhado e embaixo construíram o curral. Visto de cima, ele parecia um buraco de fechadura, com dois lados angulados em uma garganta estreita e, mais além, uma área circular. Os postes e as cercas eram disfarçados por salvas e macegas, de modo a torná-los quase invisíveis.

Era uma viagem de dois dias até o curral. Quando chegamos, os peões nos mostraram o local e explicaram como os animais seriam perseguidos até o barranco, forçados a descê-lo e finalmente afunilados na parte mais estreita da área circular, onde ficariam ao relento e se veriam obrigados a tentar voltar. Acostumados a descer o barranco, não veriam nenhum veículo, prédio ou cerca que pudesse assustá-los.

Os cavaleiros desceriam e fechariam o portão na parte mais estreita do "buraco de fechadura".

Mas as primeiras coisas devem vir primeiro. Onde estavam os cavalos?

Os cavalos não estavam à vista na superfície da terra que parecia estar toda à nossa frente, um platô cheio de fissuras, queimando ao sol.

Os índios apontavam para frente e para trás, para a direita e para a esquerda, sem adivinhar onde poderiam ser localizados os animais. Ficaram muito felizes em deixar que eu e Larry iniciássemos a busca e começássemos a pressionar os cavalos em direção ao curral. Eles, os peões, tinham trabalho a fazer no rancho, mas voltariam para nos ajudar.

Eu tinha dois cavalos de sela e dois de carga para a empreitada. Brownie era o meu cavalo de sela número um. Mas além dele eu tinha Sergeant. Os cavalos de carga eram Burgundy e Oriel. As trilhas seriam inóspitas e os barrancos dificultariam a marcha. Isso significava que boa parte do tempo eu caminharia à frente de

Brownie, levando-o pelas rédeas. Precioso para mim, pretendia salvá-lo de qualquer esforço desnecessário.

Larry e eu estávamos preparados e havíamos amarrado os suprimentos nos lombos dos cavalos de carga. Estávamos prontos para ir, e eu antecipava a aventura da minha vida.

Tive um pressentimento quando Brownie deu o primeiro passo na terra rachada e sedenta. Afinal, ele viera dali e sua mãe era mustangue. Não pude deixar de pensar que logo algo me seria mostrado. Brownie sempre fora um cavalo firme, de boas maneiras — exceção feita à sua relação com papéis e papelões —, mas a convicção com que me conduziu para dentro do território onde nascera me disse que ele sabia algo, que eu desconhecia, mas que logo me seria dito.

Larry e eu deixamos o acampamento ao amanhecer. Antes, porém, apagamos o fogo e enterramos as cinzas. Divertimo-nos chutando a terra, se não por outra razão para nos aquecermos naquele ar rarefeito. Vestíamos roupas velhas, e, enquanto montávamos nos cavalos e começávamos a descascar as laranjas que nossa mãe insistira para que comêssemos todos os dias, o sol se levantou como um disco dourado; a princípio meio líquido, mas queimando cada vez mais à medida que passava a manhã.

As coisas começaram a dar errado — como eu veria — logo que avistamos a primeira manada de cavalos selvagens. Eram cerca de cinquenta.

Brownie foi o primeiro a sentir o cheiro deles quando passávamos por um barranco que tinha as mesmas pedras enormes, às quais já estávamos acostumados, espalhadas pelo declive, onde árvores lutavam para conseguir o máximo de água e sombra. Podia-se descer por veredas semelhantes produzidas pelo fluxo das águas, o que não tornava a cavalgada menos perigosa. Os membros posteriores de Brownie se arrastavam atrás dele enquanto ele tentava pôr todo o peso sobre as patas dianteiras para suportar o esforço da descida. Quando ele parou de repente concentrando-se em algo que eu não podia ver ou ouvir, soube pela sua calma — e pelo fato de que pretendia ir na mesma direção que suas orelhas indicavam — que havia sentido cheiro da manada de seus irmãos e irmãs, os mustangues do norte de Nevada.

De qualquer modo, quando os encontramos — e eles já estavam se afastando, completamente conscientes da nossa presença — a diferença entre o que Larry queria fazer e o que eu queria fazer se tornou dolorosamente clara.

De modo absolutamente razoável, Larry queria pressionar os cavalos e obrigá-los a irem em direção ao rancho. Tínhamos que cobrir mais de 150 quilômetros, e para isso teríamos que cavalgar rapidamente, caso quiséssemos fazer tudo no tempo que havíamos determinado.

Eu queria permanecer onde estávamos e observar os cavalos. Havia algo que me compelia a desejar vê-los como uma família. O garanhão, líder da manada, andando em volta dela, levantando a cauda, apartando-se dela, relinchando, orgulhoso, na nossa presença. Naquele momento eu queria desaparecer na paisagem e ver o que pudesse, sem que os animais fossem submetidos à nossa interferência.

Dei-me conta de que tomara tanto o lado dos cavalos que era como se quisesse ser um deles. Esses cavalos não eram apenas irmãos e irmãs de Brownie. Eram também meus irmãos. Talvez tanto quanto Larry. Eu queria entendê-los e estava mais certo do que nunca de que não sabia tanto quanto pensava.

O resultado desse mudo conflito de interesses entre Larry e eu foi um também mudo compromisso relativo à situação. Ele me apressava e eu o retardava. Nenhum de nós conseguiu o que queria. Afinal de contas, éramos apenas dois garotos no campo selvagem, fazendo o que disséramos que faríamos. Vai daí que minha ansiedade em retardar a marcha e fazer algo diferente praticamente não foi ouvida e nem entendida.

Nesse meio-tempo, enquanto a manada seguia uns 2 quilômetros à nossa frente, só pude observar o que já sabia: os guinchos agudos das éguas eram uma demonstração do seu descontentamento. Existe o relincho normal do cavalo que tenta atrair a atenção de outros cavalos. Qualquer pessoa que já esteve envolvida com o trato de cavalos conhece o som de um animal quando ele chama para ser alimentado.

Enquanto os pressionávamos para irem adiante, ouvíamos os potros relincharem para se identificar e ser identificados, como fazem os jovens de todas as espécies.

Todos esses sinais são óbvios para qualquer um que tenha alguma coisa a ver com cavalos. As orelhas apontadas para frente demonstram interesse por alguma coisa atrás ou à frente. Orelhas apontadas para frente e pescoço esticado para cima denotam interesse em algo à frente, mas mais a distância. Orelhas apontadas e cabeça baixa indicam interesse em algo vizinho, próximo ao chão.

A cabeça na posição normal, com uma orelha para frente e outra para trás mostra o interesse do animal em algo à frente, mas também uma preocupação com algo atrás dele — de um modo geral, nós, humanos. As orelhas nos indicavam o que chamava a atenção da manada. Se as orelhas estavam penduradas, relaxadas, e os cavalos parados, talvez dando descanso a um dos pés, era sinal de que não tinham consciência da nossa presença, minha e de Larry. Isso significava que estavam despreocupados e se sentiam seguros.

Se um cavalo fixa suas orelhas para trás, praticamente grudadas ao pescoço, é sinal de que está irritado. Nós observamos um animal dando esses sinais e posicionando suas patas traseiras para agir contra qualquer perigo. Concluímos logo que era perigoso, estava com raiva e pronto para agredir.

Uma ou duas vezes, vimos um garanhão fixar as orelhas para trás e espichar o pescoço para frente ao máximo, de modo que, a partir da paleta em direção ao pescoço e à cabeça, ele parecia uma flecha cuja ponta era o focinho. Olhos duros e inflexíveis, ele se movia para frente de modo arrogante. Só pela sua postura podíamos dizer que se tratava de um animal possuidor de testículos muito ativos. Esse movimento é praticamente exclusivo do macho completamente adulto. Esse tipo de atitude só ocorre quando o macho atinge seu potencial de supremacia dentro do círculo da família.

Enquanto Larry e eu cercávamos esse primeiro grupo e o pressionávamos para um e outro lado, mas sempre o mantendo na direção do curral no barranco, descobri que o campo de visão de um cavalo é de quase 360 graus. Só não enxerga uma porção mínima de terreno atrás e à frente dele. Enquanto conduzíamos a manada e observávamos o macho alfa, o líder, manter-se em posição de ataque quando manobrávamos os animais, descobrimos quão completa era a sua cobertura visual de qualquer área determinada.

Observando o garanhão dar empurrões nas éguas, em seu papel defensivo, pudemos confirmar que quando ele sacudia a cola com violência, como se fosse um látego — de outro modo que não o usado para espantar moscas — era porque não estava contente. Estava infeliz. Isso nós já sabíamos. Se você é um treinador que pressiona muito o seu animal com esporas e chicote, ele se transformará num cavalo-sacudidor-de-cola. Em concursos no oeste dos Estados Unidos, o cavaleiro perde pontos se o cavalo sacudir a cola durante a exibição.

Talvez a informação mais importante que confirmei — gravada como estava de modo mais indelével — durante a nossa primeira viagem a Nevada foi que existem dois tipos de animais, o *lutador* e o *voador*. Vale a pena repetir que o cavalo é um animal voador. Somente durante aqueles quase 2 quilômetros que sempre separavam eu e Larry da manada foi que compreendi quanto isso é verdadeiro.

Pode parecer óbvio, mas é importante lembrar que, se lhe dermos o menor motivo, o cavalo dirá: "Não quero estar perto de você. Vou embora. Sinto que estarei em perigo se ficar por aqui. Estou pronto para voar."

O animal voador só quer duas coisas — reproduzir e sobreviver. Isso deve ser respeitado em qualquer contato com cavalos; caso contrário, o animal será mal interpretado.

O homem, de qualquer forma, é um animal lutador. Sua preocupação é com a caça e com o domínio sobre os outros, para comê-los ou usá-los para os próprios fins.

O cavalo, portanto, está no final do espectro do animal voador e o homem no começo do espectro do animal lutador.

Para ganhar a confiança de um cavalo e sua vontade de cooperar, é necessário que ambas as partes sejam permitido a se encontrarem no meio. Ainda assim, é responsabilidade do homem — responsabilidade total (falo genericamente, o que inclui as mulheres) — conquistar esse encontro; transpor a barreira. Isso ele só conseguirá ganhando a confiança do cavalo e não abusando do seu status de animal voador.

Se aprendi alguma coisa nessa primeira viagem foi que precisaria de mais tempo se pretendesse alcançar o que queria — uma compreensão verdadeira de como o animal se comporta em selvagem liberdade.

Saber o que eu queria me fez ficar mais próximo dos meus objetivos. Minha frustração era que não conseguiria atingir meus intentos dentro das condições daquela primeira viagem.

A verdade é que, quando voltamos ao curral, simplesmente espremememos alguns animais dentro da área circular e depois os transportamos por estradas sujas até nossa casa. Não houve seleção de animais apropriados, nenhuma gradação para sexo ou idade. Levamos éguas que estavam dando de mamar e animais mais velhos, juntamente com potros adolescentes, mais jovens, adequados.

Em suma, éramos inexperientes.

De qualquer modo, eu sabia o que faria da próxima vez.

Dick, Tony, Larry e eu voltamos à Pista de Rodeio com nosso comboio de caminhões carregando cento e cinquenta mustangues que escoiceavam dentro dos trailers.

Colocamos as rampas, e os cavalos saíram correndo para seu novo lar — um curral cercado com alguns celeiros e outros prédios à vista, inclusive a arena onde eles, sem o saber, estariam correndo dentro de um mês na frente de milhares de pessoas. Eles resfolegaram, sopraram e correram em volta do perímetro do curral, atônitos diante das novas circunstâncias. Muito longe de Nevada.

Corri para dentro de casa e estava orgulhoso em poder dizer aos meus pais o que conquistara — e estava particularmente ansioso para lhes contar meus planos para o ano seguinte.

— Mãe, no ano que vem vou ficar mais tempo nas pastagens e ver como as coisas são de verdade.

Minha mãe foi receptiva e escutou atentamente.

— O que é que você acha que vai descobrir?

— Não sei, mas alguma coisa. O modo como eles se comunicam, como se fossem uma família. Isso é o que eu espero.

— Bem, também espero que você consiga o que quer.

Meu pai não gostou nada das minhas ideias.

— Você vai descobrir é que à noite faz muito frio, e de dia, muito calor. Vai descobrir também que os mustangues não querem ter nada a ver nem com você nem com essas suas ideias esquisitas.

Na opinião dele, os cavalos só entendiam uma coisa: o medo. Se você não machucá-los antes, eles vão te machucar.

Certamente, no caso desses cento e cinquenta mustangues, nós — ou seja, a espécie humana — os machucaríamos muito. Eles participariam da Corrida de Cavalos Selvagens de Salinas.

Não sei quantas pessoas assistiam a essa parte do rodeio, mas era um dos acontecimentos mais importantes, de modo que a tribuna de honra e as arquibancadas estavam quase lotadas; gente pronta para aplaudir, vaiar, gritar e bater os pés. Larry e eu estávamos na multidão, espremidos contra a cerca. Agora veríamos o que aconteceria com os nossos cavalos.

Esperando no meio da arena, havia um número de equipes — três homens em cada uma, todos com belos trajes completos de caubói. Tinham a mesma possibilidade de ser feridos que os cavalos. Dava para ver que os homens estavam nervosos, pois não conseguiam ficar parados. As equipes estavam a alguma distância umas das outras, esperando que os cavalos selvagens lhes fossem entregues. Cada equipe tinha uma sela Western preparada, no chão, a pouca distância.

No momento em que os homens da comissão de rodeio entraram montados em seus cavalos, cada um arrastando, literalmente, um cavalo amarrado na extremidade de uma corda de 3 metros, a multidão começou a se agitar e a gritar. Havia ainda cavaleiros correndo atrás dos mustangues e pressionando-os para frente.

Nossos mustangues pulavam, empinavam, escoiceavam, tentando livrar-se das cordas em volta de seus pescoços. A multidão torcia, gritava, assobiava, a adrenalina subindo como um foguete, ao ver os cavalos selvagens sendo arrastados para a arena.

Cada equipe é composta de três homens. O primeiro, chamado de âncora, é o mais forte e pesado. É ele que recebe a corda do membro da comissão. Sua responsabilidade é segurar os cavalos e mantê-los na linha.

Firmes em seus calcanhares, os âncoras têm que manter esses animais selvagens de quase meia tonelada cada um em seus lugares, o que não é tarefa fácil.

O segundo homem do time é chamado de *the mugger* (o blefador) e faz provavelmente a parte mais perigosa da prova.

Enquanto os âncoras seguram firme as guias, os blefadores pegam nelas e, mão ante mão, vão se aproximando do cavalo. Estão sempre atentos, pois os animais selvagens só querem uma coisa: escapar da corda e do lugar. Assim que chegam ao princípio da corda, os blefadores, o mais rapidamente possível, têm que executar três tarefas: 1) dar uma gravata no pescoço do animal; 2) colocar na cabeça do animal uma espécie de focinheira; e 3) ao mesmo tempo apertar violentamente o lábio superior do animal. A dor causada deve ser tão grande que faz o cavalo esquecer que alguém está pondo uma sela em seu lombo.

Eu estava com o coração na boca quando a batalha começou. Alguns homens não conseguiam segurar a corda e eram jogados no chão. Outros tinham melhor sorte e já se agarravam no pescoço dos cavalos tentando dar-lhes a gravata, como se estivessem numa briga de bar.

Depois, os terceiros membros das equipes, os cavaleiros ou jóqueis, tentam selar os animais, cingindo-lhes as barrigueiras.

Pode-se imaginar a barulheira e a confusão. Só de olhar, meus nervos estavam à flor da pele. Muitos homens pulavam dos cavalos, machucados demais para continuar. Um deles foi retirado inconsciente debaixo das pernas de um cavalo e arrastado para fora.

A essa altura, alguns dos cavaleiros já tinham conseguido encilhar seus cavalos e tentavam desesperadamente se manter sobre o animal que corcoveava enquanto esperavam que lhes passassem as guias, único meio de se manterem nas selas.

Foi uma cena de total confusão, com os cavalos arremessando-se em todas as direções, alguns montados, outros não. Os cavaleiros que conseguiam permanecer montados tentavam começar a corrida em volta de uma raia de 800 metros, e usavam todos os métodos de doma que conheciam. Gritavam e esporeavam os animais tentando virá-los para o caminho certo.

Vivi toda a emoção como qualquer menino de 13 anos criado dentro da cultura da arte equestre, mas ao mesmo tempo lembro que sofri com a crueldade infligida aos cavalos. Ocorreram algumas quedas violentas (de cavaleiro, ou de cavaleiro e cavalo) e senti cada uma delas como se aquilo estivesse acontecendo comigo. Um cavalo, soube mais tarde, quebrou o maxilar. Uma voz excitada gritava logo atrás de mim cada vez que um animal caía e, em agonia, se movia no chão:

— Isca de corvo! Isca de corvo!

Os cavalos encaminhados para o matadouro Crow's Landing (Pouso de Corvo) eram chamados de iscas, e era isso que o sujeito atrás de mim dizia: isca de matadouro.

Um pouco depois, alguns cavaleiros, firmes em suas montarias, galopavam em volta da raia. Os urros da multidão dobravam em volume enquanto os cavalos corriam como se a morte os estivesse perseguindo. Cabeças para baixo e orelhas para trás. A corrida continuou em volta da raia e o vencedor levantou uma das mãos para cima e continuou cavalgando até que o cavalo diminuísse a marcha e ele pudesse saltar da sela e ser aplaudido pela multidão; seu rosto, a expressão total da alegria do triunfo.

A Corrida de Cavalos Selvagens causa a morte de muitos animais todos os anos, e na minha opinião deveria ser abolida.

Sobraram menos de cento e cinquenta cavalos para nós na Pista de Rodeio naquele ano. Nós os conduzimos para os currais Green, onde, não tenho dúvidas, ficaram muito felizes por poderem relaxar um pouco, depois do trauma.

Não lhes permitiram descansar por muito tempo. Em outubro, eles seriam vendidos em leilão. Coube a mim e a Larry "quebrar" o maior número possível de mustangues em menos de sessenta dias — durante agosto e setembro. Caso não fizéssemos isso, eles seriam mandados para o matadouro de qualquer maneira, feridos ou não. Nosso acordo com Doc Leach era provar que, para ele, os animais valeriam mais vivos do que mortos. Eu e meu irmão concordamos que eu domaria dois terços e ele o restante.

Minha preocupação maior era esconder do meu pai o meu novo método.

Eu queria continuar tentando o método de *comunicação* que tanto me interessava. Eu queria começar a refinar a técnica do uso do respeito e da cooperação do cavalo em vez do cruel método do medo que leva à servidão.

Acreditava que devia concentrar-me nisso, não somente por causa do curto espaço de tempo que tinha para domar os animais, mas também porque sentia nos ossos que estava para descobrir algo novo que mudaria a relação entre homens e cavalos.

Fui capaz de esconder do meu pai o fato de estar desenvolvendo uma nova metodologia porque havia dois celeiros ladeando o lugar onde eu trabalhava com os cavalos, o que nos deixava fora da sua visão.

Embora minha técnica fosse melhorar muito depois da expedição a Nevada no ano seguinte, mesmo naquele estágio eu já julgava o meu método completamente diferente do processo de "quebrar" cavalos. O verbo "quebrar" tem conotações de violência, dominação e danos causados ao objeto em questão.

Eu mudei a nomenclatura. Naquele mesmo dia, batizei meu método de "iniciar" cavalos. Meu alvo era começar na posição oposta do método de "ensacamento". Se ensacar significava meter medo no cavalo, eu pretendia o contrário. Eu queria criar confiança.

Se ensacar envolvia cordas para amarrar a cabeça e as pernas do animal, eu não queria saber de nada disso. Um momento muito significante ocorreu quando verifiquei que podia fazer o animal correr em volta do cercado sem passar um laço em seu pescoço.

O "ensacamento" envolvia punição física. Comigo, o cavalo não veria chicote em lugar algum e eu jamais levantaria mão ou pé para ameaçá-lo.

Em resumo, em vez de dizer ao cavalo "Você deve", eu perguntaria "Você quer?"

Não vou detalhar agora o momento em que fui invadido por esses pensamentos, no início da nova técnica de doma, pois pretendo falar nisso mais tarde; falar do momento em que compreendi ter descoberto um novo método que a partir de então mudaria a minha vida e a vida de muitos cavalos.

Por enquanto, é suficiente dizer que eu sabia que a doma dos cavalos deveria começar de modo a conquistar a confiança e a estimular a cooperação deles. Nunca duvidei disso desde o início do processo. Minha técnica era casual e pouco refinada, mas atingi meus objetivos.

Depois do processo inicial, recrutei quatro ou cinco dos meus melhores alunos para cavalgar para mim. Desse modo, levei a um bom padrão oitenta dos meus cem mustangues. Os alunos eram voluntários entusiasmados, e juntos aprendemos muito sobre cada um dos cavalos. Senti que realmente havia conseguido alguma coisa.

No dia do leilão, galopei meus oitenta mustangues pelo ringue e meu irmão galopou os seus trinta. No total, o produto das vendas resultou em pouco menos de 6 mil dólares.

Doc Leach ficou contente com o resultado. Não apenas recebeu de volta seu investimento na manada — 5 mil dólares —, como ainda teve algum lucro. Isso, em verdade, foi um grande negócio para ele, pois se os cavalos fossem para o matadouro ele perderia uma soma considerável.

Eu e meu irmão não estávamos tão felizes, financeiramente falando. Nossa parte do lucro, por dois meses de trabalho, foi de 250 dólares para cada um. Mesmo naqueles dias, não era um salário para você exibir orgulhosamente aos seus amigos. Foi mais como um aperto de mão e um "obrigado".

Sem dúvida, Doc Leach deve ter achado que havia nos passado a perna. Queria poder ter dito a ele que, graças ao que aprendi naqueles poucos meses, me sentia um campeão.

— Larry, você ficaria muito chateado se eu fosse sozinho a Nevada este ano?

Ele me olhou e pensou a respeito. Era o meu irmão mais moço e fazíamos uma porção de coisas juntos. Ele poderia não gostar de me ver fazer algo por conta própria.

De qualquer modo, só perguntei porque sabia que ele não queria ir.

Ele olhou para mim e disse:

— Ok!

A próxima pessoa com quem eu devia falar era Doc Leach. Ele estava quase sempre na Pista de Rodeio porque era um membro da comissão que fiscalizava as operações. Não foi difícil esbarrar nele.

— Doc?

— O que posso fazer por você, meu filho?

— Tenho uma ideia de como melhorar a Corrida de Cavalos Selvagens deste ano.

— Então vamos ouvir. Você não fez feio da última vez.

— Que tal reduzir o número de mustangues que trazemos até aqui?

— E isso é para melhorar a raça, é?

— Bem — expliquei —, a verdade é que notei que você não usou todos os cento e cinquenta cavalos. Você pegou os melhores dois terços.

— Isso mesmo — concordou ele.

— E os outros apenas ficaram de lado, assistindo.

— Isso mesmo, mas o que é que você quer dizer?

— Estou dizendo que, se nós escolhermos os melhores dois terços lá em Nevada em vez de aqui em Salinas, teremos que transportar apenas cem cabeças em vez de cento e cinquenta e isso diminuirá o trabalho e as despesas.

Doc Leach me olhou de cima para baixo.

— E quem é que vai escolher as melhores cem cabeças? Você?

— Eu mesmo, e assim vamos evitar trazer as éguas que ainda estão dando de mamar, as prenhes, e os cavalos mais velhos.

Doc Leach sorriu:

— Não posso deixar de lhe dar razão.

Disse a Doc Leach que pretendia reunir quinhentas cabeças e escolher os melhores potros e potrancas (que não estivessem prenhes). Potro em termos de mustangue seria um animal entre 3 e 5 anos, pois seu ambiente e nutrição adiam a maturidade.

Iríamos transportar apenas cem animais, reduzindo o preço do transporte em um terço.

Agora eu estava a caminho de Nevada outra vez, só que sem Larry e três semanas antes dos meus ajudantes e dos caminhões. Eu tinha 14 anos e uma carteira de motorista, mas ela não me permitia dirigir caminhões carregados com cavalos. Por isso usei os serviços da companhia transportadora para conduzir a mim, Brownie, Sergeant e Oriel até o rancho Campbell.

Eu ficaria lá em cima, só eu e meus cavalos, por três semanas. Teria tempo para me movimentar bem devagar e observar os mustangues sem interagir minimamente com eles.

O pessoal do rancho Campbell sabia de antemão onde os grupos de famílias estariam. Haveria um grupo aqui e outro ali, talvez separados por uns 15, 20 quilômetros. Eu pretendia trazer cada grupo familiar para o curral no barranco, bem devagar. E enquanto se movessem para o curral, eu os estudaria cuidadosamente.

Mais uma vez, eu estava contente por ter Brownie como meu cavalo de sela para essa importante experiência. Fiz um agrado em seu pescoço enquanto subíamos para o alto deserto. Oriel e Sergeant vinham logo atrás. Além disso, eu tinha um cachorro, três pares de binóculos, um revólver e um rifle.

— Dessa vez nós vamos ver o que vai acontecer, não vamos, Brownie?

Quando chegamos ao alto da primeira colina, me voltei na sela, olhei os prédios que compunham o rancho Campbell e os vi desaparecer de vista enquanto descíamos o lado oposto do declive. Estávamos por nossa conta.

Era maravilhoso estar cavalgando novamente pelo imenso espaço aberto, com seus cânions e barrancos rochosos onde cresciam paineiras e álamos. Sabia que deveria estar sempre vigilante por causa das cascavéis e das invisíveis fendas profundas que poderiam estar alguns metros à frente, um perigo para os cavalos.

Como da vez anterior, fazia calor de dia e frio à noite. Ocasionalmente, caía uma tromba d'água que durava uma hora ou pouco mais. Das enormes e altas nuvens do deserto saíam os raios da tempestade.

Eu vivia, quase exclusivamente, de carne-seca e uma mistura de panquecas e salame. E laranjas, naturalmente.

Para achar o primeiro grupo familiar de cavalos, eu tinha que descobrir onde eles andavam pastando. Eles comeriam de tudo se estivessem desesperados; raízes e até pó de serra. Mas prefeririam qualquer tipo de gramínea.

Quando defrontei-me com o primeiro grupo, meu objetivo era integrar-me a ele o mais próximo que pudesse. Ou eles me aceitariam como algo que não os ameaçava — o que significava que teria que ficar a pouco mais de mil metros de distância — ou eu teria que chegar mais perto sem ser detectado por eles.

Sentiram o meu cheiro a 1,5 quilômetro e começaram a se afastar. Eram um pouco mais de um borrão sobre o planalto e já estavam se distanciando.

Deixei Oriel, meu cavalo de carga, porque dessa vez ele andava muito desajeitado, já havia tropeçado em várias pedras, e na montanha o som de um casco contra uma pedra pode ser ouvido a longas distâncias. Não que ele se importasse em ir ou ficar. Eu estava começando a me preocupar com o caráter de Oriel. Suas orelhas estavam sempre no meio, nem para frente nem para trás. Ou era um grande pensador ou meio bobo. Talvez as duas coisas.

Deixando Sergeant para lhe fazer companhia, continuei a pé, conduzindo Brownie pelas rédeas.

A manada selvagem sentiu que nos aproximávamos e foi uma proeza chegar a uns 500 metros dela. Usando os barrancos para nos escondermos, caminhamos vagarosamente, o tempo todo contra o vento.

Dando tempo ao tempo e movendo-me um pouco de cada vez, pensando no que estava para acontecer, me surpreendi com a hipersensibilidade da manada em relação à nossa presença. Cada vez que Brownie deslocava uma pedrinha, eu podia ver as orelhas dos cavalos apontarem em nossa direção.

Agora eu estava a 400 metros do bando e não podia me aproximar mais. Não teríamos onde nos esconder e, mesmo contra o vento, eles não nos cederiam mais terreno.

Por algum tempo, fiquei satisfeito com isso. Brownie e eu nos instalamos em frente a uma paineira. Eu comecei a contar as cabeças e tentei registrar suas características para aprender a distinguir um animal do outro.

Meus binóculos foram incrivelmente importantes. Hoje em dia, vejo jovens colocando os capacetes de realidade virtual em suas cabeças e se extasiando com o mundo em que entram. Isso me faz lembrar de quando vi a manada selvagem pelos meus binóculos. De repente, estavam tão perto que poderia tocá-los. Podia observar cada movimento em detalhe. Eu estava lá, no meio deles.

Notei particularmente uma égua baia com uma lista negra atravessando as costas e listas de zebra logo acima dos joelhos. Mais velha do que a maioria dos outros, com uma barriga pesada que indicava ter tido muitos filhos, ela parecia dar ordens ao grupo. Ela começava a andar e os outros a seguiam; ela parava e o mesmo faziam os outros. Ela parecia ser a mais sábia e os cavalos pareciam saber disso.

De fato, o que eu observava era a fêmea dominante. Ninguém me havia dito antes que cavalos selvagens podem ser liderados por uma égua. E suspeito que até hoje uma porção de gente pense que é o garanhão quem comanda o espetáculo. Isso não é verdade. O garanhão dominante, às vezes também chamado de macho alfa ou macho líder, pode contornar o rebanho e defendê-lo contra saqueadores. Sua motivação, porém, é evitar que qualquer um ou qualquer coisa roube seu harém.

Nesse grupo, porém, a encarregada do itinerário do dia a dia da manada era a égua. Disso não havia dúvida.

Foi então que vi uma extraordinária sequência de eventos. Um jovem potro, castanho-claro, começou a se comportar mal.

Imaginei que tivesse uns vinte meses de idade. Tinha muita penugem em volta dos seus boletos e uma crina que descia bastante abaixo da linha do pescoço. Bem no meio do grupo, ele correu até uma potranca e lhe deu um coice. A potranca deu um guincho e tropeçou. O potro parecia muito satisfeito com o que acabara de fazer. Ele não chegava a ter 250 quilos de peso, mas estava bem consciente de ser dono de um par de testículos.

Enquanto eu o observava, ele aproveitou para cometer outro crime. Um potrinho pequeno se aproximou dele, estalando os lábios para indicar que ainda mamava, que era apenas um potrinho subserviente, que não representava ameaça alguma. Isso não comoveu absolutamente o potro mais velho, que se jogou contra seu primo mais moço e lhe deu uma mordida na traseira. Tratava-se realmente de um terrorista. Quando não estava dando coices, estava mordendo. Imediatamente depois de atacar o potrinho, ele foi para um território neutro, fingindo que nada acontecera, ou se acontecera, ele não era o responsável.

Cada vez que ele se comportava mal, a égua baia se aproximava um pouco mais. Tive certeza de que ela vigiava para ver se o terrorista continuaria sua ação. Embora não demonstrasse interesse, se aproximava cada vez mais do mal-educado.

Ela testemunhou uns quatro episódios de mau comportamento antes de tomar uma atitude. Agora, ela estava a uns 40 metros dele, mas o potrinho castanho não se aguentou. Correu até uma potranca e lhe deu uma mordida no pescoço.

A égua baia não hesitou. Num instante, saiu do estado de neutralidade para o de raiva total; baixou as orelhas para trás e foi a toda velocidade em direção ao potro castanho. Colidiu com ele e derrubou-o. Enquanto ele se esforçava para ficar de pé outra vez, ela o empurrou, e ele caiu novamente.

Enquanto a aula de boas maneiras continuava, os outros membros da manada não moveram um pelo. Era como se não soubessem o que estava acontecendo.

A égua baia acabou expulsando o potro castanho uns 300 metros para longe da tropa e o deixou ali, sozinho.

Pensei: "O que estou vendo?" Eu estava atônito.

A égua baia se posicionou no limite do grupo, mantendo o potro exilado. Fixou seus olhos nos olhos dele. Ela simplesmente o congelara.

Ele estava aterrorizado por ter que ficar sozinho. Para um animal voador, isso significava estar sob sentença de morte. Um cavalo separado do grupo é presa fácil para predadores. Ele começou a caminhar para frente e para trás, a cabeça próxima do chão. Executou esses estranhos movimentos várias vezes. Tive a impressão de que se tratava de um sinal de obediência, o modo equino de fazer uma reverência, de demonstrar submissão.

De repente, o potro contornou a tropa, numa tentativa de integrar-se do outro lado, mas foi seguido pela égua baia. Mais uma vez ela correu com ele, mantendo-o a uns 300 metros dos demais animais. Voltou para o grupo e ficou de frente para o potro, sem jamais desviar os olhos dele.

De longe, o potro tentou outra forma de comunicação. Começou a lamber os lábios e a mastigar, embora não houvesse comido nada. Lembrei-me do potrinho e de como ele estalara os lábios em evidente sinal de humildade, como se dissesse: "Não sou uma ameaça para você." Seria aquela uma versão mais adulta? Estaria o potro dizendo a mesma coisa para a sua matriarca?

A essa altura, algumas horas já se haviam passado e começava a escurecer rapidamente. Pensei: "Onde está a lua? Será que vou ver como isso vai acabar?"

Comecei a conduzir Brownie pelas rédeas para onde Sergeant e Oriel esperavam. Pretendia encontrar um lugar de onde pudesse continuar observando o confronto entre a égua baia e o potro castanho.

Quando voltei, Oriel estava com o focinho metido num arbusto. Um instante depois, levantou a cabeça abruptamente. Seu corpo estava tenso de susto. Havia uma nuvem de abelhas sobre a sua cabeça. Tratava-se de uma emergência. Oriel deu uns passos para trás e tentou alguns para os lados. Depois baixou a cabeça e levantou-a subitamente.

Não teve sorte.

Então, ele se sacudiu como um cachorro saindo da água, mas em seguida se espantou ao ver que as abelhas continuavam ali. Aquilo era intrigante, sem dúvida, e o seu repertório de truques estava quase acabando. Havia apenas uma coisa a fazer: baixar e levantar a cabeça em rápida sucessão como um burro texano. Obviamente, pensava que se fizesse isso por algum tempo as abelhas, entediadas, iriam embora.

Brownie, Sergeant e eu mantivemos uma prudente distância até que, realmente, achando aquilo tudo muito chato, as abelhas foram embora. Oriel não pareceu muito perturbado com a experiência. Tratava-se de mais um dos mistérios da vida.

O sol se pôs surpreendentemente rápido atrás da montanha do oeste, como se ele mesmo desejasse descansar depois de um duro dia de trabalho.

Preparei o acampamento e alimentei rapidamente os animais. Olhando para as silhuetas de Brownie e Oriel, bem próximos, um de frente para o outro, certamente comentando as experiências do dia, pensei no meu animal favorito. Onde será que ele costumava viver? Quem era a matriarca dominante? Como se relacionava com o grupo familiar, o meu Brownie?

O luar pintou uma paisagem diversa, e uma vez que refletia de um vasto céu distante, me pareceu que havia um bocado de luz disponível. Peguei meus binóculos e verifiquei que podia ver claramente a uma longa distância. Em verdade, sem que o soubesse, fui ajudado pelo fato de ser, e continuar sendo até hoje, acromóptico. Meu caso é raro, completamente diverso do daltônico, que confunde cores ou não consegue separá-las. Quando eu era mais jovem, ninguém acreditava que eu só podia enxergar em preto e branco. Mais tarde, aprendi que vejo de um modo diferente das pessoas que possuem uma visão normal.

O professor Oliver Sacks em seu estudo *The Case of the Colorblind Painter* (*O Caso do Pintor Acromóptico*) descreve como um paciente seu teve um acidente automobilístico que fez com que perdesse a percepção para as cores. Mas sua visão se tornou mais aguçada, como a de uma águia. Podia reconhecer pessoas que estavam a quase um quilômetro de distância. Particularmente à noite, o paciente, que era um pintor, enxergava muito melhor do que uma pessoa normal. Lia o número da placa de um carro estacionado a quatro quadras de distância. Mas ficou tão deprimido com a perda da percepção para as cores que acabou se tornando uma pessoa noturna.

Focalizando e rodando os círculos gêmeos do binóculo para um lado e outro, acabei vendo a minha manada. Queria saber o que estava acontecendo.

Para minha surpresa, a égua baia estava fazendo agrados ao potro castanho. Esfregava seu pescoço no dele, dava-lhe mordidinhas carinhosas no quarto traseiro, e o potro parecia muito feliz. Ela o deixara voltar à manada e agora o mantinha próximo com muitas atenções.

Depois do purgatório... o céu.

Meus períodos de observação da manada selvagem eram particularmente frutíferos à noite. Os mustangues temem o ataque de predadores principalmente ao cair da noite e ao raiar do dia. À noite, eles podiam relaxar e a sua interação era mais marcada. Tornou-se um hábito observá-los à luz da lua, e eu dormia geralmente entre 1h30 e 5 horas da manhã.

Intrigado com tudo o que via, comecei a aprender a língua que hoje chamo de "Equus".

É claro que levei mais tempo do que as primeiras semanas que passei no alto deserto de Nevada para entender bem essa língua silenciosa, mas eu continuaria a reunir mustangues para o rodeio de Salinas por mais dois anos.

Certamente, a coisa mais interessante que vi foi a matriarca disciplinar os adolescentes. Havia uma gangue de jovens potros com a qual a égua baia tinha que lidar, e era instrutivo observar suas aulas, pois muitas coisas aconteciam. A jovem energia dos adolescentes os impulsionava a agir, e a sua inexperiência fazia com que as coisas saíssem erradas, como acontece com jovens de qualquer espécie.

Era função da égua baia mantê-los na linha, e durante três semanas eu observei todos os movimentos que pude.

Graças às suas aulas de disciplina, ela transformou o potro castanho num cristão bem-comportado. Mas antes disso ele se revoltava por ser deixado sozinho, e logo que se via outra vez no meio da tropa fazia alguma bobagem. Parecia querer testar o sistema disciplinar e reconquistar o terreno que perdera. Começava uma briga com outro potro ou incomodava uma jovem potranca.

Nessas ocasiões, a égua baia corria até ele e lhe dava outra lição. Parecia dizer: "Não gosto do modo como você se comporta. Já para o castigo."

Ele pecou ainda algumas vezes, mas foi sempre corrigido. Ficava algum tempo de castigo e depois era recebido com carinho entre a tropa. Da terceira vez que se comportou mal, praticamente se afastou sozinho dos demais. Parecia resmungar alguma coisa.

Quando a égua permitiu que voltasse, ele se agarrou ao grupo como cola. Era realmente um chato. Agora parecia perguntar a todos: "Quem quer um afago?" E tudo o que os outros queriam era que ele os deixasse pastar em paz. Por quatro dias inteiros, a égua fez da educação do potro uma prioridade, mas valeu a pena.

Enquanto observava os métodos da égua baia de educar o castanho e outros adolescentes, comecei a entender a linguagem usada, e era excitante reconhecer a exata sequência de sinais passados entre ela e os adolescentes. Era realmente uma linguagem — previsível, discernível e efetiva.

Antes de tudo e principalmente, era uma linguagem silenciosa. Vale a pena nos demorarmos nos aspectos silenciosos dos seus comandos porque é fácil subestimar uma linguagem que usa um meio diferente do nosso.

Como eu viria a aprender mais tarde, a forma de comunicação mais comum do nosso planeta ocorre em silêncio — no escuro das profundezas do mar, onde os animais usam a bioluminescência, intrincados sistemas de iluminação, para atrair parceiras, para atrair presas e para se comunicar de um modo geral.

A linguagem do corpo não é privilégio dos humanos nem dos cavalos; ela constitui a forma de comunicação mais usada entre objetos animados em terra firme.

E ali, a uma distância de 400 metros de uma manada de cavalos selvagens, aprendi que a égua baia estava constantemente educando potros, potrancas e filhotes, sem a necessidade de sons. Eles, por sua vez, reagiam à matriarca igualmente sem sons. O garanhão fazia seu trabalho de segurança e para tanto tinha absoluta necessidade de silêncio. Quando não estava atento à segurança, investigava a possibilidade de um acasalamento.

Ficavam contentes uns com os outros, irritados uns com os outros, guiavam uns aos outros, advertiam uns aos outros. E tudo isso era feito silenciosamente.

Eu acabei por compreender que nada acontecia por casualidade. O mais sutil grau de movimentação equina ocorre por alguma razão. Nada é trivial. Nada pode ser descartado.

Deitado de bruços e observando esse grupo de cavalos com meus três diferentes binóculos apertados por horas contra os olhos, me esforçando para ver tudo o que podia, comecei a registrar seu vocabulário.

Descobri que o ingrediente-chave da linguagem "Equus" é o posicionamento do corpo e sua direção de viagem.

A atitude do corpo relativa ao longo áxis da espinha dorsal e ao pequeno eixo (áxis) é crucial para o vocabulário dos cavalos. É o vocabulário deles.

A égua baia ajustava contas com o potro adolescente fixando seus olhos nos dele, enrijecendo a espinha e apontando a cabeça diretamente para ele quando queria expulsá-lo do grupo. E ele entendia exatamente o que ela estava dizendo. Enquanto sofria sozinho no purgatório — a uns 200 a 300 metros de distância — ele sabia pela posição do corpo dela se podia voltar ou não.

Se ela estivesse com os olhos fixos nele é porque o castigo não acabara. Se ela exibisse para ele parte do seu longo eixo, ele podia começar a se considerar convidado para voltar à manada. Antes de perdoá-lo, porém, ela esperava por alguns sinais de arrependimento da parte dele. Os sinais dados pelo potro — pedidos de desculpas — mais tarde seriam fundamentais para o desenvolvimento da minha técnica.

Se ele andasse para frente e para trás com o focinho quase no chão, era porque estava pedindo uma chance de renegociar seu caso com ela. Estava dizendo: "Vou ser comportado e quero obedecer." Se mostrasse a ela o longo eixo do seu corpo, estava lhe oferecendo as áreas vulneráveis e pedindo perdão.

O contato do olhar também falava muito. Quando a égua punha o potro de castigo, mantinha os olhos fixos nele, 300 metros distante. Às vezes fazia isso por tanto tempo, que deveria ser desconfortável para ela. Quando seus olhos se afastavam um pouco dos dele, ele sabia que talvez tivesse uma chance de voltar.

Acabei compreendendo que a leitura de olhos que realizavam era extraordinariamente sutil. Depois de me familiarizar com essa manada, pude fazer um cavalo mudar de direção ou de passada de acordo com a parte do seu corpo para a qual eu dirigisse o meu olhar — até mesmo se olhasse de uma razoável distância.

Quando um potro saía trotando para longe da manada a fim de cumprir seu castigo e jogava o seu focinho para frente, fazendo movimentos circulares com a cabeça, estava em verdade dizendo: "Eu não queria fazer aquilo, desculpe, não foi ideia minha, aconteceu, sem querer, foi ideia do outro cara!"

Então a égua matriarca faria um julgamento. Deveria acreditar nele ou não? Pude vê-la muitas vezes pensando a respeito. Às vezes acreditava no potro, outras não.

Os gestos de lamber os lábios e mastigar que eu observara o potro castanho fazer eram um sinal de que ele era um penitente. Ele estava dizendo para a égua baia: "Olhe, eu sou herbívoro, não sou ameaça para você. Estou pastando aqui, longe."

Observando esses sinais trocados com absoluta regularidade e previsibilidade entre a égua e o adolescente, tornou-se claro para mim que o padrão de comportamento estabelecido dentro do grupo deve ser creditado ao "efeito ioiô" que meu tio Ray descrevera.

Force um cavalo jovem a se afastar e seu instinto será o de voltar.

A égua baia avançava para o potro e depois recuava.

Quando fiz a conexão entre o método disciplinar da égua e a história do tio Ray, foi como — lembro bem — se as sinapses do meu cérebro clicassem todas ao mesmo tempo para dizer: "Achei o que estava procurando." Uma frase iluminou minha mente: "Avance e Recue."

Depois de algum tempo observando esses sinais, pude ver quão exata era a linguagem. Ela não tinha nada de acidental. Eram mensagens, frases inteiras que sempre tinham o mesmo significado e o mesmo efeito. E isso acontecia o tempo todo.

Talvez eu pudesse usar o mesmo sistema de comunicação que vi a égua dominante empregar. Se eu compreendesse como usá-lo, poderia atravessar de modo efetivo o abismo entre o homem — o principal animal lutador — e o cavalo — o animal voador. Usando a linguagem desses animais, eu poderia criar um forte vínculo de confiança. Conquistaria a comunicação entre espécies diferentes.

"Avance e Recue" parecia também me dar uma explicação psicológica do motivo que faz dos cavalos animais sob pressão. Se você apertar um dedo contra o flanco ou o quarto traseiro de um cavalo, notará que o animal pressionará o peso contra o seu dedo, em vez de afastar-se dele. Compreender esse fenômeno é meio caminho andado para ser um bom treinador de cavalos.

Com o correr dos anos acrescentei novas palavras ao meu vocabulário de "Equus", mas as definições mais refinadas — que se tornaram muito importantes para a minha técnica — estavam todas contidas dentro do conceito geral de "Avance e Recue" ou "Avançar e Recuar".

Enquanto Brownie e eu nos deslocávamos penosamente, às vezes por dias, sobre o alto deserto, e eu ia aprendendo todas essas coisas, me senti compelido a desculpar-me com ele por todo o sofrimento que lhe causáramos. O cruel "ensacamento" que lhe instilou o pânico no espírito ao ouvir som de qualquer papel era culpa nossa; culpa humana. Alguém tinha que se desculpar com ele e tentar ajeitar as coisas. Nós ferimos o seu status de animal voador e o que era pior — sem necessidade.

Oriel e Sergeant seguiam atrás de nós fazendo seus deveres de cavalo de carga e cavalo de sela bastante bem. Oriel, inconscientemente, providenciava a diversão. Era um cavalo propenso a sofrer acidentes, um caráter afável que volta e meia se metia em encrencas e sempre dava um jeito de torná-las engraçadas. Um dia se feriu. Não sei exatamente como conseguiu fazer isso — e só ele poderia ter feito —, mas apareceu com uma longa lasca de madeira de quase um metro que atravessara seu focinho e entrara em seu céu da boca. Uma coisa dolorosa e nada engraçada, tenho que concordar. Mas tratava-se de Oriel.

Ele estava muito triste, parecia sentir pena de si mesmo e paralelamente pedir desculpas pelo que fizera. De boa vontade, permitiu que eu puxasse a lasca para fora; tarefa terrível. Acabou com um furo do tamanho do meu polegar numa das narinas, de onde saía muito sangue.

Tirei o lenço vermelho que usava no pescoço e com ele tapei o furo para interromper o sangramento. E ali estava o nosso Oriel com um lenço para fora do nariz. Toda vez que bebia água, ensopava o lenço e os pingos caíam de um dos cantos daquela "bandeira" que voava no meio da sua cara. Uma visão lastimável, mas engraçada.

Foi então que testemunhei a luta entre dois garanhões.

Não havia muito suprimento de água naquele ano e eu observava os frenéticos esforços que as éguas matriarcas faziam para que suas famílias comessem e bebessem. Grupos de diversas famílias faziam fila em frente a um poço natural, como aviões esperando para decolar. Tinham que manter certa distância, pois os garanhões não toleravam que os grupos se aproximassem muito. Seus instintos territoriais estavam em conflito com os instintos das matriarcas, que queriam chegar mais perto da água. Isso criava uma atmosfera pesada sobre toda a área.

Havia também um bando de solteiros esperando para saciar a sede. Eram jovens machos que haviam deixado seus grupos familiares e andavam juntos, praticando seus talentos para a luta, prontos para o dia em que desafiariam um garanhão mais velho e lhe tomariam a manada.

Então ocorreu o inevitável. Um membro do grupo de solteiros começou uma luta com o macho alfa de um grupo familiar que esperava em fila para beber água.

O barulho era ensurdecedor — uivos e relinchos —, mas as éguas não tomaram conhecimento do que acontecia naquele perímetro. E isso era coisa séria. Não havia possibilidade de empate. Alguém tinha que vencer a luta. Os dois machos, frente a frente, arremetiam um contra o outro, escoiceavam e mordiam. Isso continuou por umas seis horas e entrou noite adentro. Embora meus olhos estivessem pesados de sono, me obriguei a observar. De vez em quando parecia que o garanhão vencera, pois o solteiro recuava e ficava a distância. De repente, porém, ele voltava ao ataque. Sangrando nas pernas e nos flancos, praticamente arrastando as patas traseiras, ele tentava novamente.

Dessa vez, entretanto, ao abandonar o campo de luta ele não poderia sobreviver por muito tempo. Eu sabia que a luta estava acabada e não demoraria muito para que os predadores se reunissem em volta daquele que seria a sua alimentação para os próximos dois, três dias. Ele também sabia disso; dava para ver. Muitas vezes, o cavalo batido comete uma espécie de suicídio, procurando deliberadamente as áreas onde sabe que estão os felinos, quase se oferecendo para ser morto.

Até o garanhão vitorioso estava em estado lamentável. Ferido, machucado e mancando, pelos próximos dois dias ele caminharia como se tivesse 100 anos. Se aparecesse outro desafiante, ele lutaria, mas antes teria que recuperar suas forças.

Eu e Brownie levamos cerca de três semanas para reunir os diferentes grupos familiares.

Quando chegávamos a uns 8 quilômetros do curral-armadilha, pressionando um grupo a se dirigir para lá, os peões do rancho já estavam esperando, prontos para nos ajudar. Um grupo de meia dúzia cercava os mustangues e os forçava a entrar no cercado.

Então, os peões me diziam onde o segundo grupo fora visto pela última vez. Guiavam Brownie, eu e Oriel o mais próximo que as estradas de terra permitissem, geralmente uma distância entre 25 a 30 quilômetros, e em seguida, nos deixavam.

Enquanto voltavam, a cada 2 quilômetros faziam uma trilha de alfafa para me ajudar a estabelecer a direção na qual pressionaria os cavalos selvagens. Além disso, alimentavam com alfafa os cavalos já presos no curral.

Embora jovem, eu sabia que estava aprendendo algo muito importante, o que me enchia de entusiasmo. Estava ansioso por contar à minha mãe e ao meu irmão as minhas descobertas. Sentia-me exuberante com o que já descobrira. Sentia que tinha uma afinidade especial com cavalos e, agora que começava a aprender sua língua silenciosa, podia esperar muito progresso.

Em apenas algumas semanas eu seria capaz de pôr minhas teorias em prática com os cem potros que agora seguia.

Sentia-me impaciente para ver o que poderia fazer. Estava certo de que acabaria entrando num entendimento com esses animais selvagens; um entendimento que me permitiria mudar o modo como o homem se relaciona com cavalos. Via, finalmente, um modo de realizar minhas ambições.

Tinha a impressão de que o ingrediente mágico nisso tudo era Brownie. Afinal de contas, fora por causa dele que começara a procurar uma nova técnica de domar cavalos. Ele me levou para o lugar onde nascera. Ele me conduzira e eu tive a sorte de entender sua mensagem.

Ao fim do período de três semanas, tínhamos cerca de quinhentos mustangues no curral. Descartamos as éguas que estavam dando de mamar, os garanhões e os animais mais velhos. Selecionamos as potrancas que não estavam prenhes e os jovens potros até atingirmos uma centena de cabeças, aproximadamente. Então, colocamos os animais nos caminhões e os levamos para Salinas, como havíamos feito no ano anterior.

Naquele ano tivemos uma Corrida de Cavalos Selvagens bem melhor. Mais adequados para a tarefa, poucos cavalos sofreram ferimentos. Mais uma vez, assisti a tudo da tribuna, mas não podia extrair nenhum prazer da experiência. Jurei a mim mesmo que me comunicaria com cavalos o mais rapidamente possível. Aparentemente, havia muitas desculpas a serem pedidas.

Acabada a corrida, os mustangues voltaram para os meus cuidados na Pista de Rodeio, como acontecera um ano antes. Minha tarefa era "iniciar" o maior número possível de cavalos num prazo de dois meses. Teriam que estar prontos para o leilão que se realizaria no outono.

Era apenas um pouco mais de tempo do que meu pai levaria para "quebrar" meia dúzia de animais com os seus métodos convencionais.

Como se pode imaginar, fui forçado a aprender velozmente. O terreno era ideal para testar minhas ideias: como criar um vínculo natural com um animal selvagem; como deixar de ser um predador, algo que mete medo, para passar para o lado deles; como me transformar na matriarca dominante e falar a linguagem deles.

E tudo isso eu tinha que fazer mantendo um olho vigilante em meu pai, pois não queria que ele interferisse. De qualquer modo, no fundo, eu ainda buscava sua aprovação.

Acabei descobrindo algo tão excitante, que comecei a me convencer de que poderia persuadir meu pai a ver as coisas do meu modo. Identifiquei um fenômeno que batizei de "Conjunção". Deitado na cama, à noite, mal podia dormir, tão convencido estava de que esbarrara em algo que mudaria o modo como os cavalos são treinados. No que me dizia respeito, eu estava 100 por cento seguro de que caminhava pela trilha certa, que os esforços que fazia valeriam a pena.

Eu estava tão entusiasmado, tão confiante (levando-se em conta o que conseguira na atmosfera concentrada de ter que "iniciar" tantos cavalos em tão curto prazo), que achava que meu pai acabaria aderindo aos meus métodos. Era um cavaleiro experimentado demais para agir de outra forma.

De qualquer modo, depois do que acontecera da primeira vez, eu não pretendia ir até ele e dar-lhe uma demonstração direta. Em vez disso, resolvi fazer uma demonstração para Ray Hackworth, pois sabia que meu pai o respeitava.

Ray Hackworth arrendara parte das instalações da Pista de Rodeio. Era um treinador conhecido e um cavalheiro. Apesar da fala macia, sabia demonstrar autoridade. Pedi a ele para ver o que eu fazia. Eu havia descoberto um novo fenômeno que só podia ser explicado com o uso da linguagem dos cavalos. Garanti a ele que era verdade; que eu podia dissolver a barreira natural entre homem e cavalo; entre o animal lutador e o animal voador.

Ele me lembrou das advertências de meu pai: minha ideias eram perigosas e eu deveria me ater ao modo convencional de fazer as coisas. Eu, porém, continuei insistindo para que ele me acompanhasse e observasse. Estava certo de que poderia impressioná-lo a ponto de fazê-lo falar com meu pai de um modo positivo.

No final, ele concordou em me acompanhar.

Quando chegamos ao redondel, Ray subiu a rampa que dava para o deque de observação e se encostou na cerca.

— Ok — disse ele, empurrando o chapéu para trás. — Vamos ver o que você sabe fazer.

Fiquei no centro da arena com um potro de um ano que, não fazia muito tempo, escapara do trauma da Corrida de Cavalos Selvagens de Salinas.

O potro estava sem sela, sem arreios, cordas ou qualquer tipo de restrição. A porteira do redondel estava fechada. Éramos só eu e ele.

Por já haver praticado isso mais de cem vezes, eu sabia o que deveria fazer. Havia desenvolvido uma confiança que era visível na minha atitude.

Esperei alguns instantes para permitir que o mustangue selvagem e sem nome se acostumasse com o redondel. Ele estava nervoso demais para dar um só passo em minha direção, embora concentrasse em mim toda a sua atenção. Eu era a ameaça imediata à sua segurança.

— O que vou fazer — eu falei a Ray Hackworth — é usar uma espécie de linguagem usada pela égua matriarca de um grupo familiar.

Ray não disse nada e eu pensei comigo mesmo que estava ali para provar alguma coisa, e o melhor a fazer era prová-la o mais rapidamente possível. Ray não faria pergunta alguma.

— Essa linguagem é silenciosa. É uma linguagem corporal — continuei —, e a primeira coisa que vou pedir a este potro é que vá embora, que fuja de mim. Vou fazer isso porque depois vou pedir a ele para voltar e se juntar a mim.

Dirigi-me abruptamente em direção ao potro, ombros rígidos e olhos fixos nos olhos dele. Imediatamente, ele "voou" e começou a dar voltas em torno do redondel, permanecendo o mais próximo possível da cerca e o mais longe possível de mim.

Continuei pressionando-o a "voar" como havia visto a matriarca baia fazer com o potro castanho e tantos outros adolescentes. Continuei mantendo contato direto com os olhos dele. Quem observasse diria que ele tinha uma guia invisível amarrada ao pescoço, cujo fim estava nas minhas mãos, e que eu o obrigava a dar voltas pelo cercado.

Para que Ray entendesse melhor, continuei explicando o que fazia.

— Na sua própria linguagem, eu estou dizendo para ele: "Vá e se afaste, mas não se afaste só um pouquinho, se afaste muito e continue fugindo. Por enquanto, eu sou o chefe e continuarei mandando até que possamos fazer uma sociedade. Está vendo, eu falo a sua língua."

Eu tinha uma corda muito leve e a atirei em direção ao potro — não para atingi-lo, mas para encorajá-lo a se manter afastado de mim.

E ele continuou "voando". Enquanto ele dava voltas pela arena o mais velozmente possível, continuei usando a corda e mantendo a mesma postura de ombros, para não deixá-lo parar. Meus ombros estavam paralelos ao seu eixo longo, meus olhos não deixavam os dele, e era como se meu corpo o pressionasse a continuar correndo.

Isso continuou por alguns minutos. Eu estava aguardando pelos sinais — os mesmos sinais que havia observado em campo aberto, quando os adolescentes perguntavam à égua dominante se podiam ser liberados do exílio forçado. Enquanto isso, apenas para testá-lo, desviei meus olhos para o seu pescoço. Ao fazer isso, notei que ele diminuiu a corrida.

Desviei meus olhos ainda mais para baixo do seu pescoço e fui até a paleta... e ele desacelerou um pouco mais; sua cabeça começou a virar um pouco para o lado, a fim de me olhar ainda melhor. Quando desviei meus olhos para sua garupa, ele reduziu a velocidade ainda mais e começou a se afastar da cerca, sem parar de correr.

Voltei a fixar meus olhos nos dele e ele voltou a acelerar imediatamente. Ficou bem junto à cerca e estava voando outra vez. Ele estava me avaliando. Sabia que eu falava sua língua.

A cada volta, ele passava por baixo de onde Ray estava. Mantive-o correndo. Disse a Ray:

— Só para você saber, estou esperando que ele aponte suas orelhas para mim. Estou esperando que ele comece a lamber os lábios e a mastigar. Estou esperando que ele comece a correr com a cabeça quase tocando o chão.

Eu esperava que ele estivesse ouvindo o que eu dizia, pois era importante que soubesse que eu podia *prever* o que aconteceria.

— Olhe o primeiro sinal, agora — eu gritei. — Está vendo?

A orelha próxima a mim se abriu e virou-se em minha direção. E permaneceu nessa posição enquanto ele corria. A orelha virada para a cerca estava ligada nas áreas circundantes, indo para frente e para trás. O potro estava dizendo: "Eu sei que você está aí. Eu sei que você é importante. Você tem o meu respeito. Eu realmente não sei o que significa isso tudo, mas vou prestar atenção em você e vamos ver o que vai acontecer."

O potro dera oito voltas no redondel antes de a orelha estar completamente fixada na minha direção.

A cada volta, ele passava por baixo de onde Ray estava, do outro lado da cerca. Eu estava perfeitamente ciente de que ele nos observava. Sabia que não interromperia, mas não descobriria o que ele pensava até que tudo tivesse acabado.

Nesse ponto, arremessei a corda em direção ao potro e andei um passo para frente, mantendo meus olhos presos nos dele para impedir que tentasse se aproximar.

Imediatamente, ele deu a volta e voou na direção oposta. O que fiz é comum de se ver em treinos de cavalos, com uma diferença: o treinador convencional guia sempre o cavalo com uma corda. Eu usava o redondel para manter o potro dentro do raio da minha influência e usava a linguagem corporal para controlar sua velocidade e direção.

Depois de alguns instantes, a orelha próxima de mim voltou-se novamente em minha direção. Tudo estava indo muito bem, de acordo com os padrões que eu aprendera.

Embora Ray Hackworth não pudesse saber o que deveria entender, e por isso era importante o que eu dizia para ele, de repente me dei conta de que podia estar cometendo um erro. Um garoto de 14 anos explicando algo para um adulto? Eu só estava dizendo a ele o que faria em seguida e o que esperava que acontecesse, mas poderia passar por arrogante. De qualquer modo, achava que o valor do que eu demonstrava serviria de contra-ataque para uma presumível arrogância.

Comecei a tirar a pressão de cima do potro. Primeiro, reduzi o número de vezes em que atirava a corda em direção a ele. Depois enrolei a corda e comecei a bater com ela na minha perna para incentivá-lo a prosseguir. O potro voltou a trotar. A essa altura já havia feito 12 evoluções no redondel.

O próximo sinal chegou exatamente na hora certa. Ele começou a lamber os lábios e a mastigar. Na verdade, sua língua ficava para fora, entre os dentes. Então, ele a puxava para dentro e mastigava. As largas mandíbulas tremiam.

— Aí está! — gritei para Ray Hackworth. — Vê que ele está mastigando? Foi exatamente isso que eu os vi fazer no campo. Isso significa que ele está pronto para discutir a situação. Ele se afastou e eu o obriguei a se afastar ainda mais. Ele reconheceu a minha vontade de me comunicar com ele. E agora ele gostaria de ter a chance de renegociar.

Eu esperava que Ray Hackworth estivesse ouvindo o que eu dizia, pois para manter os olhos no potro eu precisava circular, e metade do tempo estava de costas para o veterano treinador de cavalos.

Continuei recitando para a silhueta de Ray:

— Ao lamber os lábios e mastigar, o potro está me enviando uma mensagem, alguma coisa como: "Eu sou herbívoro, um comedor de grama e estou mastigando como se estivesse comendo porque estou considerando se devo confiar em você ou não. Por favor, me ajude a decidir."

Então, veio o sinal definitivo que eu esperava. Enquanto trotava, o potro baixou a cabeça e deixou-a apenas a alguns centímetros do chão.

— E agora vamos nós! — eu falei para Ray. — Ele baixou a cabeça e nem sei lhe dizer o número de vezes que os vi fazer isso lá em Nevada, e sempre significa a mesma coisa. Ele está dizendo: "Deixe-me voltar. Eu quero voltar. Não quero mais continuar voando."

Agora era a minha vez — exatamente como a égua fizera — de ficar passivo e deixar o potro juntar-se a mim.

Desviei meus olhos do seu corpo e fiquei olhando para o chão, a uma distância de uns 5 metros de onde ele estava. Encolhi meus ombros na direção do meu olhar até que eles estivessem num ângulo de 45 graus do longo eixo da sua espinha dorsal. Estava evitando o contato de olhos e mostrando-lhe meus quadris.

Imediatamente, ele parou de correr. Saiu de perto da cerca e me olhou. Mantive minha posição, meu corpo e minha linha de visão a 45 graus dele.

Ele deu dois passos em minha direção. Fiquei esperando. Então ele veio diretamente para mim e só parou quando seu focinho estava quase tocando o meu ombro. Ele estava ali, ao meu lado.

Eu não podia falar. Gostaria de gritar para Ray Hackworth: "Está vendo? Foi isso que eu quis dizer. Que tal isso? Não é fantástico?"

Mas eu não podia quebrar o encanto. E era isso mesmo. Era como mágica. O potro confiou em mim. Agora, eu era parte do seu grupo. Deixara de ser um predador para ficar do seu lado. Eu era a sua zona de segurança. Foi esse fenômeno — o momento da aceitação — que eu batizei de Conjunção. Isso, eu descobrira, fora a minha conquista. Meu coração se encheu de emoção. "Iniciei" mais de nove mil cavalos e sempre senti o coração acelerar na hora da Conjunção.

Deus do céu! Esperava que Ray estivesse se sentindo como eu. Para testar a força da Conjunção, comecei a caminhar em círculos, bem devagar. O potro me seguiu, focinho praticamente encostado no meu ombro. Virei-me e comecei a circular para a esquerda. Ele hesitou e decidiu não me acompanhar.

Imediatamente voltei à postura dominadora e fiz com que se afastasse de mim. Ele não gostou disso e, mal havia dado uma volta pela arena, já esticava o pescoço em minha direção, pedindo desculpas, pedindo para voltar.

Claro que deixei que voltasse e, quando voltou, lhe fiz um carinho entre os olhos.

Embora eu não considere essencial o uso da área entre os olhos para se fazer afago num cavalo, ela me parece mais efetiva que outras zonas do seu corpo. Perguntei a especialistas em comportamento animal por que esta área funcionava melhor que outras e houve um consenso geral: quando um cavalo permite que você passe a mão numa zona do seu corpo que ele não pode enxergar, trata-se de fundamental expressão de confiança.

Agora o potro andava atrás de mim; me seguia. Eu tinha certeza de que Ray Hackworth, sentado no deque acima da cerca, estava atônito. Imaginei-o contando para meu pai tudo que eu descobrira: "Vou lhe dizer uma coisa, Marvin, vi aquele seu garoto ser seguido por um cavalo selvagem como se fosse seu melhor amigo em menos de 25 minutos. Ele está trabalhando em algo grandioso. Venha e veja com seus próprios olhos."

Então meu pai viria com Ray Hackworth e me perguntaria o que estava acontecendo. Eu não podia parar de prever o seu espanto.

Caminhei até o centro do redondel com o cavalo atrás de mim. Eu lhe fiz uns afagos, conversei com ele testando quão receptivo era ao meu toque.

Falei com Ray — o mais calmamente possível, agora que o potro estava ao meu lado:

— Ray, agora que ele se juntou a mim e estamos do mesmo lado, os afagos são uma espécie de formalidade.

Quando tive certeza de que tinha a total confiança do potro, fui apanhar uma guia, uma sela, bridão, uma manta e longos estribos.

Quando voltei e a porteira do redondel se fechou atrás de mim, a adrenalina do potro disparou imediatamente. Ele vira algo de diferente — a pilha de equipamentos — e ficara com medo. Ele tinha razões para o seu ceticismo, de modo que decidi esperar.

Permiti que ele escolhesse entre mim e o equipamento jogado no chão no centro da pista. Ele escolheu a mim e depois de alguns instantes se acalmou. Senti seu nível de adrenalina baixar.

Ele ficou parado — ainda sem nada na cabeça — enquanto eu cuidadosamente levantei a manta, a sela e as coloquei sobre suas costas. Ele deixou que eu fixasse a barrigueira — vagarosa e docilmente —, recuando apenas um ou dois passos para depois parar e permitir que eu continuasse.

Ele estava usando a sua primeira sela — antes que qualquer corda houvesse sido atada ao seu pescoço, para não falar de bridão. Ele estava me fazendo uma porção de perguntas, as orelhas movendo-se para frente e para trás e as narinas inflando, mas ele confiava em mim.

Nesse ponto eu dei um passo para trás, afastando-me dele, e o encarei, fazendo com que se afastasse de mim. Não fiz isso, entretanto, de modo agressivo, mas com a confiança que desenvolvi depois de já ter iniciado mais de duzentos cavalos. Ele começou a dar voltas pelo perímetro do redondel.

Queria que se familiarizasse com a sela antes de ser montado. Ele corcoveou enquanto dava voltas e isso me agradou, pois não queria que Ray pensasse que eu apenas tivera sorte. Eu mesmo custava a não acreditar que tudo era uma questão de sorte, mas já "iniciara" cerca de duzentos cavalos e a sequência de eventos, depois de refinados, sempre foi a mesma.

Depois de dois ou três minutos, o potro parou de corcovear e passou a trotar normalmente em volta do cercado.

Vi os mesmos sinais — o lamber de lábios, o mastigar, a orelha voltada para mim, o afastamento da cerca numa tentativa de se aproximar. Além disso, eu podia cheirar o seu suor, uma prova de que ele estava trabalhando duro e gastando muita energia nervosa.

Não o vi baixar a cabeça, mas, por experiências anteriores, sabia que isso não ocorreria agora. Isso se deve ao fato de os mustangues encilhados não se sentirem confortáveis com a cabeça abaixada. Havia algo estranho acontecendo e eles não tinham certeza se era seguro baixar a cabeça.

Por um minuto ou dois eu o deixei galopar em volta dos limites externos do redondel para que se sentisse à vontade com a sela — primeiro galopou numa direção e depois na outra.

A silhueta de Ray Hackworth estava imóvel, e com o sol batendo na minha direção não pude ver sua expressão.

Depois de três evoluções, o potro me dizia que estava pronto para voltar para dentro do redondel.

Deixei que se juntasse a mim. Ajeitei a barrigueira e acalmei-o com a minha voz: "Você está fazendo tudo certinho. Você é um bom cavalo. Não precisa ter medo de nada enquanto ficar do meu lado. Eu te amo como amo todos os seus irmãos e irmãs. Nós vamos nos divertir. Vou achar um bom nome para você."

Em seguida, peguei o bridão e o levantei para cima das suas orelhas. O potro aceitou-o, reagindo apenas com um leve alçar de cabeça. Amarrei as rédeas na parte de trás da sela e baixei os estribos, preparando-o para circular todo equipado. Amarrei os dois estribos com a guia para garantir que não batessem contra os lados do potro. Então lhe ordenei que desse voltas no perímetro. Ele estava completamente equipado: manta, arreio, barrigueira, bridão, rédeas e guias.

Disse alto:

— Começamos o método de iniciação há trinta minutos.

Embora estivesse falando com Ray, não ousava olhá-lo. Sentia seus olhos em mim e sabia que devia estar impressionado com o que via.

Fiz o potro galopar em volta, para a esquerda e direita. Disse a Ray:

— Quero ganhar a confiança dele e fazer com que se sinta contente com o equipamento. Uma vez que ele vai fazer isso durante toda sua vida de trabalho, quero que seja uma boa experiência.

Fiz com que ele desse mais umas cinco ou seis voltas antes de pará-lo. Ajustei novamente a cilha e fiz uma leve massagem no seu pescoço e na barriga.

Então, botei o dedão do pé esquerdo no estribo e me preparei para alçar-me às suas costas. Senti o esforço no músculo da coxa enquanto perguntava ao potro se poderia colocar todo o meu peso no estribo, testando sua reação. Ele deu um passo para o lado, a fim de me ajudar a distribuir o peso extra, mas ficou firme.

Levantei-me no estribo, mas não passei a perna pelas suas costas. Em vez disso, deitei-me sobre a sela por alguns instantes para ver se ele se sentia à vontade.

Qualquer pergunta que ele tivesse para me fazer, eu esperava estar respondendo com as palavras que dizia a ele: "Nós vamos achar uma boa casa para você. Quem sabe você não gostaria de ir para um rancho de cavalos ou fazer parte de um show? Talvez você acabe com um bom garoto que queira aprender a montar..."

Deixei que me visse com ambos os olhos, antes de levantar calmamente a outra perna e montar na sela.

Estava montado nele depois de apenas quarenta minutos.

Ao olhar para Ray Hackworth, que me olhava intrigado, tive certeza de que ele compreendera a incrível descoberta que eu fizera e que meu pai mudaria de opinião graças às palavras desse homem que ele respeitava.

Eu era um garoto idealista de 14 anos e estava sentado, triunfante, nas costas do meu cavalo. Pensava que era apenas questão de poucas semanas para ganhar a admiração de pessoas mais velhas e mais experientes do que eu, pelo país afora.

Em vez disso, da posição onde estava Ray Hackworth gritou:

— Isso foi sorte!

O som de sua voz coincidiu com os primeiros passos do cavalo e eu não tentei pará-lo. Nós simplesmente prosseguimos dando a volta no redondel enquanto Ray continuava gritando:

— Você faz muito mal em ir contra os conselhos de seu pai. Se eu fosse você, parava com essas gracinhas. Você é capaz de terminar seriamente ferido, deitado no meio da arena. Não gostaria de dizer que tipo de ferimento sofrerá, mas, para começar, será escoiceado.

Ele continuou resmungando enquanto se afastava do deque e desaparecia de vista. Ainda podia ouvi-lo comentando para si mesmo enquanto se dirigia aos celeiros que havia arrendado da Pista de Rodeio e que eram adjacentes ao meu.

Fui deixado sozinho, trotando no meu potro, sufocado pela decepção no momento exato em que deveria estar triunfante. As pessoas de quem eu queria receber conselhos e diretrizes se recusavam a dá-los.

Jurei que nunca mais mencionaria minhas ideias para ninguém.

II

Vidas amargas

Quase todos os eventos relacionados a rodeios evoluíram a partir do trabalho rotineiro de rancho, como a categoria laço em dupla, por exemplo. Dois vaqueiros laçam a cabeça e os pés de uma vaca, a derrubam e mantêm esticada no chão a fim de tratá-la de um modo ou outro. Levam na sela de um dos cavalos um estojo de primeiros socorros, pois podem ter que lidar com um pedaço de arame farpado em volta da perna do animal ou com um carrapicho em seu olho. Seus cavalos são treinados para manter a tensão da corda até que o trabalho seja feito e a vaca possa ser solta.

Em 1956 eu venci o campeonato mundial da Associação Intercolegiada de Rodeio Nacional nessa categoria. Para tentar ganhar um prêmio desses é preciso se preparar por um ano inteiro. Às vezes marca pontos, outras não.

Uma ocasião, em Scotsdale, Arizona, eu e meu parceiro Jack Roddy fomos sorteados com um bezerro perfeito. Dava para apostar nele. O bezerro era firme e corria em linha reta. Se ganhássemos alguns pontos naquela prova seria nessa categoria.

O bezerro estava no brete do meio. Jack Roddy, o laçador de cabeça, no brete à esquerda do animal, e eu, o laçador do pé, no brete da direita.

Tudo se passava mais ou menos assim: em volta do pescoço do bezerro era amarrado um barbante. Em frente ao brete do peão laçador de cabeça havia uma corda esticada presa por uma lingueta. Esta lingueta estava conectada com a corda amarrada ao pescoço do bezerro. Quando ele disparava do boxe e ganhava alguma distância, a corda amarrada ao seu pescoço fazia com que a corda em frente ao cavalo do vaqueiro caísse ao chão, ocasião em que cavalo e cavaleiro sairiam atrás do bezerro. Era tudo uma questão de segundos. Se o cavaleiro passasse pela corda antes de ela cair, seria penalizado em dez segundos. A arte nessa categoria consiste em mover o cavalo para frente exatamente no tempo preciso. O cavalo precisa disparar no momento em que a corda cai.

Nessa ocasião, Jack Roddy marcou o tempo perfeitamente. Seu cavalo se movia ansioso e, quando a lingueta soltou a corda, antes que ela caísse no chão ele já estava galopando. Ele jogou o laço, e o troféu já era uma visão à minha frente. Se eu fizesse a minha parte direito, terminaríamos antes que houvessem se passado dez segundos.

Eu montava um cavalo chamado Barney e partimos para o bezerro que Roddy pressionava em nossa direção. Eu já estava balançando o laço sobre minha cabeça, e o bezerro estava na distância certa. De repente, me vi sem cavalo. Barney deu um salto, levantou as pernas traseiras e eu estava no chão décimos de segundo depois de jogar o laço. Eu não tinha cavalo, mas tinha uma corda nas mãos e as pernas do bezerro fortemente amarradas. Eu tivera tempo de laçá-las. O bezerro escoiceou com as pernas presas, e por mais que eu tentasse segurar a corda ela acabou deslizando, transformando as palmas das minhas mãos em hambúrgueres, praticamente fumegando. Tive que pedir desculpas a Jack Roddy. Naquela competição não marcamos pontos.

Em Albuquerque, Novo México, a história foi diferente. Dessa vez não laçaríamos um bovino, mas um *blue screamer,* um cavalo de corridas. Isso, porém, não preocupou Jack Roddy.

— Não se preocupe, nós vamos ganhar desses caras — ele me garantiu.

O cavalo estava em seu boxe, movendo a cauda furiosamente, louco para sair dali. Jack e eu, sobre nossos cavalos, estávamos nos boxes à direita e à esquerda do cavalo de corridas. Jack montava um cavalo chamado Chango e já havia recuado com ele para o fundo do boxe, de modo que a corda estaria caindo quando ele passasse por ela em pleno galope.

O cavalo de corridas disparou do seu boxe como se estivesse pegando fogo. A corda ainda não havia caído no chão quando Jack e sua montaria passaram para a arena em disparada. De longe, Jack jogou a corda e laçou a cabeça do animal magnificamente. O fato de ele ter jogado a corda de longe dificultava as coisas para mim, pois permitia mais liberdade de ação ao cavalo laçado. Eu já estava bem atrás dele e vi que suas pernas se movimentavam mais rapidamente do que jamais julguei ser possível. Barney praticamente arranhava as orelhas no chão numa tentativa de facilitar meu trabalho. E nós estávamos a quase 5 metros de distância do animal em vez dos costumeiros 2 metros. Eu só teria uma chance e nem tivera tempo de alargar o meu laço. Joguei a corda, e as pernas traseiras do cavalo de corridas se juntaram dentro do laço, perfeitamente amarradas. Em cem anos, não acreditaria que pudesse ter feito o que fiz. O cavalo estava estirado no chão e o juiz de quadra baixou a bandeira. Menos de oito segundos. Havíamos vencido o campeonato mundial, mesmo antes de a última nota ser dada.

Durante meus anos nas arenas de rodeio, lacei e amarrei mais novilhos do que gosto de admitir. Nesse evento, um bezerro de pouco mais de 100 quilos dispara do boxe movendo-se com muito mais agilidade do que os animais maiores da sua espécie. Um vaqueiro sai atrás dele e a partir daí o nome do jogo é destreza. O laço está armado e ele se aproxima do novilho. Ele sabe da presença do cavalo e do cavaleiro porque mantém a cabeça abaixada e as orelhas baixas, à espera de que o perseguidor — como um predador — o ataque no pescoço. O caubói joga o laço em volta do pescoço do novilho. A outra extremidade da corda está fortemente amarrada na sela. O cavalo estaca subitamente e desequilibra o novilho, que cai para um lado. O vaqueiro desmonta e corre até o novilho, mas tem que esperar que ele se ponha de pé novamente. Então, com a corda nas mãos, ele tem que derrubar o animal novamente e amarrar três das suas patas, geralmente as duas traseiras e uma dianteira. No momento em que o concorrente se ergue outra vez e levanta ambas as mãos para o ar, o juiz de pista abaixa a bandeira e o cronômetro para.

Não é um evento muito bonito e não tem comparação com o que se passa num rancho. Laçar e amarrar novilhos num rancho é uma prática necessária — marcação, castração, curativos —, mas ao animal é permitido correr com a corda no pescoço, de modo que possa parar vagarosamente. Geralmente são dois vaqueiros a laçar e amarrar os animais, o que diminui a pressão sobre eles.

Ainda recentemente passei um dia laçando e amarrando novilhos num rancho da vizinhança. Durante um dia inteiro de trabalho, meu cavalo Dually, um campeão, jamais parou subitamente depois de o animal ter sido laçado. E os rancheiros preferem que as coisas corram desse modo, pois, afinal, são esses novilhos que lhes dão sustento.

Os protestos contra a categoria de laçar e amarrar bezerros nos circuitos de rodeio aumentaram tanto que ela praticamente não é mais vista pelo público pagante. Ela ocorre no que chamamos "horas mortas", antes de o rodeio começar, enquanto o público ainda está sentando, ou depois que ele já se retirou.

Em 1949, quando tinha 14 anos, comecei a praticar a categoria chamada *bulldogging*, que acabou sendo uma das quais me demonstrei mais capaz.

O *bulldogging* começou como um trabalho nos ranchos do Texas. Os vaqueiros tinham que manter rebanhos inteiros dentro de um determinado espaço por horas a fio, enquanto vários animais eram laçados e amarrados — por razões veterinárias, marcação, castração etc.

De vez em quando, um animal adulto escapava da tropa e os vaqueiros tinham que correr atrás dele e trazê-lo de volta. Para se divertirem durante as longas horas de vigília, os caubóis começaram a competir entre si. Finalmente, acabaram tentando pular do cavalo em movimento sobre o pescoço do animal, derrubando-o no chão apenas com as mãos.

Um certo dia, Bill Pickett, um caubói negro, cavalgou atrás de um bezerro, saltou no seu pescoço e mordeu fortemente o seu lábio superior. A dor incrível surpreendeu tanto o animal, que ele caiu. Esse era, e continua sendo, o método usado pelo cão buldogue inglês para derrubar uma corça ou veado. Caído o animal, Bill Pickett o ajudava a se levantar e o conduzia novamente ao rebanho. Os donos do rancho promoveram uma excursão para que Pickett pudesse demonstrar suas aptidões ao maior número possível de pessoas. Ele foi o inventor da categoria.

Na versão moderna, dois cavaleiros perseguem um boi. Um fica à direita do animal para mantê-lo correndo em linha reta, e o outro corre à esquerda e pula do cavalo no momento certo.

Se não se enganar e cair no chão, acabará sobre o pescoço do bovino. Ele se cola literalmente ao animal para não acabar caindo sob seus cascos. Sua prioridade agora é derrubar o novilho.

Ele passa um braço pelos chifres do animal e lhe dá uma gravata. O animal cai para o lado — é como dar um golpe de judô num homem nu de 400 quilos. Quando o flanco do animal bate na poeira, o cronômetro é paralisado. Os machucados no animal são praticamente nulos. Já os dos vaqueiros podem ser inúmeros.

Eu ganhei o campeonato mundial de *bulldogging* em 1957, um ano depois de ganhar com Jack Roddy o de laçar e amarrar. Dessa vez, porém, teria que ir até o final e, não só isso, teria que fazer tudo muito bem se quisesse vencer a prova. Havia muitos concorrentes bem perto de mim e era a chance de eles terem uma revanche. Isso porque geralmente o campeonato de rodeios é considerado "propriedade" de estados como Texas, Montana e Idaho. E o pessoal desses estados do interior norte-americano queria baixar a crista dos rapazes da costa do Pacífico.

Meu primeiro animal foi um boi enorme e vagaroso, e quando consegui jogá-lo no chão haviam se passado 6,2 segundos. Nem bom nem ruim. Isso significava que eu poderia ganhar o campeonato se me classificasse na segunda rodada, uma vez que as notas eram somadas e delas extraído o tempo médio. Naquela mão ainda não havia ganho o jogo, mas continuava sendo o concorrente que todos tinham que bater.

O segundo boi foi talvez o melhor entre os que estavam disponíveis. Com aquele animal, eu venceria o campeonato. De qualquer modo, para a segunda rodada teria que esperar que o público se retirasse, o que só aconteceria bem tarde. Ninguém na audiência saberia o resultado do *bulldogging* antes de chegar em casa, o que pode parecer meio maluco. O negócio é que o boi que me foi designado por sorteio teria que ser "buldogueado" sem a presença do público.

As circunstâncias se tornaram horríveis, pois às 22 horas, quando o público já saía, começou uma tempestade fria com ventos fortes e que só fez piorar. Segurei-me na única sorte que tive, a de sortear um bom boi — e, certamente, era o único bom animal que ainda restava. Havia chuva, vento e partículas de gelo caindo em nossos chapéus. Não havia um lugar para me abrigar enquanto esperava. Tive que pegar todas as lonas e pelegos que encontrei para proteger a mim e a minha montaria e para manter corpo e alma unidos. A cada dez minutos, eu corria em círculos para manter os músculos aquecidos. Pouco mais tarde, pegava meu animal, uma égua chamada Miss Twist, e trotava em círculos com ela pela mesma razão.

Perto da meia-noite ainda havia dois concorrentes antes da minha segunda exibição. Meus companheiros de equipe estavam todos tomando café bem quente e me garantiram que era a melhor coisa que eu tinha a fazer naquelas condições. Acabaram me convencendo e bebi meio copo, embora soubesse que eu e café jamais nos déramos muito bem.

O cavaleiro que deveria se apresentar antes de mim já estava atrás do seu boi, mas o cavalo do seu companheiro que deveria manter o boi correndo em linha reta deslizou no barro e não conseguiu se levantar. O rapaz teria que "buldoguear" seu boi sozinho. O boi desviou para a direita e o rapaz fez o melhor que pôde para acompanhá-lo. Em seguida, o boi começou a correr em volta da cerca e, quando o concorrente se preparava para saltar, ele virou subitamente para a esquerda em direção ao cavalo. O cavaleiro se viu alçado para o ar e em cima do boi. Antes que pudesse fazer qualquer coisa, já estava batendo violentamente contra a cerca de metal. Bateu com a cabeça num pilar e caiu ao chão, imóvel.

Uma ambulância foi chamada, as pessoas correram para socorrer o moço e, consequentemente, tudo atrasou mais ainda. Acho que todos nos demos conta de que o jovem caubói morrera instantaneamente. O som de sua cabeça batendo contra o metal não deixava dúvidas. Enquanto carregavam o rapaz, eu disse para mim mesmo: "Aí vai mais um jovem vítima dos rodeios. Se Deus permitir", jamais serei um deles." Estávamos todos tristes e a fúria da tempestade tornava a ocasião ainda mais sombria e melancólica.

De repente, o torneio tornara-se uma questão de vida ou morte para todos nós ali presentes.

Para tornar a situação ainda mais desesperadora, comecei a sentir náuseas. Era o café agindo no meu corpo e produzindo uma reação alérgica que, conforme soube mais tarde, eu deveria evitar a qualquer custo.

Enquanto meu estômago dava voltas, recuei com Miss Twist para o fundo do boxe, tirei as mantas de cima dela e deixei-as mais ou menos abrigadas da chuva.

Fiz um sinal para meu companheiro de equipe, Jack Roddy, informando-lhe que estava pronto. O novilho saiu disparado do seu boxe e eu disparei atrás dele. Apesar da lama, Roddy obrigou o novilho a correr em linha reta. Saltei da minha sela para o seu pescoço e com uma rápida gravata derrubei-o no chão em 4,3 segundos. No momento em que o bovino de 400 quilos caiu no chão, eu sabia que havia vencido o campeonato mundial de *bulldogging*.

Quando meus companheiros de equipe vieram correndo para me cumprimentar, me encontraram olhando para o chão de um modo que julgaram muito estranho. A alergia fazia efeito e eu me sentia mais doente do que pensava ser possível. Levantei os meus calcanhares e percebi como estava mal. Meus companheiros achavam que eu agia daquele modo porque estava superexcitado, e eu quase não podia respirar para lhes dizer que não se tratava de entusiasmo mas de alergia, e lhes pedir, por favor, que parassem de dar palmadas de congratulações nas minhas costas.

Senti que havia merecido aqueles 4,3 segundos; cada décimo deles.

De qualquer modo, de todas as categorias apresentadas em rodeios, a mais perigosa talvez seja a de montar touros. Cada peão tem que tentar permanecer oito segundos sentado ereto nas costas do animal. Os touros são mais ferozes em suas táticas do que os cavalos selvagens e escoiceadores. Os cavalos curvam as costas, põem a cabeça entre as patas dianteiras e saltam com as pernas rijas, ocasião em que já é difícil manter-se sobre eles. Os touros, entretanto, têm essa extraordinária força e tração em seus cascos fendidos que lhes permitem se arremessar para baixo e desviar para o alto e para a esquerda e em seguida mergulhar outra vez e retornar saltando para a direita. É como se estivéssemos sobre uma espécie de montanha-russa peluda e furiosa.

E, é claro, depois de segurar firme durante oito segundos na corda amarrada atrás das pernas dianteiras do animal, ou você salta ou é derrubado. Nesse momento, o touro se vira e dispara na direção do peão, deixando bem clara a sua intenção de transformá-lo em pó debaixo dos seus cascos. Os chamados "palhaços de rodeio" têm que correr para dentro da arena e distrair a atenção do bicho, o que fazem com antigas táticas humorísticas. Os palhaços são atletas incríveis e grandes toureiros que arriscam tudo para entreter a audiência.

Na montaria de touro, a hora de sortear o animal que lhe cabe é importantíssima. A vida do peão vai depender do animal que é sorteado para ele montar. Depois de oito segundos, o touro recebe notas que vão de 1 a 50 pelos seus esforços, e o mesmo acontece com o peão. Pode-se até dizer que se trata de um trabalho de equipe...

Quando me casei, minha mulher pediu-me que eu parasse de montar touros, pois a possibilidade de danos físicos sérios é muito grande. Argumentou que eu melhoraria nas outras categorias se não tivesse que enfrentar a pressão de montar no touro. Concordei em não mais participar da categoria e não levou muito tempo para ela provar que estava certa. A verdade é que eu tinha estranhos pressentimentos e vivia preocupado com o animal que me caberia. Sem ter consciência disso, sofria enorme estresse antes e depois de montar em touros. Quando parei, passei a me sair bem melhor nas outras categorias. Ela me dera um bom conselho.

Quanto aos broncos, os cavalos xucros do oeste americano que todos certamente já viram no cinema, gostaria de dizer que não são apenas animais selvagens, são especialistas altamente considerados. Não há muitos cavalos que podem ser broncos. Longe de ser um esporte cruel, essa é uma prova de rodeio — podem ter certeza — na qual o animal se diverte. Um campeão bronco é um animal valioso que recebe o melhor trato e nutrição. Ao contrário de outros cavalos nas mais diversas categorias, o bronco não se entedia com exercícios repetitivos. É respeitado como bronco e mantido xucro. Trata-se de algo selvagem e ninguém passa muito tempo tentando contrariá-lo.

O cavalo é colocado num boxe, o vaqueiro salta sobre ele, o portão do boxe se abre e ele faz o que bem entender. É uma vida divertida. Quanto ao cavaleiro, tenta ficar o maior tempo que puder sobre suas costas até saltar ou ser derrubado.

Em 1949, um grupo de associações amadoras se reuniu e estabeleceu os regulamentos para um novo campeonato amador chamado *Horsemastership*, para qualquer concorrente com menos de 18 anos.

Cada estado da América foi dividido em distritos. Depois da competição distrital, o concorrente se classificava para a estadual e para a regional. Ao final de todo esse árduo e perigoso trabalho, o prêmio era ser convidado para participar da final internacional realizada em Nova York.

Pais de crianças de toda a nação inscreveram seus filhos. Em 1949, meu irmão Larry e eu também entramos na competição. Lembro-me de tudo muito bem. Era um dia muito quente em Santa Rosa, Califórnia, e fomos fritos de mais de uma maneira. Perguntávamo-nos o que nos tinha atropelado. Não há nada de engraçado para contar sobre aquele dia. Não estávamos preparados, não nos apresentamos bem e voltamos para casa com o rabo entre as pernas.

Praticamente no dia seguinte ao que fomos tão humilhantemente derrotados, eu e meu irmão começamos a nos preparar para a competição do ano seguinte, 1950.

Eu me classifiquei para a competição estadual em Palm Springs e estava muito confiante da vitória. Ainda hoje lembro-me de algumas das perguntas que me fizeram.

Eles haviam numerado diferentes partes do equipamento para cavalos. Uma das perguntas era sobre os aspectos mais importantes do equipamento. Para cada guia, arreio, freio ou bridão eu dava a mesma reposta. Os juízes podem ter me julgado convencido ou podem ter pensado que eu era um garoto que não sabia as respostas, mas durante a prova eles gostaram da filosofia por trás da frase que repeti tantas vezes, e me deram as notas mais altas. Minha resposta fora: "A parte mais importante de cada parte do equipamento são as mãos que a seguram."

Ganhei o campeonato de Palm Springs e não foi uma vitória surpreendente. Mais uma vez tenho que relembrar a mim mesmo que treinei cavalos para aquele evento por dois anos, do modo como um profissional adulto treinaria. Fui colocado para concorrer com garotos que encaravam a equitação mais como um hobby.

Fiz 15 anos enquanto viajava a Nova York para ganhar a final do campeonato mundial com pontos de sobra. Quase todos os outros finalistas tinham a idade máxima, 18 anos. Quinze vinham de vários estados norte-americanos e os demais do Canadá, México, Panamá, Porto Rico, África do Sul e Argentina.

Entre os rodeios, provas, as competições do *Horsemastership* e todas as viagens de vagão, dei um jeito de encaixar a escola, mas devo dizer que meu nível de frequência era baixíssimo. Consistia praticamente em aparecer nos dias de sabatina e exame para demonstrar que estava à altura do padrão escolar.

Eu fora matriculado na escola católica local administrada pelas irmãs de Notre Dame. Elas recebiam nomes especiais quando entravam na Ordem e vestiam o hábito completo. A professora que mais influenciou minha carreira educacional foi uma freira, a irmã Agnes Patricia. A coisa de que sempre me lembrarei sobre ela é o que me ensinou sobre a arte de ensinar. Ela achava que professor algum jamais ensinará coisa alguma. Sua tarefa como professora era criar um ambiente onde os estudantes pudessem aprender.

Ela era de opinião que o conhecimento deve ser puxado para o cérebro pelo próprio aluno e não empurrado para dentro do cérebro pelo professor. Ninguém pode forçar um estudante a adquirir conhecimento. O cérebro do estudante é que deve ser receptivo, maleável e desejoso de adquirir conhecimento.

Apliquei essa mesma filosofia no treinamento de cavalos. Usar o verbo "ensinar" implica uma injeção de conhecimento. Amparado nas palavras da irmã Agnes, sou de opinião de que não existe algo chamado ensinar, só aprender.

O rancho Laguna Seca fica a uns 8 quilômetros da Pista de Rodeio, ao sul de Salinas. É composto de 6 mil acres que recuam até a reserva militar do Forte Ord.

O rancho foi arrendado quase no fim dos anos 1940 por uma senhora chamada Dorothy Tavernetti. Pouco tempo depois, ela levou para morar no rancho um namorado seu chamado Trevor Haggeman. Ele era um caubói entusiasmado por rodeios e especialista em laçar e amarrar, e ela tornou-se a sua financiadora. Ela comprou lotes de bois Mexican Corianti, de longos chifres com os quais ele podia praticar a pega. Eu e meu irmão íamos ao rancho Laguna Seca três vezes por semana para treinar.

Em menos de quatro meses, os novilhos ficaram muito pesados e pararam de correr porque estavam cansados de ser amarrados o tempo todo. Em vez de vendê-los, Trevor os encaminhava para o pasto e Dorothy lhe comprava um novo lote. Os bois cresciam no rancho e se tornavam cada vez maiores.

Em 1951, por alguma razão, Dorothy se desencantou com Trevor e pediu-lhe para deixar o rancho. Em seguida, decidiu vender o gado.

O primeiro grupo de quatrocentos bois foi reunido e despachado facilmente para o mercado. Os cem restantes talvez estivessem um pouco mais desencantados com Trevor do que a própria Dorothy. Tornaram-se tão selvagens que só com sorte você os via durante o dia e apenas algumas vezes à noite.

Os peões de Dorothy chegaram à conclusão de que era impossível reuni-los. Ela não concordou com essa atitude derrotista e contratou um homem chamado Ralph Carter para vir à noite e tentar capturar o gado renegado. Nós conhecíamos bem o Sr. Carter, e uma vez que havíamos amarrado aqueles novilhos dezenas de vezes, ele naturalmente pediu que o ajudássemos. Para nós, então com 15 e 16 anos, começaria uma singular experiência noturna.

Nas primeiras noites conseguimos reunir quarenta cabeças sem muitas dificuldades. Depois disso, a história foi outra. Os sessenta restantes se haviam transformado em profissionais.

Uma noite, o Sr. Carter apareceu com um plano. Antes de tudo, ele levaria uma picape cheia de feno e alfafa para alimentar o gado em algumas áreas abertas e espaçosas ao longo do lado sul do rancho.

Era verão e havia pouco suprimento de comida. Logo o gado descobriu a nova fonte de alimentos. Logo também os animais passaram a prestar atenção na picape que vinha com o feno entre 21 e 22 horas. Passaram a gostar do som daquele motor.

Depois de estabelecer a rotina, o Sr. Carter pediu que eu e meu irmão cavalgássemos, completamente equipados, entre as árvores nos limites da área aberta. Quando ele já houvesse descarregado a forragem e o gado estivesse comendo, eu e meu irmão viríamos correndo, montados em nossos cavalos, com o propósito de afastá-los da segurança do mato. Tínhamos que amarrar um boi por vez em quase plena escuridão.

Uma experiência de deixar qualquer um com os cabelos em pé. Corríamos em alta velocidade em terreno irregular, tentávamos enxergar apenas com o auxílio do luar, e depois tínhamos que laçar e amarrar alguns dos bovinos mais selvagens da humanidade. Eu só descobria que havia laçado algum quando sentia o súbito puxão na corda.

Então tínhamos que manter preso o boi cujos cornos havíamos laçado com a corda firmemente amarrada à sela. Mantínhamos o animal laçado até que o Sr. Carter voltasse com o trailer. Passávamos a corda na frente do trailer e em seguida puxávamos os animais para dentro dele. O Sr. Carter guiava a picape enquanto eu e Larry voltávamos cavalgando para o rancho.

Em seis noites capturamos 12 bois dessa maneira. Então, os 48 animais restantes se deram conta do que estava acontecendo e não pudemos mais fazê-los sair do mato para comer a ração oferecida pelo Sr. Carter. Ele teve que idealizar um novo plano.

Dessa vez, eu e Larry cavalgamos uns 12 quilômetros para o norte do rancho e do gado. Depois disso, começamos a cavalgar para o sul, obrigando qualquer novilho que víssemos a ir para o pasto aberto.

No momento em que chegamos no ponto que divide o pasto do mato, cavalgamos em direção ao gado na maior disparada, para laçar os que pudéssemos antes que eles buscassem refúgio no mato.

Eu estava perseguindo um boi que mal conseguia enxergar quando de repente ele meteu-se entre alguns carvalhos. Eu estava concentrado em não bater num galho de árvore. Ao contrário de mim, esse novilho sabia que depois das árvores havia uma cova pantanosa e profunda. Nem eu nem meu cavalo sabíamos das duas trilhas que ladeavam a cova, mas o boi sabia. Tanto sabia que se meteu pela trilha enquanto eu e meu cavalo saltávamos no ar.

Caí sobre a cabeça dele e acidentalmente minha mão ficou presa na cabeçada.

Surpreendi-me dentro de uma cova de mais de 3 metros com areia até os joelhos. Na minha mão esquerda estavam a cabeçada e um pedaço de corda. Na direita, o meu laço ainda preparado para ser lançado. Meu cavalo tinha areia quase até a barriga.

Enganado por um boi! Fiquei chateado, mas não tanto quanto ao descobrir que não sairia facilmente da cova, que tinha uns 8 metros de largura. Eu corria até uma extremidade e tentava a escalada. Ficava pendurado pela ponta dos dedos em alguma fenda, apenas para deslizar novamente para baixo. Uma ou duas vezes consegui atingir o topo da cova, mas não consegui convencer meu cavalo a me acompanhar. Eu cuspia areia e poeira, e minhas botas estavam cheias de pedrinhas.

Levei meia hora para sair dali com o meu cavalo. Na picape, meu irmão e o Sr. Carter se perguntavam o que teria acontecido comigo.

Talvez tenha sido esse acidente o responsável por um pedido de aumento de salário, pois concluímos que uma taxa adicional de insalubridade deveria ser paga.

Soubemos que o Sr. Carter estava ganhando no mercado a metade do valor de cada boi, algo por volta de 100 dólares por cabeça. Segundo ele, se ganhássemos 10 dólares por bicho que laçássemos seria bastante justo.

Continuamos trabalhando com ele de qualquer modo, pois estávamos nos divertindo. Finalmente, faltavam capturar apenas vinte bois e o Sr. Carter teve uma nova ideia.

Aprendemos que os bois só tinham medo dos cavalos, cujo cheiro podiam sentir a distância. Os cavalos eram seus inimigos. De qualquer modo, gostavam do ruído da picape e certamente queriam a forragem. O que fez o Sr. Carter? Botou-me na carroceria da picape, debaixo de todo aquele feno, mas com o laço já armado. A outra extremidade da corda estava bem amarrada no trailer. Ele passou entre os bois com o carro enquanto eu, deitado na carroceria, jogava forragem para eles sem que me vissem.

O Sr. Carter dizia para mim com voz abafada:
— Três se aproximando pelo lado esquerdo.

No momento apropriado, eu pulava do meu esconderijo e laçava um boi. O Sr. Carter afundava o pé no acelerador para fazê-lo se desequilibrar e cair. Então, eu e Larry saltávamos sobre o animal e o prendíamos no chão enquanto esperávamos pelo Sr. Carter, que passava uma corda por baixo dos seus chifres. Depois disso, amarrávamos o boi numa árvore, onde ele ficava até que voltássemos com o trailer. Estávamos nos dando muito bem com esse método até que ocorreu o acidente.

Eu achava que os bois estariam do lado direito da picape, mas eles deram uma volta e decidiram se aproximar pela esquerda. Dei um pulo como sempre, mas dessa vez tive que me virar para a direção oposta, a fim de poder jogar o laço.

Não parei para pensar sobre onde estava o restante da corda. Quando o Sr. Carter acelerou, me dei conta de que o restante estava enrolado em minhas pernas. Não tive tempo de fazer nada antes que a corda subisse esticada, me apanhasse no rosto e me jogasse de cabeça contra a parte traseira da carroceria.

O Sr. Carter arrastou o boi por uns 15 metros com aquela corda que saía do engate do trailer, subia pela picape, passava pelo meu rosto e ia até o pescoço do novilho. Não era um emprego que eu pudesse recomendar a qualquer um. Fiquei inconsciente por várias horas. Acordei no hospital com o rosto coberto de ataduras e me perguntando o que tinha acontecido.

Finalmente, pegamos todas as reses e ganhamos um bom dinheiro por aquelas noites de trabalho. Foi muito divertido. Tivemos sorte de sobreviver à empreitada, mas aprendemos a enxergar no escuro.

Como já mencionei anteriormente, durante as minhas viagens a Nevada me convenci de que devíamos desculpas ao meu cavalo Brownie. Lá em cima, no alto deserto, eu vira como ele fora criado durante seus dois primeiros anos de vida. Tive a impressão de que sua criação fora idílica e feliz, não obstante o perigo constante dos predadores. Crescera num grupo familiar onde o afeto fora temperado com disciplina, e onde podia se comunicar efetivamente com seus irmãos e irmãs.

Fora capturado, afastado do seu lar e levado para um ambiente estranho. Uma das primeiras coisas que fizeram com ele foi surrá-lo até que o medo o induzisse à submissão. Resolvi que deveria fazer algo para recompensá-lo pelo "ensacamento" que sofreu nas mãos do meu pai. Eu falava com ele o tempo todo, ouvia o que ele tinha a dizer, tentava me exceder nos cuidados com ele. Queria o seu bem e queria fazer as coisas certas para que ele sempre se sentisse bem. Sua saúde sempre foi boa e eu cuidava pessoalmente da sua dieta. Podia ler o seu humor.

E ele sempre me respondeu. Ficou tão próximo de mim como se fosse um irmão. Vivíamos e respirávamos o mesmo ar. Com exceção da sua fobia por papel, que o acompanharia como uma sombra até o dia de sua morte, era um cavalo firme e bem-ajustado. Em resumo, se recuperara como seria de se esperar.

De qualquer modo, por volta de 1952, na cocheira, notei que um ar de tristeza o invadia e senti nele uma certa relutância quando o encilhava. Na tentativa de resolver esses problemas, passei algum tempo fazendo experiências com sua dieta e com novos exercícios.

Um dos seus exercícios favoritos era correr até um grupo de bois no curral, dividi-los e fazer com que corressem em todas as direções.

Este era um dos requisitos necessários para cavalos de prova. Como cavalo de rancho, ele precisava saber separar um novilho do grupo e o desafio era mantê-lo afastado, impedi-lo de retornar à segurança coletiva. Trata-se de um trabalho equivalente ao do cão pastor.

Os cavalos possuem um dente canino, cuja razão de ser jamais foi suficientemente explicada. Pessoalmente, creio que este dente está ligado ao instinto predador do cavalo de peão quando se lhe pede que aparte uma rês de uma boiada.

Brownie adorava correr atrás de bois, apartar um e encurralá-lo. Era como um filhote de cachorro correndo atrás de pombos.

De qualquer modo, quando aumentei essa sua atividade favorita dentro do seu esquema de treinamento, sua apatia aumentou. Para mim tratava-se de um mistério que eu não conseguia explicar.

De repente, me dei conta do que poderia estar acontecendo. Ele estava entediado de mim, dos exercícios, do trabalho. Ele estava precisando de férias. Jovem e entusiasmado como eu era, exigia demais dos cavalos. Por mais atenção que desse a Brownie, ele certamente se julgava sobrecarregado e como tal passara a não dar o melhor de si.

Eu juntara a minha vida à vida dele e as minhas ambições às dele. Tive certeza de não estar errado a esse respeito.

O problema foi que, quando compreendi o que se passava, estávamos a apenas algumas semanas do maior concurso equestre de Salinas em 1952, e o espetáculo exigiria o melhor tanto de mim quanto de Brownie. Nós estaríamos competindo com excelentes cavalos e cavaleiros.

E agora? Deveríamos desistir de competir? E todo o trabalho que tivéramos, nos exercitando para o evento? Não podia acreditar que devesse viver esse dilema.

Mais do que nunca, desejei que falássemos a mesma língua.

Então, ele me diria dos seus problemas e juntos poderíamos resolvê-los. Tentei de todas as maneiras encontrar uma resposta para o impasse.

A baia de Brownie ficava num dos lados da divisão, com cavalos à direita e à esquerda ao longo da cocheira. Apoiei meu cotovelo na divisão e tive uma conversa com Brownie. Estava bem à minha frente e falei diretamente com ele.

Fiz um acordo.

— Brownie, vou te tratar com carinho de segunda a sexta. Vou te alimentar e te exercitar de segunda a sexta. Não vou treinar nem te chatear, mas será que você poderia me recompensar no sábado e no domingo?

Sabendo que ele não podia me entender e sabendo apenas o pouco que aprendera em Nevada, prometi a ele que dedicaria a minha vida inteira para aprender sua linguagem.

A promessa foi feita a ele, mas prometi a mesma coisa a mim mesmo. Foi uma conversa para acertar um objetivo. Aquela conversa concentrou minha ambição e deu um curso à minha vida.

Brownie ganhou todas as provas nas quais tomamos parte. Deu 100 por cento de si. Era como se ele houvesse entendido *mesmo* o que eu lhe dissera.

Nesse meio-tempo, todos os verões eu estava no vagão, viajando para provas no país inteiro, em companhia da Srta. Parsons, um tratador, Brownie e mais outros oito cavalos altamente treinados.

A Srta. Parsons já havia me ensinado matemática, gramática e assim por diante. Também me ensinou a consultar os arquivos de bibliotecas, uma coisa horrível de se aprender, pensara eu na ocasião. Mas não havia escapatória. Ela se dedicava tanto a isso quanto a manter os camundongos fora do vagão e a poeira num nível suportável. Se tivesse que encontrá-la hoje em dia, não seria fácil dizer-lhe que jamais ninguém me pediu para dirigir uma biblioteca.

O tratador cuidava dos cavalos e dormia. Quando queria companhia de seres humanos, subia no topo do trem e caminhava até o carro da frente onde se reuniam os ferroviários.

As provas significavam trabalho duro e dedicado.

Meu pai empregara um homem para ir na frente e cuja função era arranjar transporte, para nós, da estrada de ferro até o local das provas. Tinha ainda que descobrir os locais para reestocar provisões e — o mais importante de tudo — vender o maior número possível de tíquetes para uma "clínica" que eu dirigia, geralmente às segundas-feiras à noite, depois das provas.

O homem que ia na frente (e que eu dificilmente via) também tinha que arranjar o local para a clínica. Geralmente, vendia os bilhetes para clubes ou escolas locais. A ideia era a seguinte: "Monty pode lhes mostrar como ser um vencedor."

Olhando para trás, vejo que meu pai teve essa ideia da clínica para ajudar a cobrir a considerável soma de dinheiro envolvida na manutenção desse vagão rodando pelo país inteiro com tantos cavalos e duas pessoas empregadas em tempo integral. Ele necessitava mais do que o dinheiro dos prêmios para manter o espetáculo em andamento.

Chegávamos a uma cidade, digamos numa quinta-feira, e deixávamos o vagão na sua linha de manobra. Eu treinaria o suficiente para estar pronto para a prova no sábado e no domingo.

Nas provas, quase sempre eu ganhava tudo. E por que não o faria? Não somente tinha Brownie, como também oito cavalos excelentemente treinados para levar o resto dos prêmios. Eu era um profissional com anos de experiência atrás de mim. Pelo menos assim me reconhecia a Associação Americana de Concursos Equestres, sem entretanto me impedir de entrar em competições de amadores, desde que estivesse dentro da idade exigida. E eu competia com garotos que participavam de uma ou duas provas durante todo o verão e que só praticavam equitação nos fins de semana. Eles se divertiam montando, mas não pensavam em fazer daquilo um meio de vida.

De certa forma, fui uma constante bizarra durante anos no circuito de provas. Por isso meu pai pôde idealizar essas clínicas nas quais, esperávamos, eu revelaria o segredo do meu sucesso para uma audiência entusiástica.

Muitos dos que compravam ingressos apareciam com seus trailers. Outros não traziam cavalos e apareciam somente para assistir. A Srta. Parsons ficava com o dinheiro da bilheteria e o depositava nos bancos de cada cidade por onde nos apresentávamos. Ela mantinha as contas numa caixa de aço que seria aberta pelo meu pai quando voltássemos para casa. Eu não era mantido a par de nada disso.

Depois que a clínica acabava, eu era cercado por uma fila de jovens que tinham sempre uma ou outra pergunta para fazer. Mantinha Brownie por perto, de modo que todos pudessem ver o famoso cavalo multicampeão.

Eu fazia tudo direitinho e ouvia todas as perguntas, preocupando-me em dar sempre os melhores conselhos que podia. A voz de um adulto saía do corpo de um garoto quando eu falava sobre equipamento, ética no trabalho, treinamento. Examinava os cavalos que me traziam e dizia qual era o próximo passo que deveriam dar com eles. Aprendi a projetar a minha voz e a falar claramente. Levava todas as pessoas a sério, não importava quão banal fosse a pergunta ou quão difícil a situação. Procurava ser o mais responsável possível, pois sabia que todos haviam pago para me ouvir e mereciam minha atenção completa.

É claro que, enquanto eu falava, explicava, dava exemplos, sabia que nenhum garoto ou garota da audiência iria se dedicar à equitação seis, sete horas por dia, como eu. Nem eles tinham pais que se dedicavam ao mesmo objetivo que os filhos. Sabia, portanto, que os conselhos que dava não transformariam ninguém em um Monty Roberts. Nesse sentido, a premissa da clínica — a de fazer outros jovens obterem o mesmo sucesso que eu — jamais seria concretizada.

Muitas vezes, eu sentia muito pelos jovens da plateia, mas, mais vezes ainda, sentia muito por mim. Eu equiparava o meu estilo de vida ao dos jovens evangelistas que atravessam o país inteiro pregando; de muitas formas, era uma existência penosa. Eu era um jovem a quem nunca fora dada a oportunidade de se comportar como uma criança. Estava separado de todos e ocasionalmente sentia esse isolamento. Dei-me conta de que tinha um senso de valores completamente diferente da maioria das pessoas. Nunca estivera numa loja de brinquedos — por exemplo —, algo que não me pareceu estranho até bem mais tarde, quando vi como era comum a experiência de uma criança chegar a uma loja, apontar para um trenzinho ou para uma boneca e dizer: "Me dá este, por favor."

E porque meu mundo estava tão centrado em cavalos eu também estava pronto para acreditar que era melhor do que qualquer outro e que possuía qualidades que ninguém mais possuía.

Afinal de contas, eu era o melhor e o mais jovem cavaleiro dos concursos equestres do continente norte-americano. Eu competia com sucesso em concursos profissionais, principalmente na divisão do oeste. Além disso, secretamente começara a estudar a linguagem silenciosa de "Equus". Não via a hora de me ver livre do meu pai para começar a usar meus próprios métodos, que, estava certo, teriam sucesso mundial. Tinha algumas razões para ser um convencido nessa área.

Por sorte, a Srta. Parsons me mantinha na linha e fez com que toda a operação circense se transformasse em uma tremenda aventura e em educação. Ela deixou bem claro para mim que eu só avançara tanto na minha carreira graças às muitas horas que dedicara ao trabalho, tempo que não estivera disponível para outros garotos da minha idade.

Mesmo naquela época, portanto, eu já sabia o que sei agora: os resultados que conquistei surgiram ano após ano de trabalho duro, estudo e prática. Não há nenhuma qualidade mística inerente envolvida. Tem gente que quer ligar essas qualidades ao meu trabalho, mas isso eu não aceito porque simplesmente não é verdade.

Aos 17 anos, devido à minha experiência de vida e educação, eu estava mais perto de ser um homem de 20 anos. Isso fez com que o relacionamento com meu pai se tornasse cada vez mais difícil. Como um garoto virando adulto, eu tinha boas razões para testar minhas asas. Poderia voar sozinho?

Lembro-me de toda uma série de conversas que tive com meu pai quando lhe pedi para treinar cavalos usando meus próprios métodos.

Ele perguntava o que havia de errado com seus métodos. Ele se dera muito bem com eles. O que havia para ser mudado? Ele queria que eu pensasse como ele. Na sua mente não havia potencial algum para mim além daquilo que ele me havia ensinado. Só em pensar nisso, já o enchia de raiva.

Eu também queria jogar futebol americano e treinar luta greco-romana, mas ele não permitiu. Era como se houvesse lhe pedido para ir à lua. Era impossível pensar em qualquer tipo de vida para mim além daquela que ele havia traçado. Ele soprara a vida em meu corpo e, logo, tinha o direito de determinar o que eu deveria fazer com a minha respiração desde o meu nascimento. Esse era o seu modo de raciocinar.

Perguntei-lhe:

— Talvez o senhor pudesse me dar uma parte do dinheiro que ganhei trabalhando em filmes para eu comprar um equipamento novo?

— Que dinheiro? Você já gastou esse dinheiro há muito tempo.

— Muito bem — respondi —, mas que tal o dinheiro das clínicas?

Ele replicou com uma pergunta:

— Quem pagou pela tua educação? Quem pagou casa, comida e tudo o mais?

— Você.

Então ele tornava seu argumento ainda mais claro.

— Eu, como seu pai, sou responsável por tudo o que você já fez. Logo, se alguém deve alguma coisa a alguém, é você.

Sua interpretação era a de que eu jamais poderia me afastar da operação que ele pusera em marcha. Eu tinha que continuar do ponto em que ele parasse. A consequência disso era que eu obteria todos os benefícios do que fizéramos juntos e por esse motivo não deveria tirar nada do nosso negócio nem fazer qualquer outra coisa com o dinheiro. De qualquer modo, jamais foi minha intenção ser a sua sombra ou uma extensão do seu trabalho. Eu queria trilhar meu próprio caminho.

Desisti de tentar convencê-lo e confidenciei meus planos apenas a Brownie.

— Esse assunto não vai ficar aqui — eu lhe assegurei. — Nós vamos nos livrar dele, você vai ver. Nós vamos viver uma nova vida.

A próxima discussão surgiu quando eu estava em casa falando com minha mãe.

— Sabe de uma coisa, mãe? Aprendi muito trabalhando com os mustangues nos últimos anos.

— Aprendeu o quê? — ela perguntou.

— Coisas muito importantes. Por exemplo, eu simplesmente *sei*, eu sei 100 por cento — repeti — que ninguém mais precisa domar um cavalo com o método do "ensacamento". Não precisamos passar por tudo aquilo. Estou domando cavalos de um modo diferente. Eu jamais bato em um animal. Nem mesmo passo uma corda no pescoço deles antes de montá-los.

— Bem, isso me parece um modo bem melhor de fazer as coisas.

— E é mesmo, mãe, estou lhe dizendo...

Nesse momento, senti que havia outra pessoa conosco. Virei-me e vi meu pai. Estava na porta e tinha os olhos fixos em mim. Pelo seu olhar, percebi que havia ouvido parte da conversa. No momento em que ele deu um passo à frente, sem deixar de me fixar com seu olhar inflexível, senti o sangue escorrer das minhas veias para as minhas botas. Eu sabia o que aquele olhar significava.

— Pai...

Ele gritou mais alto. Uma das suas mãos transformou-se num punho e a outra bateu no meu peito.

— Você é um filho ingrato.

— Não sou, não...

— Você é burro demais para fazer qualquer coisa sem a minha ajuda.

Engoli em seco sabendo o que estava por vir. Minha mãe interferiu.

— Marvin, por favor...

— Você deve *tudo* a mim.

Dito isso, ele levantou o punho e me deu um soco no queixo. Era um choque familiar, mas, ao mesmo tempo, lembro-me de que minha mãe deu um grito. Agradeci a Deus por ela estar lá, pois na sua presença ele não iria tão longe quanto costumava ir.

E eu estava certo, pois, quando ele avançou novamente para me bater, ela lhe disse:

— Marvin, pare com isso imediatamente. — Ela segurou o braço dele.

Fiquei parado, massageando o maxilar, esperando para ver o que aconteceria a seguir. Minha mãe grudara os olhos em meu pai tão fixamente que tive a impressão de que queria transformá-lo em pedra. Ela lhe disse:

— Escute o garoto uma vez na vida. Veja o que ele tem a dizer. Ele já tem 17 anos e não é mais uma criança.

Senti que a pulsação do meu pai baixou e com ela o seu temperamento caiu para um nível dialogável.

— Escutar, hein? — ele disse com algum sarcasmo, como se qualquer coisa que eu tivesse para dizer não valesse a pena ser ouvida.

De qualquer modo, como a presença de minha mãe o impedisse de me bater, ele se acalmou e me deu uma chance.

Fomos para a sala de estar e me lembro de que ele se sentou em um sofá, sozinho, e minha mãe ficou perto de mim para me proteger.

De repente, reconheci minha oportunidade. Isso não seria apenas uma conversa. Eu ia lhe dizer o que aconteceria.

— Quero começar a trabalhar por conta própria. Acredito que existam pessoas que me darão cavalos para treinar e quero poder treiná-los do modo que acho correto. Quero uma chance de provar que posso fazer isso. Não vou pedir muito, apenas o que qualquer outro cidadão de Salinas pode lhe pedir — ou seja, arrendar parte das instalações para trabalhar com cavalos na Pista de Rodeio, como fazem Ray Hackworth e tantos outros.

Houve uma pausa durante a qual meu pai digeriu o que acabara de ouvir. Fiquei observando-o. Ele não podia acreditar no que ouvira. Finalmente, disse:

— Ótimo, você pode fazer isso mesmo. Vou lhe alugar o galpão número oito, claro que vou. E nós vamos ver como você se sai. — Então ele se levantou e apontou um dedo para mim. — E já que você é tão danado de adulto, pode pagar para morar aqui, pagar por seu próprio carro e pelas suas próprias roupas.

Como se estivesse pondo um ponto final na conversa, ainda disse:

— O aluguel pelo seu quarto aqui em casa é 35 dólares.

Embora ele estivesse dizendo o que eu queria ouvir, na verdade dizia que eu iria falhar. Por toda a casa em Church Street nós pagávamos 35 dólares mensais. Provavelmente por isso essa soma apareceu na sua cabeça. Queria demonstrar o tipo de pagamentos com os quais ele tinha que lidar.

Aceitei o arranjo imediatamente. Ele sublinhou alguns detalhes e disse que minha mãe seria a administradora de tudo o que eu teria que pagar. Ele disse a ela em que dias eu teria que pagar pensão, aluguel e assim por diante.

Peguei-o pela palavra, o que, de certa forma, deve tê-lo surpreendido. Aluguei o galpão número oito e espalhei que era treinador independente de cavalos de provas e de rancho para trabalhar com gado. Deixei bem claro para todos que era dono do meu próprio destino. Agora não fazia mais só rodeios. Além de treinar cavalos, entrei para a equipe de futebol americano da escola com colegas que já treinavam havia quatro anos. Além disso, me inscrevi no curso de luta greco-romana. Comecei a estender as asas, enfim.

No que diz respeito a ganhar a vida por mim mesmo — bem, eu era um cavaleiro campeão do mundo, não era? Claro que outras pessoas me dariam cavalos para treinar, o que me permitiria viver decentemente, não é verdade? Pensei que não teria problemas de espécie alguma.

A realidade me atropelou rapidamente. Quase não havia trabalho para mim. Se minha mãe não me ajudasse (às escondidas, a maior parte do tempo, às vezes esquecendo-se do aluguel, outras me passando um dinheiro por baixo do pano quando via que eu estava precisando), teria ido rapidamente à falência e teria que encontrar um emprego de cavar buracos em algum lugar.

Ela roubava onde podia. Chegou a ponto de comprar roupas para meu pai que eram do meu número só para dá-las a mim. Sem a ajuda dela, meu pai estaria certo e eu não teria sobrevivido. Graças a ela, eu consegui sair de baixo da asa dele pela primeira vez na minha vida. Era um começo.

Eu estava montado em Brownie num canto do picadeiro. Do outro lado havia um grupo de bois. Enquanto Brownie mexia nervosamente as pernas querendo ser liberado e correr em direção aos animais, como sabia que faria em mais alguns instantes, eu contava os momentos e julgava quando deveria dar a ordem para a partida.

Estalei a língua e ele deu um pulo para frente como sempre fazia. Era o seu exercício favorito. Ele já havia corrido até aquele grupo algumas vezes, e os animais sabiam o que estava para acontecer, de modo que corriam em todas as direções como bolas de bilhar.

Brownie disparou e obrigou uma novilha a sair de um canto, fazendo-a correr em volta da cerca, o que era sua especialidade. Era difícil evitar que ele fizesse isso.

Subitamente, algo aconteceu com ele. Era como se seu sistema nervoso estivesse ligado ao meu. Brownie sentiu um agudo e amedrontador baque no seu sistema. Senti a mesma coisa ao mesmo tempo, como se fôssemos um só corpo. Ele caiu como um saco. Não se tratava de uma queda provocada por terreno acidentado. Era como se houvessem puxado o tapete de baixo de suas patas.

Ao sair de cima dele e me levantar, sabia que estava morto. Estava quieto demais. Deitado no chão, não movia um músculo.

Fui invadido por uma terrível tristeza. Não podia imaginar-me sem meu cavalo, amigo e companheiro. Tratava-se da pior perda, até então, da minha vida. Durante muito tempo fiquei olhando para ele em silêncio, incapaz de fazer qualquer coisa.

Parado em frente a ele, tive a impressão de ver sua vida passar pelos meus olhos. Lembrei-me da primeira vez que o vi — ele tinha aquele único ponto branco entre os olhos — e ouvi o seu nome, Brownie. Parado em frente a Oriel, sob a luz de um pálido luar no alto da montanha em Nevada. Balançando para frente e para trás no vagão e mantendo o equilíbrio. Trotando para receber tantos e tantos troféus de campeão entre os cavalos de rancho. Desalojando bois do canto do curral...

Torci para que ele houvesse entendido meu pedido de desculpas no ano que passara. Certamente, depois daquela prova em Salinas, nossa amizade se aprofundou ainda mais. Dei-lhe muito tempo de folga para que ficasse longe de mim e das minhas preocupações pessoais. E quando voltou para mim, voltou com entusiasmo ainda maior e as forças renovadas.

Pensei: "Descanse em paz." Falei sério, sinceramente. Era isso que ele deveria fazer.

O Sr. Fowler caminhava de um lado para outro na frente da classe enquanto nós, alunos, aguardávamos com os lápis sobre o papel. Um homem alto, postura ereta, pele morena, estava sempre imaculadamente vestido.

— Quero que vocês todos pensem nisso com muito cuidado — disse o Sr. Fowler enquanto movia suas mãos longas e elegantes. — Como será se vocês pintarem suas vidas no futuro, como se houvessem realizado todas as suas ambições?

Uma voz o interrompeu:

— Qual o número de detalhes que o senhor quer?

— O maior número possível. Quero um retrato completo de como vocês se veem no futuro. — Ele virou-se e olhou para nós com toda a calma. — Minha última instrução para vocês talvez seja a mais importante: essa visão do futuro deve ser realista. Não quero ouvir falar de planos mirabolantes nem de sonhos com Hollywood.

Suas últimas palavras provocaram risos. Afinal de contas, estávamos na Califórnia.

Ele finalizou dizendo:

— O trabalho deve ser uma narrativa sincera e acurada sobre onde eu poderei encontrá-los se for visitá-los quando vocês tiverem 30 e tantos anos. A composição deve se chamar "Meus objetivos na vida" e deve ser entregue a mim dentro de três semanas.

Eu estava no último ano da escola secundária e esse era um dos primeiros projetos que devíamos realizar. Para mim, foi um começo fácil, pois sabia exatamente o que queria fazer na vida. Em verdade, tratava-se da continuação de um exercício muito útil que eu já vinha praticando havia muitos anos. Comecei a desenhar os galpões e os picadeiros de treinamento quando tinha 9 anos.

De acordo com o título do trabalho, eu não precisava nem me preocupar com as instruções finais do Sr. Fowler, pois não sonhava com Hollywood, embora já houvesse participado, àquela altura, de um sem-número de filmes. Fiz o meu dever com tranquilidade e, ao acabar, considerei-o um bom trabalho. Era um plano para a direção de um estabelecimento de treino para cavalos de corrida puro-sangue.

Cinco dias depois de entregue, a composição me foi devolvida com um enorme "F" vermelho numa das margens superiores. Além disso, o professor havia escrito: "Venha me ver."

Foi um choque porque eu estava acostumado a receber boas notas. Depois da aula, fui imediatamente ver o Sr. Fowler, mostrei-lhe o trabalho e lhe perguntei que diabo eu havia feito de errado.

Ele deu uma folheada nas páginas e disse:

— Você sabe que a minha última instrução foi a de que queria realismo na projeção do futuro?

— Sim, foi isso que entendi.

— Você tem ideia de quanto ganha por ano, em média, o cidadão americano? — ele perguntou.

— Não, sinto muito, mas não tenho — respondi.

— Seis mil e trezentos dólares.

Esperei que ele continuasse, mas tinha uma ideia bem clara do que ele diria a seguir.

— Quantos anos você teria que trabalhar para economizar o suficiente para realizar seu plano? — ele perguntou.

— Não sei.

Ele bateu com o dedo indicador na nota "F" que havia me dado.

— Trata-se de um plano impossível. Foi baseado nas minhas instruções que lhe dei a nota "F" de falha. — Devolveu-me o papel e continuou. — Conheço a sua família e posição. Seria impossível realizar o que você quer. Leve o seu trabalho para casa, pense no que escreveu, modifique de modo apropriado e o devolva para mim. A última coisa que quero é reprová-lo baseado num mal-entendido.

Foi como se ele houvesse enfiado uma faca no meu corpo, tão inesperada foi a sua reação. Ele me despertara subitamente para a realidade financeira e me defrontei com a possibilidade de que meus sonhos jamais se realizariam.

Passei os dois ou três dias seguintes muito deprimido. Estava em casa, angustiado, e sem saber o que fazer. Não conseguia imaginar o que deveria mudar em meu trabalho. Minha mãe notou que eu estava com problemas e me perguntou do que se tratava. Resolvi contar-lhe.

Ela leu a redação e sugeriu:

— Bem, se este é realmente o sonho da sua vida, acho que você pode atingi-lo. Acho que você deve considerar a possibilidade de devolver seu trabalho ao professor sem mudança alguma. — E acrescentou: — Mas, se você achar que ele é irrealizável, não há por que não mudá-lo. Por outro lado, não creio que seja função de um professor de escola secundária estabelecer um nível para suas esperanças e sonhos.

Lembro que nesse ponto me senti aliviado; renovado interiormente.

Voltei à escola e devolvi o trabalho como o havia escrito da primeira vez, com um adendo. Nele, dizia ao professor que sua percepção de que meu sonho não era possível era bastante justa, mas a minha própria percepção me dizia que meu projeto era atingível como um plano de vida e não achava que ele tinha o direito de ignorá-lo. Deveria me dar a nota que julgasse adequada.

Quando o boletim foi enviado pelo correio, verifiquei ter recebido a nota máxima, "A", no curso do professor Fowler. Jamais descobri para quanto ele mudou a sua nota original, mas não teria conseguido um "A" como média se ele houvesse deixado aquele "F" no meu trabalho.

Eu ainda não sabia, mas viria a entrar em contato com o Sr. Fowler outra vez, em 1987. Mas, então, a história foi outra.

Certa noite, no verão de 1953, eu estava no vagão atravessando o Vale Imperial, na Califórnia.

Ainda era uma situação estranha não ter Brownie comigo. Aquele cavalo castanho com o ponto branco entre os olhos era como uma presença fantasmagórica. Havíamos passado tanto tempo juntos chacoalhando dentro daquela estrutura de madeira enquanto ela rodava pelo imenso país americano que eu podia sentir a presença de Brownie, particularmente à noite.

De qualquer modo, na ocasião a que me refiro, eu subira no topo do trem e me dirigira ao vagão da frente onde o pessoal da ferrovia se reunia. Não estava acontecendo nada de mais. Eles não estavam jogando cartas, nem comendo ou bebendo. Se bem me lembro, eu olhava, pela janela, o deserto do sul da Califórnia, ou o que se podia ver dele por um quadrado de luz do vagão correndo ao luar.

De repente, a imagem de uma jovem chamada Patricia Burden apareceu na minha mente de modo tão claro como se eu a houvesse convidado a estar ali ao meu lado. Dei-me conta subitamente de que ela viria a ser um fator primordial na minha vida.

Pat Burden era uma garota que estivera um ano atrás de mim durante toda a escola primária e secundária. Seu pai era o dono de uma companhia que lidava com perfuração e instalação de poços de água. Ela também tinha parentes envolvidos no negócio de cavalos e rodeios.

Com ela entrando na minha cabeça daquele jeito, o pensamento sobre o que eu devia fazer em seguida tomou conta de mim. Não era como se eu houvesse tomado uma decisão. Era como se alguém estivesse puxando as cordas e eu não passasse de uma marionete.

Assim que retornei, fui até o saguão da escola secundária Salinas Union e simplesmente a informei — como se estivesse fazendo um anúncio — de que ela era a moça que eu escolhera para ser minha mulher. Mas ela não via a coisa da mesma maneira e me mandou passear.

Algum tempo mais tarde, ela estava com seus amigos Sally e Jim Martins — que por acaso também eram aparentados com a minha família — e contou-lhes que eu estava infernizando sua vida todos os dias, tentando marcar um encontro e falando de um mundo de coisas que poderíamos fazer juntos.

Eles a desafiaram a sair comigo só uma vez. Não sendo o tipo que costuma fugir da raia, ela aceitou o desafio e disse que se encontraria comigo.

No dia seguinte, lhe perguntei, como fazia sempre, se sairia comigo. Dessa vez, ela disse que sim.

Fomos jantar e depois ao cinema. Estamos juntos desde aquela noite, há quarenta anos.

Um dos maiores estúdios de Hollywood havia programado rodar um filme em Salinas e nas suas cercanias no verão de 1954.

Se chamaria *East of Eden* (no Brasil, *Vidas Amargas*) e era uma adaptação do romance de mesmo nome de John Steinbeck, que morara em Salinas nos primeiros anos do século. Eu havia ido à escola com membros da sua família.

O diretor seria o famoso cineasta Elia Kazan. Para o papel principal, ele convidara um rapaz de uma escola de teatro de Nova York. Os produtores, naturalmente, estavam preocupados com as diferenças que o ator encontraria quando se visse na Califórnia, fazendo o papel de um habitante de Salinas.

Nosso velho amigo, o Sr. Don Page, era o primeiro-assistente do diretor e veio falar comigo. Sugeriu que eu pusesse o ator sob as minhas asas e andasse com ele pela cidade para ajudá-lo a respirar a atmosfera da nossa parte do mundo.

Eu achei a ideia péssima. Não queria um sujeito de uma escola de teatro atrasando meus passos. O Sr. Page sublinhou que haveria um pagamento de 2.500 dólares para os três primeiros meses e mais dinheiro para comida, roupas etc. Concordei com ele. A ideia era magnífica.

O Sr. Page continuou:

— Quero que ele se familiarize com os quem, os onde, os porquê e os como da vida de Salinas.

— Tudo bem. Vou levá-lo para todos os cantos.

Então ele perguntou:

— Posso ir um pouco mais longe e pedir que ele more com você por algum tempo?

Concordei e perguntei-lhe:

— Como é o nome do ator?

— James Dean — ele respondeu.

E foi assim que recebi a tarefa de providenciar um barômetro de estilo de vida para o jovem ator desconhecido.

Ele apareceu na Pista de Rodeio com uma pequena valise, vestindo calça jeans, camisa sem gola e um blusão de couro. Era desalinhado, descuidado, simplório, irreverente, desestruturado e tinha confiança em si mesmo.

Ele tinha 23 e eu 20 anos, mas parecia que eu era o mais velho. Ele era jovem para a sua idade.

Peguei sua valise, levei-o para o meu quarto e lhe disse que sua cama seria a superior do beliche.

Foi quando notei suas botas. Seu jeans era alguns centímetros mais curtos para poder exibi-las. Coisa horrível.

Por algum tempo não disse nada, mas chegou uma hora em que não me aguentei. Nós tínhamos autorização para gastar dinheiro em roupas e sugeri que fôssemos até a loja do Sr. Garcia para comprar-lhe umas botas de verdade.

Jimmy topou, mas quis continuar com as suas botas. Eu lhe adverti:

— Se você não tiver queimado essas botas antes de o filme começar, não terei feito o meu trabalho direito.

Alguns dias mais tarde, depois de se acomodar dentro das novas botas, ele me informou que havia dado as suas antigas de presente.

Isso alavancou a nossa relação. Logo nos tornamos bons amigos. Ele ficava sentado na cerca vendo eu e Pat cavalgarmos, quer em provas, quer nos currais onde praticávamos. Fomos jantar os três no café Mac's e o apresentamos a todo mundo que conhecíamos.

Jim era tímido. Parecia que ia derreter nos cantos dos lugares. Vivia passando a mão pelos cabelos por puro embaraço. Aconselhei-o a sair da sua concha e parar de recuar o tempo todo se quisesse realmente se parecer com um morador de Salinas, estilo Steinbeck.

Desinteressado, ele respondeu:

— Tudo bem, tudo bem, vou fazer o que você quer.

Em seguida, realmente interessado, me perguntou:

— Será que dava para você me ensinar a laçar?

Ficamos com ele até as três da madrugada ensinando-o a dar um laço.

Ele achava que saber abrir o laço seria o seu bilhete de ingresso no ambiente social em que se encontrava. E estava certo. Aprendeu a abrir o laço e se exibia onde tivesse uma oportunidade, sempre com aprovação da plateia.

Ele também queria chaparreiras de couro dessas usadas pelos vaqueiros. Volta e meia descobria que ele havia apanhado as minhas. Surpreendi-o usando-as em muitas provas em que eu me apresentava. Acabei dando-lhe um par velho do meu pai e ele ficou muito contente.

Mais ainda: apaixonou-se por Pat e a seguia como se fosse um filhote de cachorro. Nunca chegou a ser uma ameaça porque nunca tentou nada. Simplesmente olhava para ela o tempo todo e a seguia para onde quer que ela fosse.

Passados os três meses, o Sr. Page e Elia Kazan me convocaram para uma reunião. Estavam prontos para começar a filmagem e queriam saber como estava indo o jovem ator.

Disse-lhes que realmente gostava do cara. Era como um irmão para mim, e eu estava impressionado com o seu caráter e com tudo a seu respeito.

Tive que acrescentar que, na minha opinião, ele jamais seria um ator. Graças aos meus trabalhos como dublê, conhecia muitos atores, e Jim não era nenhum John Wayne ou Roddy McDowell. Ele não era gregário, não engajava pessoas em conversações, não evocava entusiasmo ou participação. Para mim, ele simplesmente não parecia um ator.

Agradeceram minha opinião e eu fui embora para tratar das várias funções que tinha no filme. Tinha que tomar conta dos cavalos que meu pai providenciara para a fita. Seria ainda dublê e extra.

A equipe apareceu no local da filmagem. Jim mudou-se do meu quarto para um quarto de hotel como o resto do pessoal. De qualquer forma, eu, Pat e ele continuamos saindo juntos todas as noites.

A filmagem começou e, depois de dois dias, Elia Kazan e o Sr. Page me perguntaram se eu queria assistir a uma sessão do que fora filmado no dia anterior e que eles precisavam checar. Queriam que eu comentasse sobre os aspectos cenográficos e verificasse se tudo parecia mesmo autêntico.

Eu estava meio constrangido porque tinha certeza de que as habilidades artísticas de Jim seriam cruelmente expostas. Imaginei a cena quando eles dissessem: "O que é que vamos fazer para salvar o filme?" Eu teria que me conter para não dizer: "Não falei para vocês?"

De qualquer modo, fui ver a sessão.

Ao ver Jim, maior que a vida, na tela enorme, disse a mim mesmo que daquele dia em diante manteria a boca fechada. Voltei diretamente à minha posição de consultor ambiental e nunca mais disse uma palavra sobre a capacidade de Jim de atuar. Ele tinha uma nova espécie de mágica e isso se tornou óbvio para todos. Ele era elétrico.

Quando saímos juntos à noite, Jim fez alguns improvisos para nos divertir. Primeiro, fingiu estar ao telefone falando com alguém, comentando o grande sucesso que ele era. Ele atuava como se fosse um astro de Hollywood. Não sabia o que fazer com todo o dinheiro que ganhava nem com o bando de garotas que vivia batendo à sua porta. Iria comprar tudo o que visse e mais um imenso rancho que eu e Pat administraríamos para ele. Voaria para o rancho de qualquer parte do mundo onde estivesse fazendo um filme.

Em seguida, ele fez um monólogo dizendo exatamente o contrário do que dissera antes. O filme fora um terrível fracasso. Ninguém queria assistir. O estúdio queria seus 150 mil dólares de volta; queriam de volta o dinheiro gasto em roupas e alimentação; chegaram até a tirar as botas dos seus pés.

Nenhum de nós sabia o que realmente iria acontecer.

O fenomenal sucesso de James Dean, hoje, faz parte da história deste século.

Estive com ele quando atuou em *Juventude transviada* e em *Assim caminha a humanidade,* com Elizabeth Taylor e Rock Hudson. Jim acabou mesmo sendo um astro de Hollywood e fez realmente uma fortuna.

Como ele costumava dizer em seu improviso, queria comprar um rancho e queria que eu e Pat o administrássemos para ele. E era verdade, ele queria isso mesmo. E nós também.

Havia uma propriedade para vender perto de Salinas. O Sr. Pedrazzi havia falecido algum tempo antes e nós chegamos a ir ver suas terras.

Jim iria participar de uma corrida de carros em Salinas. Ele viria com seu mecânico no seu Porsche Spyder e ficaria conosco na casa dos pais de Pat. Iríamos olhar as terras. Eu e Pat tínhamos certeza de que nosso futuro estava assegurado. Graças à nossa amizade com o jovem ator, nossas vidas trilhariam um novo caminho cheio de promessas.

No dia 30 de setembro de 1955, esperávamos por ele. Pedíramos a ele que nos telefonasse quando estivesse perto de Salinas e nos desse a hora certa da sua chegada. Estaríamos à sua espera.

O mecânico Wolf Weutherich tinha nossos nomes e números no bolso do seu macacão e já estava se preparando para parar.

Como todos sabem, eles colidiram com um outro carro. O outro motorista acabou com um arranhão no nariz. Weutherich quebrou uma perna e o maxilar. James Dean quebrou o pescoço e morreu na hora.

Depois do acidente, o mecânico estava tão confuso que continuou dirigindo o carro e o primeiro telefonema que deu foi para nós. Falando com dificuldade, por causa do maxilar quebrado, nos disse que James Dean estava morto.

Foi uma experiência terrível. Foi particularmente difícil porque eu e Pat estávamos sozinhos com nossa dor. Nós o conhecêramos apenas um ano antes. Nada sabíamos da sua família e nem ela tinha conhecimento da nossa existência. Seu corpo foi levado de volta para o meio-oeste e nós não fomos ao funeral.

A vida que esperávamos viver fechou-se bem à nossa frente.

Simplesmente, voltamos para a escola.

Graças ao futebol, ganhei uma bolsa de estudos para a universidade, o que significava não apenas que a matrícula e as mensalidades seriam pagas, mas também minhas despesas pessoais.

Mais uma vez, isso não foi uma surpresa graças à minha experiência. Mas agora eu era um calouro que saíra diretamente da escola secundária para ser o primeiro do time de rodeio da universidade.

No ano seguinte minha carreira como jogador de futebol chegou ao fim por causa de um ferimento no joelho que não conseguiu ser curado. De qualquer modo, ainda pratiquei um pouco de luta greco-romana.

Registrei-me para ser recrutado pelo exército, mas não fui chamado, pois descobriram que eu só enxergava em preto e branco. Foi a primeira vez que alguém confirmou isso para mim e fiquei contente, pois provei que sempre estivera certo. Eu enxergava de um modo diferente do das outras pessoas. Percebia os movimentos mais claramente e a uma distância muito maior. Eu podia enxergar melhor do que as outras pessoas à noite. Muito mais tarde, quando já tinha 61 anos, fui ver um especialista na Inglaterra que me deu umas lentes de contato que me ofereceram uma visão interior de como é ver colorido. Fiquei atônito. Fui invadido por uma intensa energia que me causou grande agitação. Pensei: "Se é isso que as pessoas normais têm que enfrentar, não é de estranhar que sejam tão distraídas e nervosas." Foi uma revelação e sei que não poderia ter feito tudo o que fiz em minha vida se fosse capaz de ver em cores.

Na universidade (Cal-Poly), eu pretendia me formar em três matérias: ciências biológicas (especialização em psicologia), ciência animal e economia agrícola.

Woody Proud, dono do rancho Proud, bem próximo da Cal-Poly, convidou-me para viver lá enquanto estivesse na universidade. Pensou que minha reputação lhe traria bons negócios e por isso permitiu que ocupasse uma casa de graça, desde que a dividisse com outros dois estudantes da Cal-Poly, que, porém, pagariam aluguel.

Em verdade, estava mais para bangalô do que para casa. Haviam acabado com uma estrada ali perto e Woody Proud comprara diversas cabines de motel. Colocara as cabines dentro de suas terras.

De qualquer modo, isso permitiu que eu ficasse com os meus três cavalos de rodeio — Miss Twist, Finito e Hyena — e ainda pudesse frequentar a universidade. Desde o início pratiquei arduamente com a equipe de rodeio da universidade. Para eles foi uma boa notícia saber que eu era um atleta que participaria em quatro categorias, e eu estava me entrosando bem na equipe.

Um dos primeiros rodeios dos quais nossa equipe participou foi durante outubro de 1955 em Eugene, Oregon. Viajamos longas distâncias por terreno montanhoso e deserto. Eu começara a me interessar pelo modo que os cavalos viajam dentro dos trailers — como se confrontam com o esforço e a pressão de viajar por estradas. Um ou dois anos mais tarde, eu e Sheila Varian faríamos um profundo estudo sobre o assunto, transportando cavalos por estradas cheias de curvas por longos períodos. Decidimos usar um caminhão de carroceria aberta e sem divisões. A ideia era que, se os cavalos se sentissem livres, encontrariam a posição mais confortável para viajar.

Quase 100 por cento das vezes, os animais escolhiam viajar não olhando para a frente, não olhando para trás, mas a uns 45 graus da estrada. Nessa posição, eles enfrentavam melhor as freadas, as partidas e os puxões nas curvas. Graças a essa experiência, mais tarde eu levei meu velho trailer para um soldador e pedi-lhe que mudasse as divisórias de modo que elas pudessem se abrir e todas fossem fixadas por meio de dobradiças numa parede. Desse modo, os cavalos viajariam a 45 graus da estrada. Isso aconteceu nos anos 1960 e, pelo que sei, o meu trailer foi o primeiro a ser adaptado desse modo. Nunca dei muita importância a isso até ver que todo mundo começou a fazer a mesma coisa. Ousaria dizer que 80 por cento dos cavalos de prova, hoje em dia, são transportados a 45 graus.

De qualquer modo, nós transportávamos os cavalos de modo convencional: comboio de três trailers. Toda a viagem até o Oregon ocorreu sem incidentes.

Na volta, porém, fomos surpreendidos no princípio do inverno por uma nevasca cortante que vinha do noroeste. Arrastamo-nos bem devagar pelas montanhas do sul do Oregon. A situação era transitável, e estávamos contentes por ganhar terreno e nos aproximar de casa.

Eu viajava com Don Switzer numa picape à qual estava enganchado um trailer. Dentro dele estavam Miss Twist e o cavalo de Don, que haviam feito muito sucesso no rodeio. Dentro do trailer, a calefação estava no máximo e nós progredíamos devagar mas firmemente através de um cenário que parecia um gigantesco lençol branco, sem qualquer casa ou veículo à vista. E a neve caindo.

Então um pneu do trailer furou. Olhei para Don e perguntei:

— Estepe?

Ele fez um gesto negativo com a cabeça.

Saímos da picape e ficamos olhando para o pneu furado, a geada seca voando à nossa volta. Aliás, a neve chegava quase aos nossos joelhos.

Não havia nada que pudéssemos fazer a não ser tirar os cavalos do trailer. Don teria que seguir na picape até a cidade mais próxima, Weed. Não sabíamos a que distância exata ela ficava.

Acenei para Don até ver as luzes traseiras do trailer, que andava em zigue-zague, desaparecerem na nevasca.

Miss Twist parecia muito infeliz por causa da neve e não entendia o que estava acontecendo. Ela continuava andando em círculos, mantendo a garupa para a direção do vento de modo a proteger a cabeça. Eu me perguntava o que poderia fazer para manter minha égua e o cavalo de Don do modo mais confortável possível, diante das circunstâncias, enquanto esperávamos pela picape, o trailer e o pneu novo. Decidi descer a estrada com eles, pois, mesmo que não encontrássemos abrigo, pelo menos encontraríamos a picape mais cedo, na sua volta.

Pouco depois, olhando para a descida da estrada, me alegrei ao ver um posto de gasolina isolado com o teto completamente coberto pela neve. Como não havia sinal de Don, o pessoal do posto certamente não tinha pneus para vender. Isso, também, seria sorte demais. De qualquer modo, embaixo da marquise havia um pedaço de terreno seco onde poderíamos esperar pelo retorno de Don. Aquilo foi uma bênção dos céus.

Conduzi Miss Twist e o cavalo de Don pela neve profunda. A nevasca machucava nossos olhos e era preciso coragem para abri-los e ver em que direção estávamos indo.

Em poucos minutos atingimos o posto de gasolina e, depois de deslizarmos por um pequeno barranco de neve, nos abrigamos sob a marquise. Com a neve crescendo por todos os lados, parecíamos estar numa caverna. Estávamos contentes e Miss Twist se acalmou imediatamente, agora que estava livre do vento. Considerei-me um sujeito de sorte e comecei a tentar descobrir onde estávamos.

O prédio estava congelado. Olhei pelo vidro da porta, mas não vi sinal de vida. Imaginei que não houvesse ninguém. Não pensariam em vender gasolina numa situação como aquela. Não havia uma viva alma na estrada.

Cinco minutos depois, levei o maior susto quando a porta se abriu de repente e uma senhora relativamente idosa saltou para fora gritando comigo e me ameaçando com uma vassoura. Num instante, os cavalos, assustados, recuaram e partiram na neve em direção sudeste. A mulher continuou me atacando com sua vassoura enquanto gritava:

— Você está arruinando o meu negócio!

Então, tão rapidamente como aparecera, ela desapareceu atrás da porta. Eu estava espantado e de boca aberta. Estava acostumado a visitar lugares bem isolados, mas aquela era a primeira vez que recebia recepção tão hostil.

Tinha que apanhar meus cavalos, o que seria fácil, uma vez que bastaria seguir suas pegadas na neve. Haviam descido o barranco na parte de trás do posto e eu fui em frente.

Eu simplesmente não podia acreditar no comportamento daquela mulher. Será que não vira que eu não era ameaça para ela e que apenas buscava abrigo da neve? Provavelmente teria feito de mim seu melhor amigo pelo resto da vida se pelo menos houvesse me oferecido meia xícara de chá quente.

Ao chegar ao pé do barranco, vi as pegadas dos cavalos subindo para o outro lado e me apressei.

É claro que eu não sabia, mas na depressão onde eu estava havia um riacho que congelara e que agora estava coberto de neve. Talvez nada acontecesse se eu não houvesse tentado seguir diretamente as pegadas dos animais, pois o gelo talvez aguentasse o meu peso. Mas eu segui as pegadas e, é claro, nos locais onde os cavalos haviam pisado o gelo se quebrara. E de repente me vi coberto de água até a cintura.

Não havia nada a fazer a não ser ir em frente seguindo as pegadas dos cavalos. Caminhava rapidamente para manter meu corpo aquecido.

Enquanto me esforçava para subir o barranco, me imaginei falando para Don sobre a mulher: "Ela parecia ter saído de um filme de horror! Simplesmente, abriu a porta berrando e começou a me bater com a vassoura. Os cavalos escaparam como se soubessem que ela era o diabo encarnado..."

Por fim alcancei os cavalos e, conduzindo-os pelas rédeas, voltei-me em direção à estrada. Eu tinha que retornar rapidamente para não me desencontrar de Don, que talvez já tivesse retornado. Segui as pegadas novamente.

Ela dissera: "Você está arruinando o meu negócio!" Que espécie de maluca seria aquela mulher? Ela provavelmente não vira um carro por lá desde o fim da guerra.

No alto do barranco, meti-me na água novamente. Eu estava todo ensopado, de modo que não tinha muita importância.

Quando cheguei à estrada, pensei em voltar ao posto de gasolina para explicar minha situação à mulher, mas concluí que ela não era do tipo que ouve as pessoas e já podia ver a mesma sequência de acontecimentos se repetir. Foi por isso que preferi ficar com os cavalos debaixo de um enorme pinheiro à beira da estrada. Era mais convidativo. Melhor companhia, de qualquer forma. Seus galhos espessos se espalhavam e ofereciam a mesma proteção que a marquise do posto de gasolina.

Quando nos metemos debaixo do pinheiro, os cavalos estavam literalmente esfregando as orelhas contra as canelas. Estávamos salvos e na estrada.

Encostei-me no tronco e olhei para as rédeas nas minhas mãos. Enquanto elas permanecessem ali, estaríamos todos bem. Para dizer a verdade, o frio era tanto que eu nem podia abrir as mãos, mas aquilo aparentemente não me incomodou na ocasião. Fora os tremores ocasionais, comecei a me sentir euforicamente aquecido. Não me importava o fato de não poder mover um osso do meu corpo; eu estava bem, mas não graças àquela mulher. Quem seria ela? Ninguém com quem devesse me preocupar. Eu estava surpreendentemente feliz agora. Talvez, apenas um pouco cansado.

Sem me dar conta, perdi a consciência.

Estava apenas meio consciente de um ruído surdo e senti as duas rédeas deixarem as minhas mãos como se tivessem vontade própria. Eu não podia fazer nada e retornei para a minha escuridão.

Quando Don voltou, já com um pneu novo no trailer, viu os cavalos próximos a uma árvore. Ele parou, pegou os cavalos pelas rédeas e começou a procurar por mim.

Nenhum sinal.

Foi então que ele descobriu que a árvore passara pelo equivalente ao que seria uma avalanche. A neve acumulada nos galhos superiores caíra sobre os galhos inferiores e assim por diante, provocando o efeito avalanche. Toda a neve que se encontrava na árvore acumulou-se na base. Longe de ser um abrigo, poderia ser uma tumba.

Don sabia o bastante sobre neve para compreender o que acontecera e, depois de amarrar rapidamente os cavalos, se meteu a mexer na neve e a gritar o meu nome. Achou meu chapéu e começou a cavar o mais rapidamente possível.

Puxou-me para fora da neve e me levou para dentro da picape. Minhas roupas haviam congelado e estavam coladas ao meu corpo, mas ele conseguiu tirá-las e me enrolou nos cobertores dos cavalos. Então ele embarcou os cavalos no trailer e seguiu para o hospital. Sem dúvida, ele salvou minha vida.

Acordei na emergência conectado a um soro e vestindo protetores termais em todas as minhas extremidades. Tive problemas com meus dedos das mãos e dos pés por algum tempo, e minhas orelhas perderam a pele. Tive sorte de não perder os dedos dos pés. Eles foram literalmente ressuscitados.

Continuo intrigado com aquela mulher. Onde ela estará agora? Se foi para o céu, deve estar trabalhando numa espécie de show: almas penitentes pedem ajuda e ela as expulsa. Ela gostaria de fazer isso por toda a eternidade, não há dúvida.

No dia 16 de junho de 1956, eu e Pat nos casamos e mudamos para algo parecido com uma casa de verdade, no rancho Proud. Nossa primeira filha, Debbie, nasceu menos de um ano depois. Foi o maior dia de nossas vidas, comparável apenas aos nascimentos de nossos outros dois filhos, Lori e Marty.

De repente, o dinheiro começou a desaparecer mais rapidamente. Eu o via sair dos meus bolsos, lhe dava um tchauzinho e me perguntava de onde viriam os próximos poucos dólares. Eu não conseguia ganhar o suficiente nas provas para pagar o trato dos cavalos e as nossas necessidades. Durante o verão, eu trazia para casa dinheiro de prêmios, umas quatro vezes por mês. No inverno, o dinheiro entrava uma vez por mês.

Enquanto esperava pelo seu diploma em administração, Pat abriu uma loja na qual pôde colocar o famoso nome de "Garcia". Era uma espécie de franquia, uma das primeiras. Garcia tinha a melhor selaria do oeste americano, e a loja de Pat estava convenientemente localizada entre Cal-Poly e o rancho Proud.

De qualquer modo, perto do fim dos estudos universitários, o nosso clima econômico parecia que se tornaria mais brilhante graças à chegada de um tal Homer Mitchell.

Ele me deu dois ou três dos seus cavalos para treinar e ficou impressionado com o meu método. Decidiu que queria achar uma propriedade perto do mar — nos arredores de San Luis Obispo — e decidiu também que eu deveria ajudá-lo a criar um centro de treinamento de cavalos e administrá-lo para ele. Quando ficasse mais velho — dizia ele —, pretendia se aposentar no local.

Achei para ele uma propriedade de 80 acres, perto de Edna, Califórnia, a menos de 10 quilômetros da praia de Pismo. Naquela época, a praia de Pismo não estava tão desenvolvida quanto hoje e a área era uma das mais bonitas que poderiam ser encontradas ao longo da costa.

O nome da propriedade era Laurellinda, e Homer Mitchell concordou comigo: era perfeita.

Pat e eu ficamos sentados no cartório vendo Homer tirar do bolso um talão de cheques e uma caneta. Era algo simples de se fazer e ele fez do modo mais simples. Assinou um cheque no valor de 160 mil dólares. Para nós, era como se ele estivesse caminhando sobre as águas em frente aos nossos olhos. Não achávamos que tanto dinheiro pudesse existir nem mesmo num banco.

Assinamos um acordo com ele; arrendaríamos a propriedade por uma certa quantia mensal. Ao mesmo tempo, ele assinou um acordo conosco: nos daria três cavalos para treinar por uma determinada quantia mensal. Isso significava que começaríamos com a metade dos nossos custos cobertos.

Achávamos que a sorte havia batido à nossa porta, e nessa ocasião nasceu Lori, a nossa segunda filha. Estávamos para nos formar na faculdade e ganhar a vida fazendo o que gostávamos de fazer. Éramos jovens e naturalmente otimistas. Estava tudo certo.

Os anos 1960 estimularam uma era de mudanças. Os jovens tendiam marcadamente para a esquerda no espectro político. Enquanto os rapazes queimavam os papéis de convocação militar, as moças faziam o mesmo com os sutiãs.

Devo confessar que essas mudanças passaram por nós despercebidas. Nossos valores estavam enraizados num sistema diferente e víamos o novo modo de pensar como uma espécie de moda que logo passaria.

Não posso dizer que acertamos na nossa previsão, mas estávamos muito ocupados para pensar nisso. Tínhamos duas filhas pequenas, Debbie e Lori, e um filho, Marty, a caminho. Tínhamos uma casa térrea de fazenda de 500 metros quadrados, tínhamos nossos cavalos e ainda tínhamos que construir os anexos na propriedade de Homer Mitchell, Laurellinda.

O que não tínhamos, entretanto, era dinheiro.

Quando nos mudamos para Laurellinda havia apenas 80 acres com dois barracões em mau estado. Homer apontou para eles e disse:

— Uma caixa de fósforos de um níquel resolve este problema.

Pat e eu perguntamos:

— E nós, onde vamos viver?

— Vocês terão que alugar uma casa na cidade e dirigir todos os dias para cá. O dinheiro é um ditador e ele acha que devemos construir as instalações para treinamento de cavalos antes da casa de vocês.

Pat e eu não queríamos alugar uma casa na cidade. Além de não termos o dinheiro, não queríamos dirigir todos os dias para trabalhar. Os cavalos não são como um emprego que vai das 9 às 17 horas. São um emprego de tempo integral.

Os barracões estavam exatamente no local onde o centro de treinamento seria erguido, de modo que tivemos que mudá-los de lugar. Um era um vagão de estrada de ferro, muito pequeno e muito velho. O outro, uma espécie de boxe em forma de garagem. Juntamos os dois e enchemos os furos das paredes com argamassa.

Esse arranjo era temporário, pois eu acreditava que com minha reputação haveria cavalos chegando a cada minuto para serem treinados. Para mim, eles já estavam sendo transportados em vans a caminho de Laurellinda. Assim que chegassem, poderíamos alugar um trailer enorme onde moraríamos até que nossa casa fosse construída.

Os cavalos não chegaram, e mais: grávida, Pat abrira mão da sua loja.

Não tínhamos dois centavos para esfregar um no outro.

Eu não sabia o que fazer com o fato de que os proprietários não estavam mandando os cavalos para mim. Tinha algumas poucas éguas para cruzar e dava algumas poucas aulas de equitação. Isso, porém, não respondia à pergunta: "O que vamos fazer depois?" Eu estava treinando apenas três cavalos já pagos, e estava desesperado. Tentava arduamente conseguir prêmios em dinheiro nos torneios, mas ganhava muito menos do que necessitávamos. Precisava achar mais trabalho.

Alguém, então, me deu um conselho:

— Vá viver com Don Dodge por uns tempos.

Eu conhecia Don Dodge, é claro — todo mundo o conhecia. Era o mais bem-sucedido treinador de cavalos da região, e mais: tinha, sim, uma fila de vans carregadas de cavalos esperando para serem treinados por ele.

O conselho foi além:

— Mostre a ele quem você é. Dê a ele 100 por cento. Se ele acreditar, você estará feito. Ele vai recomendar que mandem cavalos para você.

Uma pausa, e depois a advertência:

— Mas lembre-se de que é impossível impressioná-lo!

O que é que eu tinha a perder? Telefonei e disse que queria trabalhar com ele por algum tempo.

— Tudo bem. Venha para cá se quiser, mas se prepare para trabalhar. Pode trazer um par de seus cavalos e, quando chegar a hora de você ir embora, vou ver quanto me deve — pausa — porque eu vou lhe ensinar alguma coisa. E Deus sabe quanto você está precisando de algumas lições.

— Ok, Don, não vejo a hora de começarmos.
— Ah, outra coisa, Monty.
— O quê?
— Você tem que prometer que fará exatamente o que eu lhe disser.
— Prometo.

Levei dois dos meus cavalos — Selah Reed e Finito — para treinar e viajei com eles para o número 3.400 do North Del Paso Boulevard, North Sacramento, Califórnia. O endereço continua gravado na minha memória.

Don Dodge tinha cerca de quarenta cavalos em treinamento para alguns dos maiores e melhores proprietários do mundo. Tinha 44 anos, cabelos escuros e quase 1,90 metro de altura. Era magro, de nariz aquilino e os olhos bem próximos, o que lhe dava um olhar intenso que as mulheres adoravam. Era elegante em cima de um cavalo também.

Mal apareci no seu pátio e ele já me botou para trabalhar.
— Bom você estar aqui, Monty. Billy Patrick precisa de ajuda.

Ele acenou para um garoto ruivo que corria de um lado para outro, carregando baldes de água.

Desembarquei meus cavalos e eles foram alojados em dois boxes bastante inferiores às baias utilizadas pelos animais de Don Dodge.

Ajudei Billy a tirar as selas de quarenta cavalos e a alimentá-los. Além disso carreguei muita água, pois Don não acreditava em equipamentos automáticos. Depois tivemos que limpar todos os cochos usados.

Por volta das 19 horas, eu e Billy acabamos e entramos na casa. Eu estava querendo tomar um banho, mudar de roupa e então, talvez, jantar com Don. Imaginei que tomaríamos uns drinques, conversaríamos e durante o jantar eu poderia começar a cultivar a sua amizade.

Quando entrei na casa, Don perguntou:
— Onde é que você vai ficar?

Fiquei de boca aberta.
— Imaginei que você tivesse um lugar para mim, qualquer canto.

— Não tenho.

Senti um aperto no coração.

— Oh...

— Logo ali, descendo a estrada, tem uma espécie de pensão, a Old Mother Harris.

Don foi ao telefone e informou à mãe Harris que eu estava indo para lá. Acrescentou, depois de desligar:

— Ela também vai arranjar suas refeições.

Sem poder acreditar no que ouvira e amaldiçoando Don, dirigi até a pensão. Mãe Harris, a dona, me informou que um quarto com pensão custaria... bem... custaria um preço que eu nem poderia sonhar em pagar.

Um quarto sem pensão custava 2 dólares por noite e tive que aceitar; não havia outra opção.

Telefonei para Pat — o barracão caindo sobre sua cabeça e os filhos gritando nos fundos — e perguntei se tínhamos algum dinheiro. Ela, é claro, respondeu que não, e tivemos que nos ajeitar como pudemos.

Em resumo, a única coisa que meu dinheiro permitia que comesse era um negócio chamado MetraCal, uma espécie de substância grudenta para gente que quer perder peso. Custava 90 centavos a lata e vivi disso durante dez semanas.

Havia, porém, o lado positivo disso: diferentes sabores. Eu podia escolher entre Chocolate-MetraCal, Baunilha-MetraCal e Morango MetraCal. Você fazia a sua escolha, dois furos numa das extremidades da lata e bebia o troço.

Eu tinha que aparecer nas instalações de Don Dodge às 4h30 da manhã, alimentar os cavalos e limpar as baias. Don aparecia às 7h30 e começava a berrar ordens. Tinha que cavalgar um mínimo de dez cavalos para ele, todas as manhãs. Depois, furaria outra lata de MetraCal para continuar levando adiante.

A um certo ponto da tarde, ele passava algum tempo comigo enquanto eu treinava os meus dois cavalos. Berrava com todos os seus pulmões. Era um mestre muito rigoroso. Aguentei firme. Não abri a boca para dizer o que pensava. Limitei-me a obedecer ordens.

Aprendi um bocado.

Sempre que estava próximo dos meus dois cavalos, Don Dodge me fazia uma porção de perguntas sobre os dois outros que eu havia deixado em casa. Cercado pelo grande número de cavalos que ele tinha, era penoso conversar sobre os quatro que eu treinava. Falei-lhe a respeito de um deles, um garanhão de propriedade de Lawson Williams chamado Panamá Buck, que tentaria cruzar com seu reflexo, caso o surpreendesse no espelho. Contei-lhe uma porção de outros detalhes como quem eram os outros proprietários e quanto eu cobrava pelo trato e treinamento dos animais. Por que ele estaria tão interessado? Será que lhe agradava saber como eu andava mal?

Durante o restante da tarde, eu e Billy acabávamos as tarefas na cocheira. Terminávamos por volta das 21 horas.

Eu engolia mais uma lata de MetraCal e ia para a pensão da mãe Harris. Ocasionalmente, Don me convidava para jantar com ele e eu caía sobre a comida como a pessoa morta de fome que eu era. Uma ou duas vezes, fomos a alguns rodeios e eu ganhei prêmios suficientes para algumas refeições, mas a maior parte do tempo vivia à base de MetraCal.

Isso durou dez semanas e eu me transformei num esqueleto; minhas costelas apareciam e eu tinha uma cor parda, macilenta. Minhas mãos estavam cheias de calos, graças ao constante carregar de baldes cheios de água, e, além disso, também vivia tonto com os berros de Don.

Quando a hora da minha partida se aproximou, Don me convocou ao seu escritório para um encontro formal, uma espécie de recapitulação da minha visita. De antemão, me informou que me diria quanto eu lhe devia.

Depois do modo duro como me tratou e do meu perseverante trabalho escravo, eu esperava a recompensa. "Agora vem o prêmio", pensei. "Ele vai me recomendar para um bando de proprietários de cavalos e essas dez semanas terão valido a pena."

Ele sentou-se à minha frente na mesa, fixou os olhos em mim e disse:

— Bem, Monty, já tenho uma ideia de você. Você tem algum talento que talvez possa melhorar. Mas, agora, a coisa é diferente. Não tem nada a ver com essa brincadeira de time de rodeio de faculdade.

— Claro que não. Sei muito bem disso, mas espero estar pronto para trabalhar por conta própria.

— Você vai ter que trabalhar muito mais do que eu o fiz trabalhar se quiser fazer algum progresso.

Não podia acreditar no que ele estava dizendo. De repente, estava tão exausto e tão espiritualmente quebrado que poderia bater nele de punhos cerrados.

— Bem — continuou ele —, ainda tem a questão da sua promessa de fazer tudo que eu mandasse.

Assenti.

— Claro, promessa é promessa.

Ele inclinou-se mais para perto de mim e falou devagar e claramente:

— Eu quero que você vá para casa, telefone a Lawson Williams e lhe diga que seu cavalo não é bom e que ele está jogando dinheiro fora. Diga a ele para passar em Laurellinda e apanhá-lo imediatamente. Depois, faça a mesma coisa com o outro cavalo que você tem por lá.

Entrei em parafuso ao ouvir aquilo.

— Como é que eu posso fazer uma coisa dessas? Só tenho quatro cavalos e você está pedindo para cortar o que ganho pela metade? Por quê? Por que é que eu deveria fazer uma loucura dessas?

— Não lhe devo uma explicação, mas, já que você está perguntando, eu respondo. Você vai fazer isso por uma boa razão. Vai fazer isso porque o Williams vai ficar impressionado contigo. O cavalo dele não vai a lugar algum. Você sabe disso e eu sei disso. Você vai lhe dizer a verdade, e ele vai respeitá-lo por isso e lhe mandar mais cinco animais.

Deixei que as palavras dele penetrassem fundo dentro de mim. Podia entender a sua psicologia, mas me parecia muito arriscada. Alguém que só tem quatro cavalos pode abrir mão de dois voluntariamente?

— Agora — acrescentou ele —, as contas.

Esperei que ele me desse parabéns pelo duro trabalho. Quem sabe ele compararia o meu estado físico com o dele e enfiaria alguns dólares na minha mão. Em vez disso, ele disse:

— Você me deve 50 dólares por dia. Isso dá um total de 3.200 dólares. — Escreveu a conta. — Me pague assim que puder. Um dia você vai entender que fez o melhor negócio da sua vida.

Subi no carro e fui dirigindo para casa com o rabo entre as pernas. Quando mostrei a conta para Pat e contei-lhe a história, ela ficou tão desapontada quanto eu.

De qualquer modo, talvez pelo fato de eu ter pagado tanto pelo conselho, ele começou a me parecer bom. Passei a gostar do gosto dele. Seria um ato de bravura, mas eu não tinha muitas outras opções para me agarrar.

Retardei a coisa por algum tempo, tentando achar o melhor meio de enunciá-la. Mas não havia outra saída. Telefonei para Lawson Williams:

— Sr. Williams?

— Sim?

— Aqui é Monty Roberts.

— Olá, Monty, como vão as coisas?

Eu hesitei, mas acabei falando:

— Sr. Williams, não quero que o senhor jogue dinheiro fora. Na minha opinião não vale a pena o senhor gastar mais dinheiro em Panamá Buck. Gostaria que o senhor passasse aqui para apanhá-lo...

Lawson Williams me interrompeu:

— Seu filho da puta inútil, você não reconheceria um bom cavalo se ele falasse contigo. Esse é o último cavalo que você terá de mim.

Jogou o telefone no gancho e no dia seguinte apareceu um homem e levou Panamá Buck embora.

Grande! Agora, sim, eu poderia alimentar minha mulher e meus filhos. Viveríamos todos numa dieta de MetraCal.

Pouco depois disso, Selah Reed, o único cavalo em treinamento que prometia alguma coisa, quebrou uma perna e teve que ser sacrificado.

Eu estava correndo no vazio. Estava tão por baixo, tão deprimido, que pensava em suicídio o tempo todo. As coisas andavam muito mal e eu estava desapontando a minha família. Não valia a pena continuar.

Foi então que recebi um telefonema.

— Alô, aqui quem fala é o Sr. Gray, Joe Gray. Eu sou empreiteiro e estou instalando condutores de petróleo.

— Como vai, Sr. Gray? — Quem seria esse sujeito?

— Almocei com o Sr. Williams ontem e ele se queixou muito de você. Pelo que ele me disse, entretanto, você deve ser o único treinador de cavalos honesto de quem já ouvi falar.

Uma onda de emoção me atropelou. Lembrei-me do olhar intenso de Don Dodge, dos seus conselhos e do MetraCal. Tudo voltou flutuando na minha cabeça e tive a sensação de que receberia a minha recompensa.

— O que posso fazer pelo senhor?

— Bem, eu sei que esse cavalo, o Panamá Buck, não é bom e quero fazer uma experiência contigo. Tenho um cavalo que quero mandar para você. Chama-se My Blue Heaven.

A sensação no meu coração era a de que eu havia dobrado uma esquina e podia ver um pouco de luz novamente.

Joe Gray continuou a explicar:

— Estou um pouco preocupado com a segurança das minhas filhas. Tenho essa égua de 6 anos, uma quarto de milha, tordilha e pequena. Acreditei que ela pudesse ser um bom animal de concurso para as meninas. Ela foi treinada intensamente, mas alguma coisa deu errado e agora ninguém pode com ela.

— Ela é perigosa?

— Extremamente, e ninguém consegue dar um jeito.

Aparentemente, quando as filhas dele tentavam exibi-la, ela mordia o freio, disparava, batia nas cercas ou evitava as cercas com curvas súbitas, e consequentemente caía no chão em alta velocidade.

Ele mandou-me a égua com instruções para vendê-la. A família passaria três semanas de férias no lago Shasta e, independentemente do preço que eu conseguisse, deveria encontrar um comprador para ela até que retornassem.

Quando ela saiu da van, vi que era uma égua bonita, que se movimentava bem e tinha os olhos vivos. Fiquei ansioso para montá-la.

Ela demonstrou ser altamente sensível em relação ao freio e ao bridão. Lembrei-me do Sr. Gray dizendo-me que tinham usado freios cada vez maiores para ver se ela se comportava. Coloquei-lhe um *hackamore* (que não tem freio) e a fiz rodar pela pista.

Para minha surpresa, descobri que My Blue Heaven era uma égua bem-treinada. Quando estava amedrontada, aí sim era impossível controlá-la — isso eu logo descobri. Mas descobri também que ela era o melhor animal que eu já havia montado num picadeiro até aquele momento.

Tirei o *hackamore* da sua cabeça e mais a sela e a soltei no redondel. Ela não tinha no corpo um resquício de corda, de couro, de nada. Com isso, queria ganhar a confiança dela. Só depois disso eu poderia encorajá-la a se divertir com os treinamentos; depois de tirá-la do círculo vicioso de crime e castigo dentro do qual ela se encontrava.

Enquadrei meu corpo com o dela e a mandei embora. Joguei uma corda leve em direção a ela e pressionei-a a ficar distante de mim. Finalmente, ela começou a rodar pelo redondel. Fixei meus olhos nos dela.

Ela começou a fazer aquele estranho sinal, informando que estava disposta a falar. Vi sua língua por um breve momento e em seguida as mandíbulas, que se moviam como se estivessem mastigando algo. Mantinha uma orelha fixa em minha direção. Ela baixou a cabeça.

Depois de mais uma volta no redondel, posicionei meus ombros a 45 graus da sua ação. Ela parou imediatamente e desviei meu olhar do dela. Embora não estivesse olhando para ela, podia sentir que estava esperando. Eu não ouvia nada além do batimento do meu coração. Ela estava ponderando se devia confiar em mim ou não. Ela estava se perguntando aonde aquilo tudo levaria.

Alguns momentos depois, ela deu o primeiro passo em minha direção. Então outro.

Ela estava tentando, e tudo o que eu podia fazer era esperar.

De repente, ela estava ao meu lado. Fiz-lhe um afago e disse que não abusaria da sua confiança. Trabalharíamos juntos e ajudaríamos um ao outro. Ela me ajudaria a fazer uma reputação como treinador de cavalos. Eu a ajudaria a escapar daqueles freios que tanto a machucaram.

Seus treinos anteriores para realizar paradas foram convencionais, ou seja, se você puser muita pressão na boca de um animal, ele é forçado a parar. Uma vez que seus treinadores anteriores ficaram com mais e mais medo dela, mais severos eram os freios que lhe punham. Foram treinos frustrantes, pois quanto mais a castigavam, menos ela colaborava.

Minha intenção era fazê-la gostar de fazer as paradas; ensiná-la com os sinais do meu corpo e minha voz, a fim de que se sentisse tranquila. Tentei colocar o mínimo de pressão na sua boca. Criei situações nas quais ela própria quis fazer as paradas — a pressionava a ponto de ela mesma decidir parar. A expressão "Ôooo!" e o meu peso pressionando na parte posterior da sela começaram a ser bem-recebidos.

Quando compreendeu que podia diminuir a pressão e até mesmo eliminá-la completamente, caso parasse confortavelmente e sem resistência, My Blue Heaven começou a gostar de obedecer aos sinais que lhe diziam para esbarrar. Embora seu problema estivesse profundamente enraizado há muito tempo, ela, de uma certa forma, o ignorou e tornou-se efetivíssima nos esbarros.

Duas semanas depois que os Grays saíram de férias, houve uma prova no rancho Alisal Guest, no Vale Santa Ynez. Tratava-se de uma prova de qualidade superior e bastante popular. Achei que, se conseguisse fazer com que My Blue Heaven se apresentasse bem, conseguiria um preço melhor por ela.

Não pude entrar em contato com os Grays porque estavam nas montanhas perto do lago Shasta, onde não havia meios de comunicação. Eu mesmo nos inscrevi e continuei a treinar a égua.

Havia uma razoável quantia em dinheiro como prêmio, mas o mais importante era que com ele vinha também uma sela Jedlicka, uma sela do oeste, de couro, e feita toda à mão. E as letras com o nome do troféu estavam gravadas no couro da sela. Esta sela estaria valendo hoje 5 mil dólares.

Cerca de vinte bons animais estariam competindo na mesma categoria. My Blue Heaven atuou como uma profissional e ganhou a prova.

Eu não fiquei surpreso, mas devo dizer que foi uma situação mágica. O conselho de Don Dodge fazia maravilhas. Eu estava conseguindo o que queria, My Blue Heaven conseguia o que queria, e as filhas do Sr. Gray ganhariam o que não mais esperavam: um animal de provas de primeira linha.

Chamei alguns amigos dos Gray em Santa Maria que haviam sido encarregados pela família de dar de comer aos cães e gatos e molhar as plantas. Por intermédio deles, consegui entrar na casa e deixar a sela no meio da sala de estar com um bilhete em que dizia que precisava falar com a família antes de vender a égua.

Joe Gray e sua família voltaram na data marcada e ficaram exultantes com a sela e a notícia da vitória de My Blue Heaven. As filhas se emocionaram particularmente e ficou decidido que eu deveria continuar treinando o animal.

No ano seguinte, ela ganhou o campeonato da divisão de cavalo de gado. Duas vezes foi vice-campeã do mundo. E só foi vice porque teve que se defrontar com Mona Lisa, um dos maiores cavalos de gado de todos os tempos. Mona Lisa foi apresentada por seu proprietário, que não era outro senão o próprio Don Dodge.

My Blue Heaven foi o primeiro cavalo com o qual competi em torneios profissionais abertos. Ela foi uma grande folga para mim em termos financeiros e me ajudou muito no meu processo de aprendizagem sobre cavalos. Houve um ano que ela fez os melhores esbarros em Monterey, Califórnia, e foi a campeã suprema da prova na categoria cavalo de gado.

Depois de exibi-la por duas temporadas, ela foi competir tendo as filhas de Gray como amazonas. Fizeram sucesso por todo o país.

Por fim, consegui pagar o que devia a Don Dodge. Escrevi a ele, agradecendo o melhor conselho que já recebera na vida. Seis meses após o conselho, eu já estava treinando 15 cavalos.

Em 1961, a casa de Laurellinda acabou de ser construída. Abandonamos o barracão e nos mudamos para ela.

No dia 1º de fevereiro nasceu o meu filho Marty. Achei que era uma boa ocasião para receber a visita dos meus pais. Eles desceram de Salinas para nos ver.

Meu pai deu uma olhada nos cavalos que eu estava treinando. Enquanto caminhávamos pela propriedade, ele começou com a mesma velha cantilena.

— Você pode ter certeza de que vai acontecer o que estou dizendo. Esse cavalo bastardo vai se vingar de você. Ao se sentir livre, vai atrás de você. É preciso manter esses bichos acuados o tempo todo.

Ele não podia mais me machucar. Olhei para as rugas dele, agora bem mais marcadas em seu rosto, e disse para mim mesmo que eu tinha 26 e ele 54 anos. Eu escapara dele, e suas opiniões se tornaram irrelevantes. Mesmo assim, a raiva que senti parecia tão nova como quando ele a produziu pela primeira vez. Não queria que nenhum dos meus cavalos jamais sentisse a mesma raiva, medo e ressentimento.

Mais tarde, durante aquela visita, ele brincou com os netos. Debbie tinha 5 anos, Lori, 3 anos, e Marty era recém-nascido.

Debbie e Lori tinham pequenas responsabilidades diárias, tais como manter seu quarto arrumado. Cada uma tinha um cavalo e brincavam com eles todos os dias.

Meu pai me disse:

— Sabe de uma coisa, Monty? Acho que você é muito duro com essas crianças.

Nesse momento, minha mãe saiu da sala. Ela não podia acreditar no que ouvira. O mundo parecia ter parado de girar. Como é que ele poderia ter dito uma coisa dessas?

— Eu, duro? — repliquei. — Será que você, por acaso, se lembra de como me tratava?

Ele comentou:

— Eu sei, mas esses seus filhos são muito bons.

Eu estava chocado.

— E eu não era?

Ele ignorou a minha pergunta e disse:

— Além disso, elas são meninas.

O que esvaziava os argumentos do meu pai, mais do que qualquer outra coisa, era que o meu método de treinar cavalos funcionava. E funcionava principalmente com cavalos que haviam sido maltratados.

Hey Sam era um puro-sangue que me foi trazido em 1961. Fora criado no rancho Parker, no Havaí, e adquirido por Robert Anderson. Eu o "iniciei" e lhe dei o treinamento antes de selá-lo e mandá-lo para correr no hipódromo de Hollywood Park.

Hey Sam começou bem e foi para a raia de corridas em forma excepcional, mas depois foi entregue a um treinador que não fora a primeira escolha de Anderson.

Alguma coisa andou mal.

Três meses depois de o cavalo chegar a Hollywood Park, fui chamado para vê-lo. Identifiquei rapidamente a raiz do problema. O treinador trabalhava o cavalo na pista de corridas exatamente no mesmo lugar todos os dias. O animal começou a antecipar o que aconteceria.

Hey Sam passou a saber quando estava para ser exercitado (o que aconteceria de qualquer maneira) e pensava que depois iria para casa. Ele se comportava na pista da maneira mais dramática, quisesse ou não o seu jóquei.

O problema ocorria na marca dos 800 metros, quando ele ainda tinha mais outros 800 metros para chegar à linha final. Hey Sam corria para a cerca externa e quase se enterrava naquele limite. Chegava à faixa final com os nervos destroçados.

O jóquei achava que podia curá-lo desse mau hábito aplicando-lhe duramente o chicote antes dos 800 metros para que ultrapassasse a distância e corresse até o final sem problemas.

Quando o cavalo começava a se afastar para a cerca externa, ele o chicoteava no flanco direito para fazê-lo voltar à cerca interna.

Esse método funcionou durante algum tempo, mas, quando apareci para vê-lo, o máximo que haviam conseguido fora fazer com que Hey Sam apressasse o passo antes dos primeiros 800 metros. Assim que visse uma chance, tentaria ir para fora violentamente e pararia na cerca externa, esperando pelo chicote mas se recusando a continuar.

Foi uma exibição triste, e os cavalariços o tiraram da raia.

Para mim, isso foi uma decepção. Eu treinara o cavalo e o mandara para o hipódromo em boas condições, pronto para correr. A minha reputação, bem como a do seu treinador, estavam em jogo.

Não havia alternativa a não ser levar o cavalo para casa e retreiná-lo. Transportamo-lo para Laurellinda, onde comecei novamente todo o processo de restabelecer comunicação.

Mais uma vez, voltei às lições que aprendera com outros cavalos como Brownie. Os cavalos não se afastam da pressão. Você os pressiona e eles pressionam de volta, particularmente se a pressão é aplicada nos seus flancos. Os cães selvagens, que caçam cavalos em todos os continentes, atacam-nos na barriga na tentativa de abrir um buraco para a saída dos intestinos. Depois disso, os cachorros não fazem outra coisa além de seguir a presa, pois sabem que logo, logo ela cairá morta e eles poderão se alimentar. A melhor tática defensiva que o cavalo pode empregar para essa forma de ataque não é fugir, mas virar-se contra o agressor e escoicear — pois, se correrem de uma mordida, a probabilidade de sua pele rasgar é muito maior. Na minha opinião, é isso que causa o fenômeno reconhecido por todos os bons treinadores: se você apertar o dedo contra o flanco de um cavalo, ele se moverá em direção à pressão e não o contrário. Essa é talvez a coisa mais importante a ser lembrada no treinamento de cavalos. *Cavalos são animais que pressionam contra a pressão.*

Eu sabia que as chicotadas aplicadas no flanco direito de Hey Sam por seus jóqueis faziam-no querer ir mais para a direita. Isso teria de ser mudado.

Trabalhei com ele durante seis meses, tirando toda a pressão da cerca externa. Em vez disso, passei a usar a minha perna no seu flanco esquerdo, ou seja, na direção da cerca interna. Ensinei-lhe a manter-se mais do lado interno e a se sentir bem fazendo isso.

Hey Sam não era um mau cavalo e não havia maldade dentro dele. Ele aprendeu e mudou significativamente. Quando voltou às pistas, pude mandá-lo para Farrel Jones, que eu já conhecia havia muitos anos. Essa foi a melhor coisa que poderia ter acontecido com ele.

Farrel me viu montar Hey Sam na pista de corridas de Golden Gate Fields, no norte da Califórnia, e então o entregou a um jóquei que passou a empregar minhas táticas.

Logo ele foi inscrito na sua primeira corrida e ganhou com um rateio de 50 dólares por um. Meu coração se encheu de orgulho: Hey Sam estava trilhando seu caminho para o sucesso. Senti sua vitória como um triunfo pessoal.

Hey Sam acabou vencendo 12 corridas e rendeu ao seu dono mais de 100 mil dólares.

Foi uma história bem-sucedida e o princípio do meu caso de amor com a indústria americana de cavalos de corrida.

Talvez o cavalo que mais amei na minha vida tenha sido Johnny Tivio. Era um garanhão quarto de milha registrado, tinha 1,65 metro e pesava cerca de meia tonelada. Era um castanho-claro, mas seu pelo tinha aquele tom de cobre que parece refulgir. Eu já o vira em provas, brilhando como sempre. Mesmo quando não estava sendo mantido nas melhores condições, seu pelo brilhava mais do que o de qualquer outra montaria. O brilho parecia vir da sua alma e do seu coração, e não da escova do tratador. Por causa disso tudo, eu andava de olho nele já havia algum tempo.

Seu treinador, Harry Rose, fez muito sucesso com ele. Harry era um homem rude, embora boa pessoa. Tinha uma vida dura e por isso jogava duro também.

Certa vez, eu e Pat descíamos de carro a estrada da Pista de Rodeio quando vimos um trailer estacionado em frente a um bar. Dentro do trailer pude ver Johnny Tivio e um outro cavalo. Disse a Pat:

— Harry deve estar no boteco bebendo todo o estoque. Nós estávamos de volta ao meu antigo lar — a Pista de Rodeio de Salinas — não para uma visita, mas para participar de um concurso. Era quase uma *première,* digna do status da Pista de Rodeio.

Descarregamos Fiddle D'Or e My Blue Heaven, os deixamos passar a noite numa das cocheiras e voltamos de carro na direção em que viéramos. O trailer de Harry Rose, bem como os cavalos, ainda estavam em frente ao bar.

Na manhã seguinte, acordamos bem cedo para preparar nossos dois cavalos para as eliminatórias do programa do dia. A duas quadras do bar estava o trailer, em frente a uma pequena casa ainda com Johnny Tivio e o outro cavalo no seu interior. Haviam ficado ali, de pé, a noite inteira.

Preparamos nossos cavalos como sempre, o que incluía um ou dois exercícios para aquecê-los. Estávamos prontos para começar às 8 horas da manhã.

Minutos antes das 8 horas, vimos o carro de Harry Rose descer correndo a planície com o trailer ziguezagueando atrás dele. Os cavalos lutavam para manter o equilíbrio. Ele parou bruscamente, puxou do carro uma jovem vistosa e depois desembarcou os dois cavalos.

Encilhou Johnny Tivio, montou nele, puxou a garota para a garupa e ficou se exibindo.

Quando a prova acabou, Johnny Tivio vencera todos os prêmios à vista. Havia sido mantido trancado no trailer a noite inteira e não tivera um momento de preparação. Ainda assim, bateu meus dois animais com facilidade. Entrou na arena como se fosse dono do lugar e como se tivéssemos sorte em acompanhá-lo.

Eu estava meio fascinado e meio irritado com Harry Rose por tratar tão mal um animal tão maravilhoso. Comentei com Pat:

— Aquele cavalo é ouro puro e um dia ele vai ser meu.

Alguns meses depois, a sociedade local de proteção aos animais recebeu um telefonema informando que um cavalo fora deixado durante dois dias do lado de fora de um bordel.

O cavalo e o trailer foram recolhidos e o número de registro levou a polícia à casa do proprietário, Carl Williams. A polícia tentou prender Williams por crueldade a um cavalo chamado Johnny Tivio, mas ele imediatamente respondeu que o responsável era o treinador, Harry Rose.

Nesse meio-tempo, Williams me telefonou, pois sabia que eu andava de olho no cavalo havia algum tempo. Pediu-me 6 mil dólares pelo cavalo.

Não perdi a chance e respondi:

— Negócio fechado.

Mas eu não tinha o dinheiro e precisei pedir a metade a George Smith, um cliente e velho amigo.

Johnny Tivio havia definhado, estava em mau estado e suas ferraduras pareciam entrar nos cascos, mas era meu. Cuidamos dele e tratamos dos seus cascos. Ele sempre fora um animal disposto, mas tornava-se mais forte e melhor a cada palavra gentil que se lhe dizia ou gesto carinhoso que se lhe fazia.

Atentem bem para isso: do momento em que entrou em Laurellinda parecia que o patrão era ele, Johnny Tivio. Parecia que nós trabalhávamos para ele e não o contrário. Ele tinha várias queixas sobre a sua baia, de modo que tivemos que deslocar a palha onde ele se deitava para que pudesse estrumar num canto particular de sua preferência. Ele nos mantinha na linha com seus modos na cocheira e sua atitude superior. Ele era certamente o melhor cavalo que ele mesmo já vira. Ele daria permissão para outros cavalos existirem, sim, mas sob sua liderança, e não suportava palominos, não, senhor. Simplesmente, não gostava da raça. Tivera um palomino como companheiro de estábulo no passado e, no que lhe dizia respeito, cavalos dessa raça não existiam. Não suportava nem vê-los.

Johnny Tivio se transformou num sucesso estrondoso. Eu podia inscrevê-lo em qualquer categoria, que ele vencia. Era um dos poucos animais no circuito sobre o qual todos concordavam: o melhor da face da Terra. Ganhou todos os prêmios para mim, ano após ano.

— Oi, Monty, veja só! — falou Slim.

— O quê?

— Já viu potrinho mais bonito que este?

Ele brincava com um potrinho palomino. Estava com um toco de madeira na mão e o animal tentava mordiscá-lo.

— Olhe isso — disse Slim, e jogou o pedaço de madeira para o ar. O palomino foi correndo até onde estava o toco e o agarrou entre os dentes. Então, mordiscando a madeira, ele voltou até onde Slim estava.

— Incrível! — concordei. Conhecia Slim Pickens desde criança e ele era como um tio para mim.

— Ele é como um filhote de cachorro — observou Slim. — Agora, dê uma olhada nisso.

Virou-se para o potrinho e bateu no próprio peito enquanto dizia: "Hup! Hup!"

O potro ficou de pé nas duas pernas e botou as patas dianteiras sobre os ombros de Slim.

— Viu? — interrogou Slim. — Você não acha que este vai ser o mais brilhante cavalo estilo Walt Disney do mundo?

Slim Pickens era ator, e um estúdio o contratara para trabalhar num filme chamado *O cavalo com a cauda voadora,* que seria produzido pelos estúdios Walt Disney. Era sobre um cavalo palomino saltador.

O pessoal do estúdio que usaria o potrinho para fazer a parte do cavalo palomino quando jovem estava na fazenda de Slim em Soledad. Iam rodar algumas sequências, tendo Slim como ator principal.

O nome do potro era Barlet.

Mais tarde, já com 2 anos, Barlet ainda achava divertido fazer o mesmo tipo de truques.

Martin Clark exibiu o potro por todo o oeste dos Estados Unidos e ele era praticamente imbatível como cavalo de *halter*. Era quase certo que seria o campeão nacional no próximo ano.

Vi Barlet novamente no fim de outubro, no campeonato de 1962 que ocorreu no Cow Palace, em São Francisco. Quando cheguei com meus cavalos — My Blue Heaven, Midge Rich e um outro —, vi que Martin Clark mantinha Barlet numa baia dentro do próprio prédio do Cow Palace.

Ele instalara um circuito elétrico na baia. Não apenas a baia estava cercada de fios subindo pela parede, como também o topo. Se alguém desligasse a corrente elétrica, Barlet pularia imediatamente sobre a parede frontal do boxe.

Martin descobrira que, enquanto a eletricidade estivesse ligada, Barlet ouviria um som pulsante e, enquanto ouvisse esse som, não causaria problemas.

Quando Martin queria tirá-lo da baia, tinha que desligar o carregador de bateria para poder abrir a porta. Nesse momento, Barlet parecia mais com um tigre do que com um cavalo. Atacava Martin literalmente.

Depois de se preparar por mais de um dia para a prova, Martin não conseguia fazer com que Barlet saísse da baia; simplesmente não conseguia mais dominar o cavalo.

Ele me procurou e fez uma oferta:

— Se você conseguir tirar Barlet da baia, levá-lo até o picadeiro e vencer com ele, lhe dou metade de seu valor. Depois você o leva contigo para San Luis Obispo e recomeça o treinamento.

Ora, Barlet era o garanhão favorito para o campeonato nacional do ano. Seu valor devia estar estimado entre 30 e 40 mil dólares. Clark não estava me fazendo uma oferta mesquinha. Para mim foi um desafio excitante, e além disso eu não acreditava que houvesse um cavalo com o qual não conseguisse me entender.

Quando cheguei à baia e vi todos aqueles fios e todas as medidas de segurança, fiquei desconcertado. Desligamos a eletricidade, eu abri a porta da baia e Barlet veio do fundo em minha direção; pulou para frente com os dentes à mostra e as orelhas para trás. Ele queria me machucar.

Dei um pulo para trás e fechei a porta. Incapaz de chegar perto o suficiente até mesmo para olhar nos seus olhos, tive que reexaminar a situação. O cavalo estava nervoso demais até mesmo para eu pedir sua confiança. Fora estragado desde potrinho — não por maldade, mas por desconhecimento. Fora treinado como um cachorrinho de colo e, em algum ponto, a psicologia dera errado.

Fui até o meu quarto de arreios e peguei uma corda de laçar. Voltei e consegui laçá-lo e mantê-lo a uma distância razoável. Em seguida, dei um jeito de botar em sua cabeça um equipamento que Don Dodge me ensinara a usar. "Nós o chamamos de 'Vem Comigo'", dissera-me ele.

É um modo de colocar uma corda torcida em volta do pescoço do animal e que pressiona um nervo dos gânglios. Isso faz com que seja fácil controlá-lo.

Conduzi Barlet para fora da baia e comecei a "iniciação" com os métodos que já descrevi anteriormente. Meu objetivo era restaurar a sua confiança. Levou muito mais tempo do que com My Blue Heaven, e os resultados não foram tão consistentes. Finalmente, consegui sua confiança... até certo ponto.

Conquistada a sua confiança, pude apresentá-lo na prova. Fomos vencendo as diversas classes até atingirmos o objetivo estabelecido por Martin Clark. Barlet tornou-se campeão nacional e eu me tornei proprietário de 50 por cento dele.

Levei-o para casa em San Luis Obispo, onde o trabalhei e de lá ele saiu para vencer extensivamente durante os anos que se seguiram.

Embora capaz de apresentá-lo e com ele vencer principalmente na divisão de cavalo de gado, tenho que admitir que, depois de ser estragado quando potro, jamais se tornou um cavalo mentalmente equilibrado. Gente bem-intencionada como Slim Pickens mima demais os cavalos quando ainda potros, tornando-os não confiáveis. Esse tipo de animal só pode ser trabalhado por profissionais que sabem 100 por cento com quem estão lidando. Caso contrário, as consequências podem ser graves.

Barlet foi um cavalo maldoso durante todo o tempo em que lidei com ele e chegou a me atacar muitas vezes. Era terrivelmente problemático e só podemos tentar adivinhar o que terá disparado o seu desapontamento com a espécie humana. Eu e ele nos entendíamos por meio de um bem desenvolvido sistema de disciplina e prêmio. Só assim consegui controlar sua neurose por três ou quatro anos.

Infelizmente, seus problemas acabaram por vencê-lo e ele morreu numa luta contra um cavalo castrado na minha fazenda em San Luis Obispo. Quebrou a cerca para atacar o outro animal e durante a luta fraturou uma perna.

III

A síndrome do castelo de areia

Em 1964, quando eu tinha 31 anos, encontrei um homem que mudaria nossas vidas para sempre. Conduziria a mim e à minha família aos pincaros do sucesso... e depois nos empurraria para baixo, de um modo que jamais imaginei ser possível.

Nessa época, nós tínhamos um veterinário chamado Jim Burns. Um dia, ele me disse que estivera presente a um leilão de cavalos quarto de milha no Vale Santa Ynez, perto de Solvang. Aparentemente, um homem comprara muitos animais lá. Riquíssimo, tinha propriedades no Vale Santa Ynez e em Montecito, sendo esta última uma das quatro áreas mais caras de toda a Califórnia, comparável a Beverly Hills.

O Dr. Burns me disse que o nome do homem era Hastings Harcourt, filho do fundador da editora Harcourt Brace & World.

Casado, com um filho já adulto, o Sr. Harcourt tinha mais ou menos uns 60 anos, e era considerado um milionário excêntrico.

O Dr. Burns me informou que trabalhava para o filho e a nora do Sr. Harcourt e que os muitos cavalos que comprara haviam sido transportados para a sua propriedade no Vale Santa Ynez. A opinião do veterinário era que ele gostaria de que alguns dos cavalos que adquirira fossem treinados. Jim Burns disse que teria prazer em recomendar meus serviços à família.

Poucos dias depois, recebi um telefonema do Sr. Harcourt me perguntando se eu estaria interessado em treinar suas recentes aquisições. Respondi afirmativamente e dentro de dois dias estava transportando três jovens quartos de milha pelos quase 120 quilômetros que separam Santa Ynez de Laurellinda.

Uma semana depois, eu telefonei para o Sr. Harcourt, a fim de informá-lo sobre o treinamento. Disse-lhe que entre os seus animais havia um cavalo de 3 anos que me impressionara e tinha talento suficiente para competir na categoria *western pleasure*. Ele aparentemente gostou da notícia e me convidou para conhecê-lo pessoalmente.

Pat e eu fomos de carro até o Vale Santa Ynez, onde o Sr. e a Sra. Harcourt tomavam sol na varanda de uma de suas propriedades, chamada Juniper Farms.

Minha primeira impressão sobre ele foi a de que se tratava de um homem infeliz. Tinha um problema de pele e seu rosto estava cheio de marcas e pintas. Além disso era gordo, e seu sorriso, pude perceber, chegava à boca mas jamais aos olhos.

A Sra. Harcourt praticamente não nos notou; não estava interessada. Sua atitude parecia ser uma reação à nova "mania" do marido. Algo como: "Aí vamos nós outra vez!"

O Sr. Harcourt disse-me que, se fosse possível, gostaria que eu apresentasse um dos seus cavalos nas provas de Santa Bárbara que ocorreriam dentro de três meses.

Apesar da minha primeira impressão, acabei por julgá-lo uma boa pessoa que estava gostando da primeira emoção de se envolver no negócio de cavalos. Na verdade, admitiu imediatamente que não entendia nada do assunto.

O seu interesse me agradou. Ele estava me dando trabalho — coisa de que eu precisava muito — e, segundo o veterinário, tinha potencial para se tornar um grande proprietário.

No dia seguinte, comecei a trabalhar para apresentar seu cavalo, Travel's Echo, no já mencionado concurso de Santa Bárbara.

É difícil que alguém espere que um cavalo com menos de noventa dias de treinamento possa se apresentar favoravelmente numa prova de alto calibre, mas não deixei que esse pensamento me dissuadisse. Trabalhei o animal com uma atitude muito positiva e ele reagiu à altura.

Pat e eu tínhamos alguns belos cavalos inscritos naquele evento. Pelo menos os Harcourt veriam cavalos de classe internacional trabalhados pelo treinador do seu "novato". Mesmo que ele não se saísse muito bem, saberiam que estava em boas mãos. Eu inscrevera, entre outros, Johnny Tivio, que, como de hábito, se encarregaria de arrebanhar a maioria dos troféus. Pat inscrevera Julia's Doll, uma égua com fama estabelecida, na categoria *pleasure-horse*.

No primeiro dia do torneio, o Sr. e a Sra. Harcourt apareceram no Earl Warren Showground e alugaram um camarote exclusivo no centro do ringue. Trouxeram com eles alguns amigos, e sua posição no meio da arena lhes dava uma visão privilegiada do que se passava à volta. Eram cerca de dez pessoas, a maioria caras conhecidas da sociedade de Montecito. Certamente, eram um show paralelo ao dos cavalos.

Johnny Tivio, mais uma vez, atuou esplendidamente e eu tinha certeza de que os Harcourt haviam se impressionado. Night Mist ganhou os dois concursos nos quais foi inscrita. Julia's Doll estava em excelente forma e venceu montada por Pat.

Eu apresentaria Travel's Echo, o cavalo dos Harcourt, na divisão de *western pleasure,* aberta para animais de 4 anos ou menos.

Ao entrar na arena, levei um choque ao verificar que teríamos que concorrer com mais cinquenta cavalos. A verdade é que, aparentemente, Travel's Echo entendeu a importância do dia e se apresentou como se houvesse tido três anos de treinamento concentrado.

Ao passar pelos Harcourt, notei que se voltavam para os amigos que entendiam mais de cavalos do que eles para perguntar o que aconteceria em seguida ou como ia a atuação de Travel's Echo.

À medida que o evento evoluía, os amigos devem ter dito aos Harcourt para não esperarem muito, pois o cavalo deles era jovem e tinha apenas três meses de treinamento.

Mas, como se viu, Travel's Echo surpreendeu-os, uma vez que ficou entre os dez finalistas. Os Harcourt me pareceram entusiasmadíssimos.

Na finalíssima, Travel's Echo acabou em terceiro, atrás de dois dos melhores concorrentes do país, derrotando cavalos que já haviam vencido vários campeonatos.

Ao galopar para receber o troféu e a escarapela de terceiro colocado, passei praticamente em frente ao camarote dos Harcourt. Seus amigos estavam todos de pé e aplaudiam, enquanto os proprietários sorriam de orelha a orelha, vivendo momento de grande felicidade.

Chegamos ao portão de saída praticamente ao mesmo tempo. Pat e as crianças estavam lá, e os Harcourt apareceram com seus amigos para posicionar-se ao lado de Travel's Echo e afagá-lo. Graças à posição do Sr. Harcourt na comunidade e às altas somas que dava para instituições de caridade, várias fotos foram batidas. Havia muitos jornalistas à volta para testemunhar o entusiasmo dele. Quando descobriram que Travel's Echo conquistara o terceiro lugar depois de ter trabalhado apenas noventa dias, os lápis dos repórteres começaram a correr sobre seus blocos de anotações.

Graças ao sucesso de Travel's Echo, eu ganhava uma aceitação que jamais experimentara antes.

Três dias depois, o Sr. e a Sra. Harcourt desembarcaram de seu avião particular na minha fazenda. Ele queria ver como eu trabalhava e discutir um maior envolvimento comigo e Pat.

Disse-me que era dono de alguns puros-sangues, mas temia que não fossem tão bons quanto deveriam ser. De trás das lentes grossas de seus óculos de armação negra, ele me perguntou:

— Você tem alguma experiência com a indústria de cavalos puro-sangue?

Repliquei:

— Desde o tempo em que eu era criança, sempre tivemos alguns puros-sangues para treinamento, mas nunca me deram a oportunidade de me envolver com a classe de animais capazes de ganhar em corridas na Califórnia.

O Sr. Harcourt fez os arranjos necessários para que seu avião me conduzisse dois dias depois a três locais diversos para ver uma seleção de éguas puro-sangue, três potros e dois potrinhos de um ano de idade. Ele estava certo. Conforme notifiquei, nenhum dos animais tinha condições de fazer sucesso nas pistas de corrida da Califórnia.

Pouco depois disso, Harcourt deu seu próximo passo. Sugeriu mandar-me para Del Mar, a fim de assistir ao leilão de cavalos puro-sangue com menos de um ano. Disse que eu poderia usar até

20 mil dólares na compra de dois potros que julgasse capazes de disputar corridas com chances de vitória.

Ele me oferecia uma oportunidade que só surge uma vez na vida, e eu estava todo entusiasmado. Já havia adquirido cavalos puro-sangue para outros clientes cujos limites de despesas eram de 2 mil dólares por cavalo. Correriam em corridas de classe extremamente inferior. Os potros que comprei por essa quantia haviam se saído bastante bem se considerarmos a linhagem deles. Eu fiquei contente, pois descobrira que tinha a habilidade para escolher cavalos que podiam correr e permanecer aptos.

O que Harcourt me oferecia agora era uma história totalmente diversa. Eu e Pat tínhamos talento, e Harcourt era o homem que poderia nos dar a chance de provar isso para nós mesmos.

O Sr. Harcourt inscreveu seu nome na companhia que venderia os cavalos e me nomeou seu agente do modo costumeiro. Fixou o crédito em 20 mil dólares, conforme havíamos combinado.

Fui para Del Mar e jamais esquecerei o momento em que vi um potro alazão galopando a uns 40 metros de distância. Ele chamou minha atenção como nenhum outro puro-sangue fizera antes. Tinha equilíbrio e simetria perfeitos quando estava parado. Quando se movia, a simetria e o equilíbrio se mantinham de um modo único para mim até então.

Fui imediatamente para a cocheira onde mantinham o alazão. Pedi para vê-lo, e ao inspecioná-lo de perto me pareceu ainda mais impressionante.

Aparentemente, ninguém ainda havia visto a importância daquele animal. Foi levado para a pista do leilão e consegui adquiri-lo por apenas 5 mil dólares. Ele nem tinha um nome ainda. O martelo bateu e... ele era meu.

O representante da companhia vendedora trouxe a urna e eu assinei um recibo, "Monty Roberts, agente". Fiquei com uma cópia e a outra foi para dentro da urna.

Pela primeira vez, eu estava no negócio com Hastings Harcourt.

Logo arranjamos um nome para o potro alazão: Sharivari, o que em celta significa "Festa de Casamento".

Além disso, adquiri para o Sr. Harcourt um potro castanho que batizamos de Bahroona. Acabamos descobrindo que o castanho era mais precoce que o alazão e estava pronto para correr em junho do ano seguinte — 1965 —, ocasião em que ganhou o seu primeiro prêmio por 15 corpos.

O Sr. Harcourt estava tonto de emoção, embora eu não estivesse presente no hipódromo, pois competia num rodeio mais ao norte do estado. Havia ido no avião particular do Sr. Harcourt. Ele telefonou e pediu que eu retornasse imediatamente. Queria que eu comparecesse a uma festa que estava dando em Montecito para comemorar a vitória de Bahroona.

Eu e o piloto voltamos, mas sobre o lago Cachuma o motor pifou e começamos a piruetar em direção à água. Eu estava certo de que iríamos morrer.

O piloto acionou a ignição para o segundo tanque de gasolina e o motor voltou a funcionar, acabando com o nosso mergulho. O incidente não mexeu com os meus nervos e me mantive curiosamente impassível. Tinha a impressão de que estava em uma montanha-russa.

Os Harcourt me apanharam no aeroporto de Santa Bárbara e me levaram para a festa em andamento na casa deles. Pat já estava lá.

Havia um monte de gente falando ao mesmo tempo e Hastings e sua mulher, Fran, estavam extasiados com os olhares de admiração que recebiam. Entre os ruídos e as risadas, ouvi a voz de Harcourt, que gritou para mim:

— Precisamos fazer uma operação maior.

O barulho da festa parecia diminuir enquanto eu ouvia cada uma das suas palavras:

— Tenho uma propriedade no Vale Santa Ynez. O que você acha daquela área para criar um centro de treinamento para cavalos puro-sangue?

O sonho da minha vida sempre fora fazer parte de uma operação equestre no Vale Santa Ynez. Sentindo-me meio deslocado, falando tão seriamente no meio da hilaridade geral da festa, lhe disse que o clima e a terra em Santa Ynez eram, na minha opinião, superiores aos de qualquer outro lugar nos Estados Unidos. Seria o local ideal para criar cavalos puro-sangue e montar uma fazenda de treinamento.

O Sr. Harcourt estava cheio de planos.

— Comece a estudar a área — ele me aconselhou — e eu vou comprar terras para uma instalação de primeira linha.

A festa continuava e ele continuava cavalgando no alto do seu primeiro sucesso. Eu respondi imediatamente e entrei de cabeça no negócio com o entusiasmo imaginável num homem de 31 anos que, desde que se lembrava, sonhara exatamente com aquilo.

Eu fora educado para aquela missão desde menino. Com a minha própria experiência e formado pela Cal-Poly em três especialidades que lidavam com a profissão, sabia sobre terra, forragem, pasto, fertilização, instalações para cavalos, arquitetura, conformações, pedigrees e, principalmente, técnicas de treinamento.

Depois de inspecionar por alguns dias as áreas onde o Sr. Harcourt tinha propriedades, eu já sabia que nenhuma delas era adequada para o que pretendíamos. Uma tinha árvores demais, outra era muito rochosa, a terceira não tinha suprimento de água.

Alertei-o de que para uma operação de primeira linha necessitávamos estar ao longo do rio. Descobri uma área, pouco além dos limites da cidade de Solvang, e o informei sobre ela. Tratava-se de um microvale de 3 quilômetros de largura por 6 quilômetros de comprimento, estava quase no nível do mar e a profundidade superficial do solo era de quase 3 metros. Mais importante ainda, abaixo da profundidade superficial havia uma generosa camada de material diatomáceo, ou seja, uma camada de microscópicas conchas marinhas que, com a compressão, criaram uma espécie de terra parecida com giz. Parte do vale já estivera sob o mar milhares de anos atrás. Esse material liberava no solo da superfície considerável quantidade de cálcio e outros minerais.

Além disso, havia fissuras nas rochas subterrâneas que abrigavam água. Isso significava que se perfurássemos poços encontraríamos água a 20 metros de profundidade. Poderíamos bombear, nessas condições, cerca de 600 galões de água por minuto. Não poderia ser melhor.

O clima também era perfeito. Virtualmente, não haveria dias intoleráveis. O clima era seco e a influência do oceano próximo o manteria fresco no verão e agradável no inverno.

O Sr. Harcourt começou a comprar. Começou com os 100 acres do Sr. Jacobson e depois se espalhou pela vizinhança, fazendo ofertas que os proprietários não podiam recusar. Comprou outros 100 acres do Sr. McGuire, mais 50 do Sr. Petersen, e assim por diante.

Noventa dias depois estávamos fazendo o levantamento das parcelas compradas e iniciando os conceitos arquitetônicos. O Sr. Harcourt estava tão entusiasmado quanto eu e devotava suas consideráveis fontes econômicas no sentido de que as instalações fossem as maiores da região e se erguessem o mais rapidamente possível.

Visitei Johnny Tivio em sua baia em Laurellinda.

— Ok, Johnny Tivio, você vai poder viver no estilo em que gostaria. Que tal desenhar um plano para o seu pequeno palácio?

Se alguma vez houve um cavalo que julgasse que deveria morar num lugar de primeira classe para animais puro-sangue, esse cavalo foi Johnny Tivio.

No meio dessa frenética atividade, eu tinha marcado um encontro com o Sr. Harcourt em sua residência em Montecito, Santa Bárbara. Um dia antes do encontro, recebi um telefonema de sua secretária particular. Por vias indiretas, ela me fez entender que o Sr. Harcourt repensara a situação toda. Não estava mais interessado na criação da fazenda e eu devia considerá-lo fora do plano.

Essa informação não poderia ser mais estranha. Depois de digeri-la, fiquei arrasado. Simplesmente não podia entender. Apenas algumas horas antes, estávamos ambos correndo como se nossas vidas dependessem do centro de treinamento de cavalos.

Passei boa parte da noite acordado, pensando no que deveria fazer em seguida. Mas todos os caminhos me pareciam becos sem saída. De repente, me dei conta de que a secretária não dissera que o meu encontro com o Sr. Harcourt fora cancelado, pelo menos não exatamente.

Uma vez que não tivera contato direto com ele, decidi ir à sua casa na hora marcada, como se jamais houvesse falado com a sua secretária. Pelo menos ouviria uma explicação cara a cara.

No dia seguinte viajei os quase 200 quilômetros até Montecito, Santa Bárbara, com o coração na boca. Não sabia o que me aguardava.

Montecito, como já mencionei, era tão fenomenal como Beverly Hills, e eu passei por ruas arborizadas de uma beleza quase irreal.

Quando parei junto aos portões da casa para falar no interfone da segurança, quase temi que me negassem a entrada, mas os portões se abriram. Entrei com meu carro por uma alameda arborizada que dava para um estacionamento circular junto a uma fonte, os pneus rangendo sobre o cascalho. Estava tudo muito silencioso e tive tempo de dar uma olhada em volta como se visse a propriedade pela primeira vez. À esquerda havia uma casa de hóspedes que sozinha já era suficientemente bonita. Bem no centro do círculo estava a residência dos Harcourt, um exemplo do estilo californiano do princípio dos anos 1920. Olhando-a mais de perto, verifiquei que sofrera muitas modificações e adendos. Tratava-se de uma residência impressionante.

Estacionei meu carro em frente à casa de hóspedes e caminhei até a porta da frente da casa principal. Apertei a campainha e esperei.

Como haviam permitido que eu entrasse pelos portões, supus que deveria haver alguém na casa. Lembrei-me de que levava algum tempo para se andar de uma extremidade da casa à outra, de modo que aguardei um pouco mais do que o tempo normal antes de apertar a campainha pela segunda vez.

Não apareceu ninguém e o silêncio era mortal.

Depois de alguns minutos, perdi a esperança e comecei a andar vagarosamente em direção ao meu carro. Já estava com uma mão na maçaneta do automóvel quando percebi um movimento pelo canto dos meu olhos.

Virei-me e vi o Sr. Harcourt caminhando apressadamente por uma área aberta do terreno, do outro lado da fonte. Mal o vira e ele já desaparecera por uma porta lateral.

Fiquei alarmado, pois o modo como ele caminhara indicava que, deliberadamente, estava tentando me evitar. Então me ocorreu que ele talvez estivesse correndo para dentro da casa a fim de não se atrasar para a nossa entrevista. Aproximei-me novamente da porta e apertei a campainha mais uma vez. Nenhuma resposta. A casa permaneceu silenciosa e hostil como antes.

Lembrando-me da conversa que tivera com a secretária, cheguei à conclusão de que era *persona non grata*: estava tudo acabado. Dirigi os 200 quilômetros de volta para Laurellinda.

Eu fizera tudo direito, mas chegáramos a um ponto morto. Telefonei à noite para a casa do Sr. Harcourt, mas recebi informações de uma empregada de que ele não estava disponível.

Pat tomou uma atitude filosófica: deveríamos seguir em frente com nossas vidas, como se o Sr. Harcourt e sua mulher jamais houvessem existido. Mesmo que ele ligasse para se desculpar, deveríamos ignorá-lo, pois obviamente tratava-se de uma pessoa patentemente instável.

Cerca de quatro dias depois, enquanto eu trabalhava um cavalo, recebi o recado de que o Sr. Harcourt estava ao telefone. Desmontei imediatamente e fui até o aparelho com um nó na barriga.

Ele me saudou cordialmente e se desculpou. Passara por um sério problema psicológico; algo de inconveniente ocorrera no negócio editorial da família.

De qualquer modo, ele procurara ajuda profissional, retificara completamente a experiência negativa e estava pronto para ir em frente a todo vapor com a fazenda.

Perguntou se eu voaria à Europa para ver as melhores instalações. Com a experiência adquirida por lá, poderia levar adiante a nossa fazenda e centro de treinamento o mais rapidamente possível. Disse ainda:

— Quero que você seja mais do que um administrador, mais do que um cavaleiro. Quero que você seja socioadministrador da Flag Is Up Farms. Por seu trabalho, você receberá 5 por cento dos lucros da operação e terá o direito de comprar uma parte maior à medida que progredirmos. Vou fazer um contrato com você e pagar as custas legais. Quero que você vá ao escritório de Anthony Romasanta e lhe faça um resumo de tudo o que você quer no contrato. Eu vou lê-lo, mas você pode criá-lo.

Segui as instruções dele e fiz o resumo de um contrato que me pareceu justo para ambas as partes.

Toda a nossa família concentrou-se no esforço de criar as melhores instalações do país para cavalos puro-sangue. A súbita guinada emocional fora enorme. Estávamos no negócio outra vez!

Peguei um avião e voei para a Inglaterra, onde me encontrei com Tim Vigors. Ele era agente de cavalos puro-sangue. Era ainda um gentleman com fazendas na Irlanda e na Inglaterra. Para concluir, fora piloto durante a Segunda Guerra Mundial.

O plano era o seguinte: iríamos visitar as melhores propriedades que imaginássemos e para isso tínhamos à nossa disposição um avião "Baladue" de prefixo GATSY.

Voamos para Newmarket e aterrissamos num haras. Ficamos como hóspedes em Warren Place, casa de Sir Noel Murless. Em seguida, percorremos de avião todas as fazendas importantes de criação de cavalos puro-sangue e aterrissamos nas maiores pistas de corrida. Tomei nota das operações e da arquitetura de todas as instalações que vimos e bati inúmeras fotos.

Atravessamos o Canal da Mancha e descemos num pequeno descampado próximo de Paris, de onde nos dirigimos para Chantilly. Vimos cerca de dez criatórios diversos e, naturalmente, ficamos boquiabertos e impressionados. O tamanho dos lugares era espantoso, bem como o cuidado com os mínimos detalhes.

Em seguida, fomos à Normandia, para uma fazenda de propriedade de Alec Head e Roland de Chambre, e ainda vimos a fazenda de criação de cavalos puro-sangue de Guy de Rothschild.

Para mim, foi como um curso universitário inteiro no que diz respeito ao desenho e à administração de instalações para cavalos de corrida.

Então voamos da França para a Alemanha e em seguida para a Irlanda. Não sei se todos esses voos foram estritamente legais, mas voamos de qualquer maneira.

Depois de uma semana na Irlanda visitando muitos hipódromos e haras de treinamento de cavalos, fomos para Londres, de onde retornei à Califórnia. Informei que a experiência valera a pena.

Enquanto estive fora, o Sr. Harcourt lera sobre operações em outras parte do mundo. Mal cheguei e já estava voando para a Argentina, Austrália e Nova Zelândia com a mesma missão.

Quando retornei, fiz um último relatório e dei as recomendações finais ao Sr. Harcourt. Estava pronto para me sentar e projetar a propriedade seriamente.

Eu e Pat preparamos nossa família para uma atividade intensa, que levaria de 12 a 18 meses e incluía planejar, construir e abrir a operação da Flag Is Up Farms Incorporated, Solvang, Califórnia.

A propriedade tinha quatro áreas principais.

Primeiro, havia uma instalação para procriação e criação, com um galpão para garanhões, piquetes de cria, um laboratório, um redondel, um complexo para escritórios, um galpão com oito baias para potros, além de área residencial para oito empregados.

A segunda área era uma instalação para treinamento e iniciação de cavalos novos. Isso incluía dois picadeiros cobertos, dois redondéis cobertos, baias para 80 cavalos, uma pista de corridas para treinamento, uma raia de 4 quilômetros, três enormes silos para estocagem de forragem, um moinho para produzir nossas próprias rações, um escritório central e área residencial para até cinquenta empregados.

Na terceira área havia um hospital e uma zona de reabilitação que incluía espaço para quarenta cavalos, uma piscina para terapia, uma instalação para raios X, um conjunto de escritórios, padoques e mais uma área residencial para seis empregados.

Finalmente, havia a casa principal, que ficava sobre uma colina de uns 70 metros na extremidade norte da propriedade. Foi projetada na tradição californiana do princípio dos anos 1920, embora tivesse muito mais vidro do que o normal. Das janelas panorâmicas podia-se ver todo o vale.

Não apenas a ambição da minha vida tomava forma em frente aos meus olhos, mas a casa também era perfeita para a minha família. Estávamos por cima e continuávamos disparando.

Transportamos os primeiros cavalos para a fazenda em julho de 1966. Johnny Tivio entrou trotando e, naturalmente, reservou o melhor aposento para si. Ele não estava nem um pouco preocupado com isso. Os outros que brigassem pelas demais acomodações.

Bahroona e Sharivari se igualaram e tomaram os dois segundos melhores lugares — ornamentos para qualquer verdadeira fazenda de criação de cavalos puro-sangue. Bahroona provara ser mesmo um sucesso — ganhou a corrida principal para potros de 2 anos em Hollywood Park. Sua velocidade era ofuscante e mais tarde ele se tornou um importante reprodutor.

Sharivari também entrara no cenário turfístico — um pouco mais tarde do que Bahroona, mas, de fato, era um cavalo de corridas superior. Venceu sua primeira corrida e todas as outras. Foi considerado o melhor cavalo de 3 anos da Califórnia antes do Kentucky Derby, no qual foi favorito. Mais tarde se tornaria um reprodutor campeão várias vezes.

Em outubro, nossa família se mudou para a maravilhosa casa nova com vista para a fazenda e o Vale Santa Ynez. A fortuna sorrira para nós e apanhamos a oportunidade com ambas as mãos. Era trabalho duro, mas um trabalho duro que nos fazia felizes.

Mais ou menos nessa época me mandaram um rapaz chamado Hector Valadez. Dezoito anos de idade e menos de 40 quilos, tinha jeito de que poderia vir a ser um jóquei.

Coloquei-o sobre o seu primeiro cavalo daquele ano e desde então ele vem trabalhando entre oito e doze cavalos para mim todos os dias, com exceção de dois breves períodos em que trabalhou para amigos meus. Mas não tinha motivação suficiente para ser jóquei.

Ele casou-se e formou família em 1975. Sempre trabalhou duro e sempre foi um bom pai. Agora tem dois filhos crescidos e continua pesando menos de 50 quilos.

Hector passou mais tempo comigo no redondel do que qualquer outra pessoa. Seu tamanho e peso são ideais para a pista de treinamento e ele é, talvez, o primeiro cavaleiro a montar mais de mil e quinhentos cavalos diversos nos 30 anos em que trabalha comigo.

Pouco depois que nos mudamos, meu pai e minha mãe nos visitaram para inspecionar as novas circunstâncias. Fui o guia turístico deles.

Meu pai não gostou das cercas.

— Você deveria ter usado carvalho de Kentucky e feito cercas de tábuas.

Também não aprovou todas aquelas árvores que eu estava plantando.

— Essas árvores são um erro. Estão sempre no caminho quando você quer mudar alguma coisa. Espere só para ver como elas vão tirar o seu chapéu quando você passar por baixo!

Achou que a pista de corridas deveria ser maior e, na sua opinião, o silo fora construído de modo errado. Deveria haver areia no corredor do galpão de treinamento e eu gastara muito dinheiro com os redondéis.

Antes de ir embora, me aconselhou sobre minha carreira:

— Fique de olho no negócio de provas. Esse negócio de cavalos de corrida vai acabar contigo.

Nossos cavalos estavam atuando bem e vencemos o nosso quinhão de corridas importantes, a maioria com cavalos que eu selecionara quando ainda eram potrinhos. Gladwin, um belo potro inédito adquirido em Saratoga, era um vencedor do primeiro grupo. Aladancer, primeiro produto de Northern Dancer, também adquirido em Saratoga, também venceu no Grupo 1. Cathy Honey, talentosa filha de Francis S., foi uma potranca de peso de 3 anos nos Estados Unidos. Petrone, de 3 anos, foi comprado na França por 150 mil dólares. Mais tarde, venceu mais de 400 mil dólares e foi aposentado depois de vencer várias vezes no Grupo 1.

Os anos entre 1967 e 1970 foram anos de muito sucesso para a Flag Is Up Farms.

Um dia, o Sr. Harcourt chegou à minha casa e começou a me fazer confidências sobre os seus problemas psicológicos. Ele aceitou um drinque e a conversa se tornou muito franca; de coração para coração.

Ele tirou seus óculos de grossas lentes e armação pesada e subitamente seus olhos estavam nus, úmidos de emoção.

— Isso não é modo de ninguém viver. Ninguém pode viver com a minha doença — ele exclamou, batendo no próprio peito. Então, passou a descrever os efeitos do que chamou de sua "enfermidade bipolar". Graças à sua condição, sofria de mania depressiva desde criança.

Senti pena dele, mas não sabia como poderia ajudá-lo. Ele continuou explicando que fora esse problema psicológico que o afastara dos negócios da família e que acabara com muitas sociedades que tivera em outras empresas. As pessoas não se demonstravam dispostas a entender seu problema.

Tive a impressão de que ele ia me pedir para cuidar dele e tentar compreender cada um dos seus caprichos, por mais ilógicos que fossem.

Ele prosseguiu com sua mórbida introspecção.

— Você sabe de uma coisa? — ele perguntou. — Faço terapia há 30 anos. O que você acha disso?

— Caro.

— É ridículo um homem da minha idade ainda estar sob terapia.

Deu à sua mulher, Fran, o crédito de saber lidar com ele melhor do que qualquer outra pessoa:

— Ela sabe lidar comigo. Quando viajo para a lua, ela me traz novamente para a terra. Quando ando aos trancos e barrancos pelo porão, no escuro, ela sabe como me conduzir de volta.

Nas suas relações comerciais, entretanto, ele disse que as pessoas se chocavam com seu comportamento mercurial e acabavam derrotadas pela prova.

— Sei que eles são lógicos enquanto eu sou ilógico.

— Bem, suponho que, na maioria das vezes, negócio é uma coisa lógica.

— Você sabe, Monty — ele disse como se não houvesse escutado o que eu dissera; como se quisesse expulsar alguma coisa do seu peito —, minha relação com a sua família e com o que estamos fazendo aqui na Flag Is Up Farms é a coisa mais importante da minha vida e eu não quero que meus problemas interfiram na nossa amizade.

— Concordo com o senhor — eu disse, e realmente acreditava no que havia dito. Eu não queria que parte alguma dos seus problemas psicológicos interferissem no nosso trabalho. Eu já tivera uma pequena prova dos seus problemas e ela fora devastadora.

— Quero que você saiba como lidar comigo. Se você conseguir fazer isso, nossa relação durará até o fim dos meus dias.

— Bem, eu também gostaria disso.

— Vou lhe dizer o que fazer — ele sugeriu. — Vou marcar uma consulta para você com o meu psiquiatra. Vou pagar pela consulta. Com ele, você pode aprender a lidar comigo. Estou certo de que sua inteligência vai permitir que você faça isso. Você saberá lidar comigo exatamente como Fran.

Eu estava contente por ele ter desabafado e até ter feito um plano para tratar a situação. Também senti uma certa responsabilidade por aquele homem digno de lástima.

O Sr. Harcourt fez o que disse que faria e marcou uma consulta para mim com seu psiquiatra no Centro Médico de Santa Bárbara. Era um homem de quase 50 anos, esbelto, com uma fala macia, genuína e sofisticada.

O psiquiatra não ficou muito contente com a nossa reunião. Checou muito cuidadosamente nossas percepções para ver se descobria por que estávamos no seu consultório. De fato, na minha primeira visita, isso foi tudo o que ele fez. Imagino que estivesse preocupado em revelar matéria confidencial, mesmo com a permissão do seu cliente.

Na minha segunda visita, tornou-se claro que ele sabia tudo sobre Pat e eu. Seu conhecimento do nosso passado e das nossas famílias era extenso e acurado.

Então, ele disse algo curioso. Descreveu o problema psicológico do Sr. Harcourt como "síndrome do castelo de areia". Explicou:

— Uma criança extrai grande prazer ao construir um magnífico castelo de areia bem à beira da água. Mas essa criança fica ainda muito mais excitada quando vem a maré e... destrói seu magnífico castelo.

Ele esperou até que suas palavras se assentassem na minha mente.

— E quanto maior o castelo, maior a excitação — ele acrescentou. — Isso acontece com o Sr. Harcourt. Quanto maior o castelo que ele constrói, mais ele se excita ao vê-lo destruído.

Naquele fim de tarde, fiquei algum tempo no terraço de casa, olhando os celeiros lá embaixo e as outras instalações cuidadosamente dispostas numa larga faixa de boa terra. O sol começava a se esconder atrás das montanhas e lembrei o quase selvagem entusiasmo do Sr. Harcourt e sua total dedicação e absorção no projeto que planejáramos e construíramos juntos, parte por parte — compreendi que havíamos construído um castelo de areia para o Sr. Hastings Harcourt.

Em setembro de 1971, eu estava no hipódromo de Del Mar, a uns 500 quilômetros da Flag Is Up Farms, quando recebi um telefonema dizendo que um avião me apanharia para que retornasse à fazenda. O Sr. Harcourt queria me ver naquela mesma tarde.

Cheguei à Flag Is Up às 14 horas. O Sr. Harcourt e um outro homem chamado Osborne T. Brazelton III esperavam por mim dentro de um carro em frente à casa. Pat havia saído com as crianças, de modo que eu teria que ficar sozinho face a face com eles. A senhora que ajudava nos serviços da casa serviu chá e café no pátio externo, de onde se via toda a fazenda.

Tive a impressão de que eles estavam escolhendo cuidadosamente a disposição das cadeiras. Eu estava sozinho de um lado da mesa, enquanto eles estavam juntos do lado oposto. O humor de Harcourt parecia sombrio, rígido, sublinhado ainda mais pelos óculos de grossas lentes e pela terrível condição da sua pele.

Osborne T. Brazelton III parecia ser o tipo do advogado arrogante que se vê no show business. Como Harcourt, era um homem enorme, com mais de 1,90 metro de altura, cabelos louros impecavelmente penteados. Vestido com um terno feito sob medida, cortado de tecidos modernos e brilhantes, era um homem jovem que não devia ter mais de 30 anos.

Os olhos dos dois estavam fixos em mim. Harcourt tirou do bolso do seu paletó um estojo de prata que colocou na mesa entre nós. Ele o abriu e revelou cerca de vinte tabletes dos mais variados formatos, tamanhos e cores.

Olhou para mim, e meus pelos da nuca se arrepiaram. Era um olhar penetrante, frio e funesto, que fez com que eu sentisse meus ossos gelarem. Compreendi que o que tanto temia estava para acontecer.

Harcourt disse:

— Só quero que você compreenda que preciso de todas essas pílulas para atravessar um só dia. Você conhece o meu médico e conhece os meus problemas. Não vou chateá-lo com uma porção de detalhes, mas estou certo de que você compreende que a minha situação é grave.

Ele fez uma pausa, mas eu não abri a boca. Ele prosseguiu:

— Preciso vender a fazenda e os cavalos o mais rapidamente possível. Para mim, isso é uma coisa devastadora, mas que deve ser feita. Estou muito triste por ter que abrir mão da minha fazenda e dos meus cavalos, mas particularmente o que é mais doloroso é abrir mão da relação que tenho com você, Pat e sua família. Você foi uma parte importante da minha vida e da vida da minha mulher, mas no que diz respeito à minha saúde não posso permitir que nada interfira.

Eu conhecia os sintomas. O Sr. Hastings Harcourt estava prestes a entrar em queda livre. Ele foi em frente com o seu pronunciamento:

— Os Brazelton está tomando conta dos meus problemas legais e ele vai lhe explicar a disposição de tudo o que foi assentado. É claro que, se você conseguir encontrar alguém que compre a fazenda, poderá ficar aqui em circunstâncias similares e talvez essa mesma pessoa se interesse em comprar alguns dos cavalos. Eu farei o que puder para ajudá-lo na tentativa de manter a fazenda como está, desde que possa me retirar de tudo o mais brevemente possível. Vou deixá-los agora e esperar no carro por Os Brazelton, que lhe explicará algumas das minhas ideias para a disposição das coisas.

Tendo pronunciado o seu discurso, Hastings Harcourt levantou-se e deu a volta na mesa. Deu um passo em minha direção de braços abertos. Fiquei de pé e esperei enquanto ele me abraçava fortemente e dizia:

— Sinto muito por ter desapontado você e sua família, mas isso precisava ser feito.

Então ele se virou e desapareceu para dentro da casa, deixando intocado o seu café sobre a mesa.

Senti pena daquele pobre velho. Senti também um inexplicável espanto — pasmo, até — de que tal psicologia destrutiva pudesse existir e continuar fazendo efeito mesmo num homem que conhecia a si mesmo e podia se permitir os melhores tratamentos. No que me dizia respeito, entretanto, talvez fosse melhor trabalhar para um proprietário diferente que, esperava eu, não traria uma infraestrutura psicológica tão complicada para o que deveria ser uma prazerosa relação profissional entre dono e administrador-treinador. Tudo aquilo poderia acabar sendo uma coisa boa, dependendo do que o advogado Os Brazelton tivesse a dizer.

Brazelton disse para eu me sentar com um tom de quem não tinha dúvidas sobre nada.

— Quero examinar algumas coisas contigo.

Concordei, me sentindo como um estudante no gabinete do diretor da escola — uma sensação esquisita para mim, uma vez que ele devia ter uns seis anos a menos que eu.

Brazelton anunciou:

— Quero tirar o Sr. Harcourt do negócio o mais rapidamente possível e espero que você não se meta no meu caminho. Podemos trabalhar juntos e eu posso ajudá-lo a fazer a transição.

Esperei para ouvir suas sugestões.

Ele continuou:

— O Sr. Harcourt deixou claro para mim que o pessoal no negócio de cavalos ficaria mais sensibilizado se pudesse comprar a propriedade com você dentro dela. Sua reputação e aprovação dariam um valor significativo ao negócio e aumentariam a agilidade da transação.

— Justo.

— Ele gostaria que você explicasse a cada comprador potencial que você tem uma participação de 5 por cento no negócio, isto é, dinheiro que eles não teriam que desembolsar. Você dirá a eles também que comprará no mínimo 10 por cento dos cavalos e o Sr. Harcourt não exigirá que você lhe pague esses 10 por cento. Desse modo, você terá uma comissão de 10 por cento na venda.

— Isso é muito bom, obrigado.

Rezei para que tudo continuasse correndo de modo tão fácil.

Parecia que eu teria minha rota de fuga e que Harcourt estava agindo com sensibilidade.

Brazelton acrescentou:

— Ele pode até considerar 15 ou 20 por cento, dependendo das condições da venda.

— Muito generoso.

— Nesse meio-tempo — continuou o advogado —, nós queremos imediatamente uma lista dos cavalos nos quais você não estiver interessado em comprar, e eles serão consignados para leilão o mais cedo possível.

— Vou fazer isso imediatamente.

Foi então que Brazelton largou a primeira bomba.

— Além disso, o Sr. Harcourt me deu instruções para lhe dizer que ele quer que o cavalo Travel's Echo seja morto com um tiro e enterrado.

Suas palavras me paralisaram. Até agora eu estivera contente em concordar com a venda e confiante de que meus serviços profissionais seriam requeridos por quem comprasse a propriedade. De repente, aparece uma história completamente diversa. Harcourt queria que Travel's Echo fosse sacrificado?

Cheio de descrença e tristeza, uma grande pergunta me veio à mente: "Mas por quê, meu Deus...?"

Brazelton interrompeu:

— O Sr. Harcourt não quer que ninguém mais tenha Travel's Echo. Ele prefere que você, pessoalmente, o execute com um tiro a vê-lo ir para outras mãos.

Eu não disse nada. Estava completamente confuso. Essa história de não querer que o cavalo fosse para outra pessoa era uma noção sentimental, mas havia tal crueldade em seu cerne que a tornava ilógica — e de repente me lembrei das palavras de Harcourt: "Eles estão sendo lógicos enquanto eu sou ilógico."

Não podia suportar aquilo. Em minha cabeça apareceu a imagem de Travel's Echo dando tanta alegria à família Harcourt naquela primeira prova, quase cinco anos antes... e os sorrisos dele e de sua mulher enquanto recebiam os aplausos dos amigos.

Os Brazelton continuou:

— Ele também quer que você execute pessoalmente os pôneis da Sra. Harcourt...

A Sra. Harcourt havia comprado um par de pôneis que pretendia montar de vez em quando. Mas ela jamais os montara e os animais eram mantidos em boas condições pela equipe da Flag Is Up Farms.

Brazelton repetiu:

— Ela também não quer vê-los nas mãos de outro proprietário.— Fez uma pausa e consultou alguns papéis antes de prosseguir: — O Sr. Harcourt ficou extremamente desapontado com a atuação de dois cavalos, Veiled Wonder e Cherokee Arrow. Ele quer que você os execute, de preferência hoje mesmo. Ele não quer que você tente vendê-los para ninguém. Ele acha que os dois cavalos o envergonharam. Tinha muitas esperanças neles e eles o decepcionaram.

Aquilo se transformava numa tempestade de fogo; a desintegração pela qual eu esperava. Já não estava mais atônito, pesaroso ou confuso. Tudo o que eu sentia era raiva e determinação. Eu *não* deixaria que aquilo acontecesse. De alguma forma, eu salvaria aqueles animais. Não deixaria que fossem assassinados por um homem problemático e seus advogados de aluguel. Nenhum dos cavalos aos meus cuidados seria sacrificado por causa de um capricho de um homem instável e da sua capacidade de comprar o poder dos processos legais.

Brazelton se levantou e preparou-se para ir embora. Finalizou, dizendo:

— Para facilitar as disposições do Sr. Harcourt, estarei em contato com você todos os dias.

Então ele se levantou e foi encontrar-se com o Sr. Harcourt, que o esperava no carro.

Ele me deixou dominado pelo choque, sentado no pátio, olhando para a fazenda que eu criara.

De qualquer forma, de uma coisa eu sabia: não tinha tempo para ficar sentindo pena de mim mesmo, porque se não agisse rapidamente perderia o controle da situação. Comecei a caminhar nervosamente de um lado para outro, pensando no que deveria fazer. Eu tinha o direito de assinar documentos e, consequentemente, havia opções abertas para mim. Precisava encontrar um modo de salvar a vida dos animais.

As palavras de Brazelton martelavam minha cabeça: "...desapontado com sua atuação... vergonha..." Tanto Veiled Wonder como Cherokee Arrow eram animais jovens, cheios de vida, de excelente linhagem, campeões entre os potros, que apenas nos "decepcionaram" porque criamos expectativas muito altas em relação a eles.

Fui até as baias dos dois animais e olhei para eles. Era doloroso pensar quanto eles desconheciam o que estava se passando. Eu os tranquilizei, afaguei seus focinhos enquanto tentava pensar no que fazer.

Fui até os escritórios da Flag is Up Farms e examinei alguns documentos. Menos de um mês antes mandáramos avaliar Veiled Wonder e Cherokee Arrow, juntamente com todos os outros cavalos do Sr. Harcourt. Os papéis confirmaram o que eu já sabia: Veiled Wonder fora avaliado em 3.500 dólares e Cherokee Arrow em 3 mil.

A única atitude que eu podia tomar era vendê-los imediatamente e depois me assegurar de que o dinheiro fosse registrado na conta da Flag is Up Farms, pois não podia ficar vulnerável à acusação de que eu roubara os animais.

Chamei um amigo imediatamente e pedi-lhe para me mandar um cheque de 6.500 dólares no qual informava que pagara essa soma pela compra dos dois cavalos. Prometi que logo, logo lhe devolveria o dinheiro. Em seguida, fiz arranjos para que os dois fossem transportados de navio para a Inglaterra, onde ficariam de quarentena antes de serem embarcados para Alton Lodge, na Nova Zelândia, onde Sharivari e Bahroona já eram reprodutores.

Ao serem transferidos das suas baias para a van, Cherokee Arrow e Veiled Wonder aceitaram a coisa como rotina. Não sabiam que estavam indo para o outro lado do mundo nem que tinham acabado de escapar da morte certa. Estavam relaxados, em excelentes condições, e entraram na van com as orelhas apontadas para frente.

Não podia entender as ações do Sr. Harcourt. O que se passaria pela cabeça dele? Como reagiria se viesse a saber que eu me recusara a destruir seus cavalos?

Eticamente, não havia nada de errado no que eu fizera. Embora desobedecendo as suas instruções, a fazenda recebera o dinheiro pelo qual os cavalos haviam sido avaliados. Minha posição era a seguinte: Harcourt era um homem doente que tomava decisões irracionais; eu simplesmente não podia permitir que os animais se tornassem vítimas da sua enfermidade.

A próxima coisa a fazer era resolver o problema dos pôneis. Telefonei para uma senhora que lhes daria um bom lar e, antes que uma hora houvesse se passado, ela apareceu para levá-los embora.

Eu os conduzi das suas baias para dentro da van. Eram criaturas pequenas e cheias de vida, cuja potencialidade nunca havia sido usada adequadamente. Esperava que tivessem uma vida melhor dali em diante.

Então chamei um vizinho:

— Posso deixar um cavalo contigo, secretamente?

— O que é que está acontecendo?

— Não posso lhe dizer, mas, acredite, a vida do animal está em perigo. Quero que você fique com ele em sua fazenda e não diga nada a ninguém.

— Bem, acho que está tudo bem.

— Você acaba de salvar a vida desse cavalo.

— Mande ele para cá. Como é o nome dele?
— É melhor que eu não te diga.

Conduzi Travel's Echo para fora da sua baia e embarquei-o em uma das nossas vans. Ele foi levado para um lugar a menos de 1.600 metros de distância e lá ficaria escondido até que todos esses acontecimentos fizessem algum sentido.

Essa atividade frenética me ocupou durante toda a tarde até quase de madrugada. A última coisa que fiz foi visitar Johnny Tivio em sua baia, apenas para me certificar de que ele continuava ali são e salvo. Como sempre, sua baia estava imaculadamente limpa. Seu estrume empilhado num canto, fora do caminho. Dificilmente ele urinava na baia. Eu lhe disse:

— Você é um bicho bem civilizado, sabia? Você não quer se mudar para um quarto lá em casa?

Ele ficou me observando em silêncio, impassível. Às vezes, tinha a impressão de que era eu que trabalhava para ele e não o contrário.

Bem cedo, na manhã seguinte, recebi um telefonema.

— Sr. Roberts?

Era uma voz de mulher, normal e desinteressada. O tipo de voz que você ouve quando vai a uma loja se queixar de que a máquina de lavar pratos, recentemente comprada, não funciona.

— É ele.
— Estou telefonando em nome do Sr. Hastings Harcourt.
— Sim?
— O senhor pode confirmar para mim que o cavalo chamado Travel's Echo foi destruído?

Eu tinha que mentir, mas senti a mentira como se ela estivesse grudada na minha garganta. Nunca estivera em uma situação que exigisse que eu enganasse alguém. Agora a mentira era fundamental.

— Sim, ele já se foi.
— E os dois potros, Veiled Wonder e Cherokee Arrow, também foram destruídos?
— Sim, eu posso confirmar que eles também já se foram.
— E o senhor pode garantir que os pôneis da Sra. Harcourt também foram destruídos?

— Sim. Já não estão mais aqui.

— E, finalmente, preciso ter a certeza de que o senhor pessoalmente tratou de enterrá-los.

— Sim.

— Obrigado, Sr. Roberts.

O telefone clicou e a voz despersonalizada se foi.

Os meses seguintes foram caóticos, pois tivemos que preparar éguas reprodutoras, potrinhos, potros e cavalos de corrida que seriam vendidos num raio de 6 mil quilômetros.

As crianças tinham agora 10, 12 e 14 anos e achavam difícil compreender o que estava se passando. E devo dizer que elas não eram as únicas a procurar algum sentido em toda aquela movimentação.

Imediatamente comecei a entrar em contato com gente no negócio de cavalos, tentando atrair um comprador para a Flag Is Up Farms. Lutávamos pelas nossas vidas, com Osborne Brazelton e os Harcourt atrás de nós. Se não conseguíssemos encontrar um comprador o mais rapidamente possível, eu sabia que a Flag Is Up Farms acabaria sendo loteada.

Embora a família estivesse tensa e preocupada com o que acontecia na Flag Is Up, eu estava razoavelmente confiante. Tudo estava andando bem. Obviamente, Harcourt devia ter acreditado que eu matara os animais, pois não havia ninguém à procura deles. Havia também — dedos cruzados — um comprador interessado. Ele talvez pudesse adquirir Flag Is Up, que, apesar de tudo, continuava em franca atividade — um senhor chamado Greenbaum, de Los Angeles.

Nesse meio tempo, continuamos levando a fazenda adiante e tentando dar ao nosso trabalho uma aparência de normalidade, embora isso nem sempre fosse possível.

Dois meses mais tarde, na primeira semana de dezembro daquele ano, Rudolf Greenbaum finalmente concordou em comprar a Flag Is Up, bem como 12 potrinhos com menos de um ano de idade, os dois garanhões Gladwin e Petrone, os veículos e o equipamento. Em outras palavras, o negócio em atividade.

O preço foi negociado e na terceira semana de dezembro uma escritura deu entrada numa companhia seguradora de títulos de Santa Bárbara. O Sr. Greenbaum depositou 200 mil dólares na conta da escritura e o negócio foi fechado.

Estávamos salvos, e não apenas isso: estávamos numa situação melhor do que antes, uma vez que não tínhamos mais que lidar com os problemas psicológicos de Hastings e Fran Harcourt.

Então a história mudou de figura; para pior.

No dia 3 de janeiro de 1972, recebi um telefonema de Brazelton dizendo que tudo havia sido suspenso e que eu me preparasse para recebê-lo na minha sala na Flag Is Up.

Ele chegou com uma pasta enorme e me pediu para sentar-me à minha mesa enquanto ele andava de um lado para outro declamando o que me pareceu ser um discurso muito bem ensaiado.

— O Sr. Harcourt está muito aborrecido — começou. — Ele descobriu que você não matou Veiled Wonder e Cherokee Arrow. Descobriu ainda que você os vendeu para um amigo, apenas para transferi-los em seguida para o seu nome. A impressão é que você roubou os animais.

— Paguei o justo valor de mercado — afirmei — e, uma vez que ele queria matá-los, ganhou 6.500 dólares a mais do que deveria receber.

Brazelton fez uma pausa e depois disse com muita calma:

— Quando eu acabar contigo, você vai se parecer com Jesse James, que também roubava cavalos.

Eu vi o que estava acontecendo. Nada disso tinha a ver com a propriedade ou os cavalos ou o dinheiro ou minha família. Tratava-se da síndrome do castelo de areia. A venda da fazenda havia corrido bem demais. O Sr. Harcourt achava que ainda não havia feito ondas do tamanho que pretendera.

Fiquei sentado ali, pensando como havia podido me meter naquela situação impossível. Era realmente inacreditável. Não queria ser conhecido como ladrão de cavalos, não queria matar cavalos, não queria ser julgado por causa daquele homem doente — eu queria ir montar Johnny Tivio e esquecer tudo.

Em vez disso, fui preso sob a acusação de roubo de cavalos, e o Sr. Harcourt usou seu poder de influência e seu dinheiro para perseguir sistematicamente a mim e à minha família. Encontrei-me sentado dentro de uma cela com o meu caso fornecendo manchetes para a maioria dos jornais do oeste americano. E mais: vi meu nome honrado ser destruído pela cobertura da imprensa, vi minha família preocupada e o nosso futuro acabado.

Enquanto estava sentado no meio de um bando de outros prisioneiros — guimbas de cigarro que o vento reuniu numa cela aguardando pela liberdade sob fiança —, lembrei-me da última vez que me vi na cadeia.

Sete anos antes, em 1964, eu dirigia um carro novinho, um Oldsmobile azul-escuro. Viajava com Hoss Dilday e rebocávamos um trailer, em cujo interior estavam Johnny Tivio e Night Mist. Estávamos deixando uma prova e indo em direção a outra, a mais de mil quilômetros de distância.

Era uma delícia dirigir o Oldsmobile. Estávamos ouvindo Herb Alpert and the Tijuana Brass, uma fita que alguém me dera de presente. Estávamos realmente felizes. Para mim, a música que ouvíamos era a mais bela do mundo. Era uma sensação extremamente agradável dirigir na autoestrada ouvindo Herb Alpert and the Tijuana Brass. E lá estávamos nós, deixando Huron para trás, transportando os dois melhores cavalos que jamais existiram, dirigindo um magnífico Oldsmobile azul-escuro. Eu disse a Hoss:

— Este é o carro mais bonito e melhor que já tive. É um prazer dirigi-lo. Pode haver vida melhor do que esta?

Mal havia pronunciado essas palavras e ouvimos uma grande explosão debaixo do capô do carro. Um jato de fogo saiu do painel e veio diretamente para nós. Olhei para Hoss e ele estava branco de medo.

Desviei o automóvel para fora da estrada. O fogo era intenso no motor do carro e as chamas saíam pelo capô.

A primeira coisa que fiz foi apanhar minhas fitas de Herb Alpert e jogá-las intactas no terreno deserto. Hoss saltou do lado do carona e eu pela minha porta do lado esquerdo com as chaves na mão, pois pensava nos cavalos — Johnny Tivio!

A essa altura as chamas já haviam invadido a parte da frente do veículo. Havia também uma trilha de fogo na estrada atrás de nós, onde, imagino, a gasolina havia vazado. Naturalmente, pensei no tanque.

Hoss começou a apanhar o equipamento enquanto eu fui para a traseira e desembarquei os animais o mais rapidamente possível. Fiz com que trotassem pelo deserto para longe da estrada, enquanto Hoss vinha atrás de mim, trazendo as selas e o resto do equipamento.

Enquanto Hoss segurava os cavalos pelas rédeas, eu corri de volta ao carro e desatrelei o trailer. Com o ombro, tratei de empurrá-lo para longe. Caso o carro explodisse, pelo menos não perderíamos o trailer. A roda da frente do trailer funcionou muito bem e consegui afastá-lo uns 4 metros.

Um homem passou com uma picape em direção a Huron e disse que chamaria os bombeiros. Acho que depois de três minutos havíamos salvado os cavalos, o trailer, o equipamento e, é claro, Herb Alpert and the Tijuana Brass.

Assim que Johnny Tivio se viu livre, tomou conta da situação. Para ele, tudo aquilo ocorrera para diverti-lo e provavelmente queria um pouco mais. Ele não estava muito certo de que havia conseguido os melhores lugares na plateia e geralmente se queixava com o gerente.

A essa altura as chamas já haviam tomado conta de todo o carro. Haviam invadido a área de passageiros. Um dos pneus da frente explodiu e logo em seguida a borracha começou a queimar de verdade. O automóvel era uma grande tocha.

Logo depois disso ouvi sirenes a distância e em seguida o mais incrível carro de bombeiros que já vira na vida, embora Johnny Tivio não houvesse se impressionado absolutamente. Provavelmente produzido durante os anos 1930, o carro de bombeiros parecia ter saído diretamente de um filme de Hollywood, com escadas e homens pendurados por todos os lados. Os bombeiros, que vestiam camisetas por causa do calor, estacionaram o carro bem no meio da estrada, acenderam a luz vermelha e pararam o trânsito. Levou uns quatro minutos para que a água, finalmente, saísse das mangueiras e dois minutos depois as chamas se extinguiram. O carro parecia um marshmallow. Não havia sobrado muito.

O homem da picape que chamara os bombeiros retornou. Os bombeiros o ajudaram a enganchar o trailer no seu carro e ele disse que nos daria uma carona até a cidade, juntamente com Johnny Tivio e Night Mist.

Ele já havia falado com a polícia e aparentemente ela tinha um terreno ao lado da delegacia onde poderíamos deixar o trailer com os cavalos amarrados e alimentá-los com feno e água.

Acabamos descobrindo que nosso salvador era um fã de Johnny Tivio e já o vira em muitos concursos. Não podia acreditar que salvara exatamente o próprio Johnny Tivio!

Quando finalmente desembarcamos os cavalos e desatrelamos o trailer da picape ao lado da pequena delegacia de polícia local, já era tarde da noite. Amarramos os animais ao trailer e Hoss ficou com eles.

Fui até a delegacia de polícia, que era mais ou menos do tamanho de uma baia, e telefonei para Pat em San Luis Obispo. Ela ainda não havia despertado totalmente quando lhe contei o que ocorrera.

Depois disso, perguntei ao funcionário da delegacia se havia alguma chance de encontrar um quarto para passar a noite. Ele disse:

— Não tem lugar algum, com exceção do bordel com uma garota em cada quarto.

Sacudi a cabeça.

— Bem, você é bem-vindo para dormir numa das camas-beliche de uma das celas.

Então ele me conduziu até a cela.

Foi assim que passamos a noite na cadeia de Huron!

A jovialidade daquela ocasião — a gentileza e presteza de todos à nossa volta — fez com que eu pensasse como, em contraste, era injusta a minha prisão.

Sentado na cela, lembrei que quando cheguei em casa, tantos anos antes, havia uma carta esperando por mim. Perguntavam se eu poderia levar o Oldsmobile para a garagem para alguns ajustes. Haviam descoberto uma falha que poderia causar um incêndio no motor!

Agora, alguém estava dizendo o meu nome. Fui levado da cela e me defrontei com um policial na porta do corredor.

— Venha comigo — ordenou.

Enquanto caminhávamos pelo corredor e já longe do alcance dos ouvidos dos demais prisioneiros, ele continuou:

— Não entendo isso. De alguma forma, um cidadão foi capaz de convencer alguém de que deveriam deixar você atender ao telefone imediatamente. Normalmente isso não é permitido, mas tenho ordens de deixar um sujeito falar com você.

Entramos em uma sala pequena onde havia um telefone na parede. Outro policial segurava o bocal e o apontava na minha direção. Deve ser Harcourt no outro lado da linha, pensei. Somente ele teria o poder para transgredir o regulamento policial. Peguei o fone:

— Alô? — disse.

— Alô! — respondeu a voz do outro lado. — Aqui quem fala é Glen Cornelius.

— Glen!?

Era incrível ouvir uma voz que eu conhecia; a voz de um amigo e de um homem decente.

Ele não perdeu um minuto:

— Estou a caminho de uma reunião na sua casa. Quero que você saiba que um monte de gente da nossa comunidade acredita em você e quer parar Harcourt.

Em seguida, ele perguntou diretamente:

— Você roubou aqueles dois cavalos?

— Não — afirmei. — Não tirei nada de Harcourt.

— Bem, a sua fiança é de 50 mil dólares e eu estou aqui sentado com uma sacola de compras contendo essa quantia na minha frente. Vou participar da reunião na sua casa e depois passo aí para pegá-lo.

Essa mensagem, aparecendo assim, de repente, encheu meu coração de esperança. O grupo de pessoas que compareceu à reunião de solidariedade incluía Marge e Vince Evans, George e Kathy Smith, John e Glory Bacon, Dr. Jack e Cae Algeo, Peggy e Slick Gardner e Ora Cornelius.

Esses eram nossos amigos e lutariam por nós.

Quando saí da cadeia no dia seguinte, a Flag Is Up estava cercada por guardas de segurança portando poderosas lanternas. Haviam sido pagos por Harcourt. Nossos advogados nos aconselharam a deixar a propriedade imediatamente.

Não tínhamos um carro, uma vez que todos os veículos pertenciam à Flag Is Up Farms. Slick, o filho da Sra. Gardner, chegou em seu carro em poucos minutos e ajudou Pat a acomodar as coisas de que precisaríamos para nos hospedar no rancho dos Gardners.

Corri para as cocheiras e imediatamente encilhei Johnny Tivio, Jess e Cadillac, os três cavalos que — sabia — tinha que tirar da Flag is Up.

Enquanto selava Johnny Tivio, uma empregada do escritório veio me dizer que os cavalos tinham que permanecer na fazenda até que ficasse estabelecido a quem eles realmente pertenciam.

Sorri para ela e continuei encilhando. Ela sabia a quem os três cavalos pertenciam... sabia que Harcourt queria que eu matasse animais a torto e a direito... sabia que nem um exército conseguiria me separar de Johnny Tivio, a não ser enterrando um a distância do outro.

Carreguei meus três cavalos com o máximo de equipamento que pude, montei Johnny Tivio, conduzi os outros dois pela longa alameda e passei pelos prédios que projetara com tanto carinho e pelos padoques que usara nos últimos seis anos. Tudo parecia em paz e bem-cuidado. A beleza do local tinha sempre o mesmo efeito sobre mim: eu me sentia orgulhoso. Eu erguera as cercas e agora elas eram como linhas retas correndo pelo do prado. Eu colocara o desenho no papel e canalizara as águas. Os cavalos que pastavam nos padoques — alguns eu estava treinando, alguns eu já iniciara e outros tomariam ainda as primeiras lições. Pensei, emocionado:

eles não sabem dos nossos problemas e nós não sabemos o suficiente sobre os problemas deles — mas eu queria saber, e senti uma resolução renovada de concentrar-me em meu trabalho; de desenvolver minhas habilidades com animais necessitados; de renovar minhas técnicas de iniciar jovens animais.

Os acres que se espalhavam à esquerda e à direita continuariam existindo muito depois da morte de Harcourt e muito depois da minha morte também. Esse belo vale exporia todas as injúrias que a espécie humana tentara infligir a ele.

Johnny Tivio trotava, se perguntando, talvez, para onde iria nessa estranha jornada, mas sempre atento a tudo, como de hábito. Suas orelhas se moviam para frente, para trás e para os lados, ouvindo o que eu lhe dizia e checando o que havia à frente e nas laterais. A autoconfiança de Johnny Tivio e sua natural superioridade em relação a todos à sua volta eram como poeira de ouro para mim naquele momento. Uma coisa mágica que dinheiro algum pode pagar. Eu amava aquele cavalo.

Ao sair pelo portão, imaginei quando essa desgraça desapareceria de nossas vidas. Perguntei-me se algum dia eu voltaria à Flag is Up Farms, um lugar que achei, projetei e construí; um objetivo que levou oito anos da minha vida para ser alcançado.

Conduzi Johnny Tivio pela autoestrada e depois de algumas centenas de metros estávamos no rancho Gardner, tendo atrás de mim e Johnny Tivio, seguros pelas rédeas, Jess e Cadillac.

Continuei subindo pelo corredor da entrada e sentia grande alívio a cada passo dado por Johnny Tivio que me conduzia para longe dos nossos problemas. Aproximamo-nos do conjunto de prédios brancos empoleirados de um lado da montanha e que constituíam o rancho Gardner. Eu estava muito agradecido a Peggy e Slick por nos terem oferecido imediatamente um abrigo seguro. Eu não tinha ideia do tempo que ficaria com eles — um dia, uma semana, um ano.

Durante o ano que se seguiu, o caso contra mim começou a se desenredar. Harcourt e seus advogados só poderiam apresentar acusações de má conduta no que dizia respeito a Veiled Wonder e

Cherokee Arrow. Eles continuavam pressionando para poder me acusar de roubo, mas uma vez que não obtive lucro algum ao desobedecer a instruções para matar os cavalos, o caso deles era muito frágil. Só podiam me acusar de má conduta.

Seguiu-se uma longa batalha legal com facções de ambos os lados.

Greenbaum, o homem que julgara ter comprado a Flag is Up Farms, estava processando Harcourt e queria uma indenização de 10 milhões de dólares.

A firma de advogados Hollister, que me defendia, pedia uma indenização de 30 milhões por perseguição injusta. Tanto eu como Pat falamos com mais advogados do que posso lembrar.

Harcourt continuava pressionando para que eu fosse acusado de roubo e pagava gente a torto e a direito para vencer o caso.

Davie Minier, o promotor distrital, lavou as mãos de todo o fiasco e anunciou sua candidatura ao governo da Califórnia.

Os documentos relativos à Flag is Up Farms eram enterrados e ressuscitados pelas funcionárias do escritório da fazenda, dependendo das venetas dos advogados de Harcourt.

Eu estava no centro do litígio, cujos detalhes espero nunca mais ouvir na minha vida. Só a ideia de descrevê-los é exaustiva e imagino que ninguém deva ser forçado a lê-los.

O desfecho de toda a gritaria foi a decisão de convocar um juiz mais velho e aposentado para sair do seu retiro e resolver tudo.

C. Douglas Smith era um homem esbelto, de cabelos grisalhos, modos decididos e um olhar frio atrás dos óculos.

Ao entrarmos na sala com ele, cada um puxava para o seu lado.

A firma de advogados Hollister queria 30 milhões de dólares de Harcourt.

Meu advogado criminal queria uma vitória sem acusação de qualquer delito.

Osborne Brazelton queria manter sua licença para continuar no exercício da profissão.

Harcourt, agora, tinha que lutar para manter-se fora da prisão, pois era acusado de perseguição.

O juiz aguentou a gritaria por algum tempo e depois bateu o martelo, exigindo silêncio. Anunciou que lera os depoimentos e os documentos de evidência e não vira delito algum — pelo menos nenhum delito cometido pelo acusado — eu.

Apontando o dedo indicador diretamente para mim, ele disse:

— Quero ver este homem sorrir.

Gostei do juiz. Eu *queria* sorrir. Não lembrava quando havia sorrido pela última vez. A impressão era de que tinha sido há muito tempo.

Sentei-me confortavelmente na minha cadeira e esperei.

Assim que o Sr. Harcourt se deu conta da fragilidade do seu caso, entrou em pânico e começou a vender lotes da Flag is Up Farms por bem menos que seu valor real. No final, meus advogados me chamaram e disseram que tinham uma proposta. Não estavam certos de que se tratava de uma boa oferta, mas se sentiam na obrigação de explicá-la a mim.

Eu deveria pleitear um nada-consta em relação à má conduta (e não a qualquer delito) por ter me recusado a matar Veiled Wonder e Cherokee Arrow e assinado os papéis que os passavam para o meu nome, embora houvesse pagado o valor de 6.500 dólares pelos quais os cavalos haviam sido avaliados. Disseram que, se eu aceitasse a proposta, evitaria o julgamento total.

Se eu quisesse levar meus perseguidores à barra do tribunal, teria que lutar com os advogados de Harcourt, talvez, por alguns anos.

Concordamos que os dois cavalos em questão, Veiled Wonder e Cherokee Arrow, seriam dados para mim pelo Sr. Harcourt como prova final de que eu não cometera erro intrínseco na transação, embora eu admitisse má conduta. Quando ouvi essa parte, um sorriso tomou conta do meu rosto. Tinha valido a pena. Pelo menos para ver os dois animais de volta à Flag is Up Farms, completamente alheios aos problemas que haviam causado.

Todas as outras acusações seriam retiradas. O Conselho de Corridas de Cavalos da Califórnia me devolveria imediatamente minha licença de treinador e enviaria uma carta com um pedido formal de desculpas.

Por último, mas não menos importante, a Flag is Up Farms era nossa. A compensação que o Sr. Harcourt pagou por sua perseguição nos permitiu comprar nossa fazenda de volta. Estava tudo acabado. Podíamos ir para casa.

A essa altura, já se havia passado um ano desde que Pat, eu, Debbie, Lori e Marty havíamos deixado a Flag is Up Farms.

Enquanto estivemos no rancho Gardner, reformamos o velho celeiro muito bem, e ele se tornou um lar para Johnny Tivio, Jess e Cadillac. Agora, eu os embarcava de novo e refazia com eles a curta distância até a Flag is Up Farms.

Johnny Tivio gostou de rever a sua velha baia. Tenho certeza de que jamais lhe ocorreu que não podia voltar para ela quando quisesse, mas ele estava definitivamente feliz em ver seu antigo lar novamente; em ver o gracioso estábulo e sentir a sensação de espaço nos padoques, lado a lado sobre o leito desse belo vale.

Quando Pat, eu e as crianças entramos de novo em nossa casa, ela parecia um celeiro poeirento que fora abandonado por 100 anos e não apenas por meros 12 meses.

Não havia mobília alguma e o eco ressoava quando pisávamos sobre o assoalho de madeira. Teias de aranha balançavam nos caibros do telhado e podíamos sentir no ar a estranha presença dos eventos que precederam a nossa partida.

Acendemos as luzes e deixamos a água correr das torneiras. Abrimos as janelas e o vento trouxe um pouco de vida para a casa. Telefonamos para o depósito e pedimos que trouxessem a nossa mobília.

Pat recomeçou a pintar quadros loucamente e a pendurá-los pela casa toda. Queria trazer de volta às nossas vidas alguma luz e alguma cor.

Caminhamos pela fazenda e nos reapresentamos a cada prédio e picadeiro. Algumas áreas mais isoladas e a área onde ficava o galpão de reprodução haviam sido vendidas, mas o âmago da fazenda permanecera o mesmo de sempre.

Depois de algum tempo principiamos a nos dar conta de que a Flag is Up era nossa e que começávamos a nos restabelecer como uma família.

Johnny Tivio estava de volta à sua cocheira e nós éramos nossos próprios patrões. Um novo começo.

Era pungente fazer novamente aquilo em que eu era bom: cuidar de cavalos. Talvez essa energia renovada tenha me levado a ser zeloso demais e a cometer um erro de julgamento crucial em relação a um cavalo chamado Fancy Heels.

Eu falara com meus amigos Dave e Sue Abel, de Elko, Nevada, sobre a possibilidade de dar um pulo por lá para ver um concurso. Queria inspecionar um grande contingente de cavalos de gado que competem em Elko todos os anos. Esses animais vinham de ranchos onde trabalhavam por longas horas todos os dias, sem ter que sofrer os enfadonhos exercícios necessários para os rodeios, que acabam fazendo os cavalos se ressentirem com as atuações. Por isso, muitas vezes, é possível encontrar maravilhosos atletas equinos nas provas de Elko; animais de excelentes hábitos de trabalho e boas atitudes. Fui para lá.

Logo descobri um cavalo que me impressionou muito. Seu nome era Fancy Heels e ele demonstrou habilidade com o gado, excelente capacidade atlética e, além do mais, tinha uma boca sensível e atraente. Achei que se o levasse para a Califórnia poderia fazê-lo progredir a ponto de vencer algumas das maiores provas. Não julguei que precisaria trabalhá-lo muito — um toque aqui e outro ali fariam milagres, transformariam um bom cavalo de fazenda em um cavalo de prova de primeira categoria.

No sábado, Fancy Heels venceu entre os cavalos de sua classe. Isso o habilitou a concorrer no domingo entre os cavalos de primeira categoria de todas as classes.

De qualquer forma, eu estava ansioso para comprá-lo antes que ele começasse a ganhar qualquer campeonato. Por isso mesmo, sábado à tarde fui à baia de Fancy Heels em companhia de Dave Abel para conhecer o seu proprietário, Randy Bunch.

— Ele está à venda, sim, senhor — admitiu Randy. — Essa foi a razão principal de eu trazê-lo à cidade. Eu preferiria estar no meu rancho agora, mas precisava vendê-lo.

— Quanto você quer por ele?

Randy esperou um momento antes de abrir a boca.

— Três mil e quinhentos dólares.

O preço baixo me surpreendeu e eu concordei imediatamente. Apertamos as mãos e preenchi um cheque.

— Você vai participar do campeonato amanhã de qualquer maneira, não é? — perguntei.

— Não, senhor. O cavalo é seu. Você apresenta ele amanhã.

Espantado, eu disse:

— Espere um pouco. Eu nunca o montei e, além disso, não tenho nem roupas nem equipamento.

Randy apontou um dedo na minha direção.

— Venha cá — ele disse. — Quero lhe mostrar uma coisa. — Fancy Heels foi para um lado quando entramos pelos fundos da sua baia.

Randy afastou a cama de um canto e revelou uma garrafa pela metade de *bourbon* Jim Beam. Ele se inclinou, pegou a garrafa e a manteve entre nós dois.

— Tive que beber metade deste *bourbon* para passar pelas eliminatórias. Não quero beber a garrafa toda para passar pelo campeonato. Eu vim para a cidade para vender Fancy Heels. Eu o vendi e agora vou voltar para o meu rancho antes das 22 horas. Boa sorte. O show é seu.

Olhei para Dave Abel, estampando no rosto um pedido de ajuda. Dave encolheu os ombros:

— O pessoal aqui é desse jeito. Acho que você vai ter que apresentar o cavalo. Posso lhe arranjar um par de chaparreiras e uma tralha.

Montei Fancy Heels por uma hora mais ou menos só para ter uma ideia dele. Na manhã seguinte rodei com ele por mais meia hora para aquecê-lo.

Quando me dei conta, estava na arena, no meio de um gado para separar uma rês, sobre um cavalo que eu montara por menos de duas horas.

Nosso trabalho com o gado foi muito bom e Fancy Heels liderava a competição, preparando-se para entrar na fase da rês isolada. Nosso trabalho com a rês isolada foi aceitável, mas algo não funcionou aqui e ali. Depois disso, veio o que chamamos de trabalho seco. Esbarrar e voltar sem trabalhar animais. Isso saiu bem e acabamos em segundo lugar em todo o campeonato.

Arrumei tudo para Fancy Heels ser transportado para a Flag is Up Farms, na Califórnia. Estava ansioso para trabalhar com ele e inscrevê-lo na competição nacional aberta.

Depois de trabalhar uma semana com Fancy Heels, passei a respeitar Randy Bunch um bocado. Era claro que as mudanças necessárias seriam mais difíceis de serem feitas do que havia pensado inicialmente. Fancy Heels era um cavalo de trabalho, maduro, com hábitos bem estabelecidos e eu não conseguia me entender com ele.

Depois de um mês, tive que reconhecer que Fancy Heels era 10 por cento menos efetivo do que quando atuara na prova de Elko.

Depois de dois meses, sua eficiência baixara em mais 10 por cento. Pensei comigo mesmo: "Calma, rapaz! Você é o maior treinador de cavalos puro-sangue da região e já trabalhou muitos cavalos de gado campeões, inclusive o lendário Johnny Tivio. Você sabe que pode fazer o serviço."

Ao fim do terceiro e do quarto mês, tive que reconhecer que, por culpa minha, Fancy Heels havia regredido muito mais. Concluí que havia falhado e devia desistir. A melhor coisa a fazer era vendê-lo para um bom rancheiro em cuja fazenda ele pudesse fazer o trabalho de que gostava.

Durante o tempo em que montei Fancy Heels, não tenho ideia do número de vezes em que disse a mim mesmo: "Não se podem ensinar novos truques a um cachorro velho, mas sem dúvida era um número interessante."

Para dizer a verdade, *podem-se* ensinar novos truques a um cachorro velho. Acontece que eu não estava fazendo a coisa certa.

Estava tão ansioso para trabalhar com ele que voltei para casa com a ideia fixa de que poderia fazer as mudanças que queria rapidamente. Eu o tirei da sua rotina, pressionei-o para fazer o que eu queria, o que eu imaginava ser um padrão de excelência, sem levar em consideração os seus sentimentos. Simplesmente não funcionou.

Se eu tivesse a chance de trabalhar com Fancy Heels novamente, não estabeleceria um tempo para realizar as mudanças. Ele me ensinou a respeitar cavalos ainda mais e a não exigir perfeição imediata. No que me dizia respeito, eu havia falhado com ele, mas aprendera alguma coisa com a experiência. Tenho certeza de que, nos vinte anos que se seguiram, as centenas de cavalos que treinei se beneficiaram com o que Fancy Heels me ensinou.

Em 1974, recebi o pior tipo de telefonema possível:

— Monty?

— Sim.

— Crawford caiu do cavalo. Quebrou o pescoço.

Meu velho amigo Crawford Hall estava deitado, gravemente machucado, na unidade de tratamento intensivo do hospital. Ele estava montando um cavalo novo que, de repente, empinou e o derrubou no chão, fraturando-lhe o pescoço.

Dave Abel, um colega de classe de Crawford, estava na fazenda quando recebi a notícia. Nós imediatamente corremos para o carro e nos dirigimos o mais rapidamente possível para Fresno, Nevada, onde Crawford estava hospitalizado.

No caminho para Fresno, eu e Abel abrimos os bancos das nossas memórias e retiramos tudo o que sabíamos sobre o amigo.

Crawford Hall era filho de Clark Hall, que administrava uma fazenda de gado em Shandon, Califórnia, perto de onde James Dean morrera.

Clark era um homem esportivo, o tipo de pessoa que tenta um pouco de tudo. No fim dos anos 1940, ele era um bom laçador-amarrador em equipe, que costumava vencer campeonatos na Califórnia central e competira na categoria em alguns dos principais rodeios da região.

Eu competi ao lado de Clark quando tinha entre 10 e 12 anos, laçando e amarrando novilhos. Aprendi a conhecê-lo bem e estive no seu rancho algumas vezes. Crawford, seu filho, começava a crescer e já montava seus primeiros cavalos naquela época. Era um garoto muito ativo e ajudava o pai a cuidar do gado.

Enquanto estudava na Cal-Poly, que fica a menos de 100 quilômetros de Shandon, eu via Crawford frequentemente. Isso foi na metade dos anos 1950 e ele começava a competir em provas e rodeios na categoria juvenil.

Mais tarde, quando eu já havia saído da faculdade, no começo dos anos 1960, ele começou a aparecer na minha casa, pois eu tinha uma aluna chamada Sandra Lewis, por quem ele se encantou e com a qual acabou se casando.

Foi como uma celebração em família quando Sandra se casou com Crawford, e graças a essa união eu passei a conhecê-lo bem melhor. Eles se mudaram para Fallon, Nevada, onde Crawford administrava uma invernada para seu pai, mas continuamos mantendo contato.

Infelizmente, as coisas entre Crawford e Sandra não funcionaram. Fizeram várias tentativas, mas acabaram se separando.

Em 1973, Crawford foi trabalhar em Tulare com Greg Ward, amigo íntimo e ex-colega de faculdade, que treinava cavalos de gado, cavalos de rancho e cavalos de quarto de milha. Crawford foi para lá como pau pra toda obra, mas principalmente para montar os cavalos de apartação e os cavalos de rancho. Era também um bom cavaleiro de cavalos de corrida em treinamento.

Agora ele estava sendo forçado a encarar a realidade de nunca mais poder montar.

Chegamos ao hospital e fomos conduzidos imediatamente para um quarto da UTI onde ele estava sendo tratado por causa dos graves danos na espinha dorsal.

Jamais esquecerei o que vi quando entramos naquele quarto de hospital. Crawford tinha um parafuso embutido no topo da cabeça e parafusos nos calcanhares e, desses pontos, estava ligado por fios a uma engenhoca que se parecia com um espeto de churrasco. Esse aparelho não apenas provia a tração necessária, mas também servia para posicionar o seu corpo, reduzindo assim os danos aos órgãos vitais.

O médico levou-nos para um lado, a fim de explicar as condições do seu paciente. Falou com muita calma:

— Crawford não pode sentir nada dos ombros para baixo. Isso significa que será um tetraplégico e terá apenas entre 5 a 6 por cento do uso dos braços. Ele se acidentou gravemente e tem sorte de continuar vivo, mas temo que terá que se exercitar muito.

Voltamos para o lado da cama de Crawford e esperamos para falar com ele.

Recordo-me muito bem de quanto Crawford lutou para aceitar o trauma quando falou sobre ele pela primeira vez. Suas emoções estavam todas misturadas: um pouco de esperança, muita depressão e choque permanente no olhar:

— Se eu não puder mais lidar com cavalos, não tem sentido continuar vivendo, sabiam?

— Eu diria a mesma coisa; portanto, não se preocupe que nós vamos encontrar uma saída.

— Vocês me prometem uma coisa?

— O quê?

— Se eu não servir para mais nada além de vender lápis numa esquina, quero que me deem pílulas suficientes para eu dormir para sempre.

— Você não vai vender lápis em lugar algum, Crawford.

— Que inferno! Talvez eu nem seja capaz de fazer isso. Tenho certeza de que não vou conseguir nem levar as pílulas até a minha boca. Vocês vão ter que fazer isso por mim.

— Ok, mas primeiro vamos ver o que você pode e não pode fazer.

— Garanto a vocês que vou fazer alguma coisa. Não vou simplesmente ficar deitado nesta cama olhando o teto. Deve haver um local para mim em algum lugar.

Era uma visão tão triste que quase sufocou nossos corações.

Ao voltar com Abel para casa, eu me perguntava se seria possível encontrar um trabalho para Crawford em nossa fazenda. Era um lugar fácil. Os prédios principais e os escritórios ficam no nível do mar, e a superfície entre os galpões, o picadeiro coberto, os redondéis e a pista de corridas é muito boa.

Pensei que se Crawford aprendesse a operar uma cadeira de rodas elétrica poderia se tornar um par de olhos extra na Flag is Up; ser uma espécie de supervisor de operações que poderia me informar das coisas que precisavam ser feitas. Descobri até um local onde se poderia erguer o tipo de casa modular projetada especificamente para tetraplégicos.

A ideia cresceu e tomou forma. Eu poderia empregá-lo como um observador que me ajudaria sempre que possível. Ele encontraria seu próprio papel e cultivaria sua posição na medida em que suas habilidades o permitissem.

Dave Abel concordou que seria uma boa ideia e estava entusiasmado com a possibilidade de que nosso amigo talvez tivesse uma chance de continuar lidando com cavalos, o que mais gostava na vida.

Dois ou três dias depois, liguei para o hospital e falei com Crawford sobre o possível trabalho. Quatro ou cinco meses depois, ele veio de Fresno para Solvang (com uma amiga, Lisa Guilden, que conhecera antes do acidente) para dar uma olhada no lugar. A essa altura ele já tinha uma van especial, com equipamentos que permitiam que sua cadeira rodasse para dentro e para fora sempre que precisasse viajar. A operação era difícil e exigia muito esforço da parte dele. Era uma sina cruel que poderia ter se abatido sobre qualquer um de nós. Mas era Crawford que tinha que enfrentá-la. A situação toda não era nada fácil.

De qualquer forma, ali estava a oportunidade para ele aprender a manobrar a cadeira de modo mais satisfatório — e o futuro, sem dúvida, acabaria produzindo cadeiras mais avançadas. Lembro-me de ele dizer que desenvolviam novas tecnologias o tempo todo e que no final das contas ele acabaria andando por toda a fazenda como uma pessoa normal.

Os profissionais envolvidos na reabilitação de Crawford enviaram médicos e terapeutas para nos visitar. Todos tentaram nos convencer de que estávamos tentando conquistar o quase impossível. Os médicos explicaram que o corpo humano tem muita dificuldade para se ajustar ao estado tetraplégico e se sentiam na obrigação de nos dizer isso. Não queriam que subestimássemos o desafio à frente de Crawford e lhe déssemos falsas esperanças.

Explicaram as dezenas de problemas que poderíamos esperar. Finalmente, nos disseram que muito provavelmente Crawford não viveria mais que três a quatro anos. Disseram também, entretanto, que, se ele passasse pelos cinco anos, talvez pudesse viver a expectativa de vida normal.

Em poucos meses, Crawford estava vivendo na Flag is Up, numa casa modular providenciada por sua família que lhe permitia estar ali, na cena, 24 horas por dia. Ele adquiriu uma boa cadeira e sobre ela andava muito bem pela fazenda.

Tive uma reunião com ele, ocasião em que lhe expliquei que tudo do que eu necessitava era um par de olhos extra para inspecionar o lugar. Eu o empregava para me relatar se visse acontecer coisas que poderiam ser mudadas para melhor.

Desde o princípio, Crawford insistiu na minha completa cooperação, no sentido de ensinar-lhe tudo sobre a indústria de cavalos puro-sangue. Voraz em seu apetite de reunir informações sobre o negócio, ele aprendia depressa. Em pouco tempo, se tornou extremamente eficiente na compreensão das necessidades dos cavalos. De fato, ele tomou a frente da operação sem que eu me desse conta.

Depois de apenas um ano, cheguei à conclusão de que ele deveria dirigir a operação de treinamento e que eu deveria recuar e ficar apenas como supervisor.

No ano em que ele veio, adquiri um potrinho chamado An Act. O animal foi uma boa escola para Crawford, pois provou ter futuro e acabou vencendo o *derby* de Santa Anita.

No ano seguinte, comprei dois cavalos, Alleged e Super Pleasure. O mundo não conheceria Super Pleasure como um grande cavalo de corridas, embora na minha opinião ele tivesse tanto talento como qualquer outra montaria comprada ou treinada por mim. Infelizmente, teve um problema de garganta que o relegou à condição de só poder atuar em corridas de curta distância. Nunca saberemos se seria um campeão em provas normais e de fundo.

De qualquer modo, com An Act, Alleged e Super Pleasure, Crawford tinha uma base muito sólida para começar e estabelecer o gabarito dos demais cavalos. Os anos somente aperfeiçoaram o seu profissionalismo e ele acabou se tornando um dos maiores auxiliares que qualquer proprietário de cavalos pode desejar. Sua vida gira em torno das operações do centro de treinamento da Flag is Up e é um grande trunfo para qualquer proprietário saber que seu cavalo está com alguém que se concentra no trabalho 24 horas por dia, sete dias por semana.

Quando Crawford veio trabalhar comigo, sua abordagem no que diz respeito ao treinamento de cavalos era convencional. Embora fosse um cavaleiro inteligente e fizesse bom uso do cérebro, fora treinado por gente convencional. Natural, portanto, que houvesse aprendido a fazer as coisas do modo que elas vêm sendo feitas há centenas de anos. Com o correr do tempo, porém, acabou abraçando algumas filosofias mais alinhadas com as minhas.

Atualmente, Crawford é famoso por trabalhar com os jovens que vêm à Flag is Up para montar nossos cavalos. Ele costuma dizer a eles:

— Deixem o cavalo em paz. Deixem que ele explore suas possibilidades e depois o corrijam.

E o rapaz, lutando para conter o cavalo:

— Mas ele vai disparar.

A resposta lacônica de Crawford:

— Como é que ele vai fazer isso? Você tem o Atlântico à direita e o Pacífico à esquerda. Para onde ele vai?

Se você deixar um cavalo livre para explorar suas possibilidades, será mais fácil corrigi-lo do que se você obrigá-lo à submissão por meio de chicotadas.

No momento em que escrevo estas palavras, Crawford já está na fazenda há 21 anos, tão saudável e ativo quanto qualquer pessoa nas suas condições. Funcionários de hospitais e terapeutas aparecem constantemente na fazenda para fazer vídeos de Crawford em ação. Usam a crônica da sua carreira posterior ao acidente para o tratamento de casos similares.

Crawford Hall é uma inspiração para qualquer pessoa que o conheça.

O leiloeiro bate o martelo — bang! — e o levanta rapidamente para olhar em minha direção, enquanto seu auxiliar anuncia a próxima oferta.

Foi apenas um outro momento na longa história do estado de Kentucky na compra e venda de jovens cavalos de corrida. Há muitas promessas nas vendas de puros-sangues. O truque é descobrir os melhores. É como se eles já estivessem correndo sem terem dado um passo.

Eu havia acabado de comprar um garanhão puro-sangue registrado, de 1,41 metro, pouco mais de 400 quilos, filho de Hoist the Flag e da égua Princess Pout. Cavalo castanho, com manchas pretas e quartela branca, estava em horríveis condições, e foram poucos os que se dignaram a olhá-lo uma segunda vez.

De qualquer modo, exatamente pelo fato de ser tão magro, pude ver que ele tinha o melhor equilíbrio esquelético que eu já vira num puro-sangue.

Eu estava certo, e isso foi confirmado oficialmente por uma estranha coincidência, uns dez anos depois, em 1984, quando fui assistir a um simpósio do Dr. Michael Osbourn, uma autoridade mundial na conformação de cavalos puro-sangue.

Quase no fim da sua palestra, o Dr. Osbourn projetou a imagem da silhueta de um puro-sangue na tela acima dele.

— Este animal — afirmou — é talvez o puro-sangue mais bem constituído que já estudei. — Olhou para a audiência. — Será que alguém, por acaso, poderia me dizer o nome deste animal?

Levantei a mão.

— Ahá! — exclamou o Dr. Osbourn. — Como foi que você identificou o seu cavalo pela silhueta, Monty?

Repliquei:

— O senhor tem seu sistema de círculos para ver se certas partes anatômicas se encaixam ou deixam de se encaixar onde deveriam, não é mesmo?

— Correto.

— Bem, eu tenho um sistema similar envolvendo triângulos.

O Dr. Osbourn convidou-me para ir até onde ele estava e explicar minha teoria triangular em relação à dele, circular.

Expliquei que meu triângulo procura descobrir o equilíbrio entre as duas maiores estruturas esqueléticas num cavalo: a garupa e a paleta. São esses dois "motores" que impulsionam o cavalo no terreno. A engenharia dessas duas estruturas esqueléticas determina a eficiência com que o resto do corpo reage aos sinais do cérebro.

O Dr. Osbourn concluiu dizendo:

— Para aqueles que continuam no escuro, quero informar que este cavalo foi adquirido pelo Sr. Roberts quando tinha um ano, mais ou menos. Seu nome é... Alleged.

Foi Pat quem lhe deu este nome e ainda o tem na placa do nosso carro.

Alleged teve uma carreira marcada por estrondosos sucessos. Por fim, adquirido por Robert Sangster e um consórcio de investidores, foi duas vezes campeão do Grande Prêmio do Arco do Triunfo.

Entre os meus recortes favoritos do jornal *Santa Ynez Valley News*, está este, de 5 de outubro de 1978:

Monty e Pat Roberts, da Flag is Up Farms, aqui de Solvang, têm uma boa razão para se sentirem felizes esta semana. Alleged venceu o 57º Grande Prêmio do Arco do Triunfo, em Long Champs, França, no último domingo. Alleged, montado por Lester Piggot, venceu facilmente com dois corpos de vantagem sobre o segundo lugar, Trillion, num tempo de 2:36.5.

Num dia nublado de novembro de 1977, eu cavalgava Johnny Tivio pela Flag is Up Farms, como fazia frequentemente, para checar pastagens, cercas, cavalos e assim por diante.

A maioria dessas cavalgadas me levava a inspecionar a fazenda e depois ir para o norte da propriedade, onde subia uma colina, de cujo topo se descortinava todo o vale. Dali podia ver tudo o que estava acontecendo, e aquele dia não foi uma exceção.

Há uma trilha num cânion num canto a noroeste da Flag is Up que conduz a uma área plana uns 50 metros acima das pastagens.

Eu cavalgava por essa trilha quando notei alguma atividade na colina depois do cânion.

Voltei meus olhos para a direção do som e vi que ele era provocado por um grupo de coiotes que aparecia e desaparecia na vegetação. Estavam obviamente desvairados a respeito de alguma coisa.

Decidi descer com meu cavalo para o fundo do cânion e depois subir pelo outro lado, a fim de descobrir o que despertava a excitação dos coiotes.

Chegando perto da vegetação, verifiquei que haviam apanhado uma corça; estavam num frenesi de destruição, tentando rasgar a pele do animal com seus afiados caninos. Montado em Johnny Tivio, cavalguei até eles para afugentá-los. Felizmente, tinha comigo uma corda na sela. Joguei-a em direção ao grupo.

Os coiotes correram na direção norte para um lugar mais elevado do terreno, para só então se virarem e olharem para trás. Fui atrás deles com a intenção de fazer com que se afastassem ainda mais da corça. Só então retornei para dar uma olhada nela. Era uma corça velha, muito magra, sem dentes e provavelmente apenas com metade do seu peso normal. Sofrera várias lacerações durante o ataque dos coiotes. Dei uma olhada em volta, atrás de qualquer filhote que ela pudesse ter. Um pouco acima de nós, do lado da colina, para o sul, descobri duas corças jovens, certamente filhas da presa ferida. Torci para que estivessem bem — tinham idade suficiente para sobreviver assim que se juntassem ao rebanho.

Não pude fazer outra coisa a não ser tentar salvar a vida da velha corça. Montei novamente em Johnny Tivio, desci a colina e fui até a fazenda, onde joguei uma tela de cerca e alguns postes na picape. Chamei dois peões para me ajudarem e nos aproximamos o máximo possível da corça. Quando desci da caminhonete, notei que os coiotes voltaram a se aproximar. Corri em direção a eles, jogando minha corda e batendo com as mãos nas pernas, a fim de desviar a atenção deles da presa enquanto os peões levantavam uma cerca em volta dela. Por fim, erguemos a cerca de tela de arame, uma espécie de jaula com teto, para evitar que os coiotes tentassem invadir por cima, medindo cerca de 6 metros de diâmetro. Dentro da jaula, coloquei feno, alfafa e um balde de água.

Enquanto trabalhávamos ao redor dela, a corça tentou se levantar, mas foi em vão, pois estava muito cansada e ferida. Tive quase certeza de que estaria morta no dia seguinte, mas senti que devia dar-lhe uma chance.

Quando voltei na manhã seguinte, ela estava deitada apoiada nos joelhos; havia comido um pouco e bebido alguma água. Isso era espantoso, pois corças selvagens nem sempre se alimentam em cativeiro.

Procurei perturbá-la o mínimo possível e, nos quatro, cinco dias que se seguiram, apareci apenas para ver se havia comido e bebido.

No quinto dia a encontrei de pé. Enquanto eu a observava, ela recuou alguns passos dentro da jaula. Felizmente não tinha força suficiente para se jogar contra a cerca, o que faria uma corça selvagem e sadia.

Antes que ela se recuperasse mais e não fizesse outra coisa além disso, decidi que o melhor a fazer era habituá-la à minha presença para que não entrasse em pânico sempre que me visse.

Comecei por entrar na jaula, inclinar-me sobre ela, trabalhando sutilmente, fazendo movimentos calmos e não ameaçadores. Pratiquei com ela o mesmo sistema de comunicação que batizei de "Equus". Para meu espanto, acabei descobrindo que as duas linguagens são quase idênticas.

A salvação desse animal iniciou uma aventura que já dura vinte anos. Tem sido uma das experiências mais gratificantes de toda a minha vida.

Dei-lhe o nome de Grandma.

Ela ficou apenas duas ou três semanas na jaula antes que se sentisse suficientemente forte e aproveitasse a oportunidade para sair. Quando abri a porta, ela caminhou para fora daquele jeito imponente das corças, mas pude notar que não tinha intenção de botar muita distância entre nós.

Retornei na manhã seguinte e verifiquei que ela estava a menos de 100 metros da jaula. Deixei mais alfafa e cereais. Construí um dispositivo de irrigação para que ela pudesse ter água sem se afastar muito.

Fui para a área todos os dias e comecei a trabalhar com ela, usando os conceitos de "avançar e recuar".

Sempre que ela agia de modo a demonstrar que não me queria por perto, eu deliberadamente a empurrava para longe e caminhava atrás dela, às vezes por quase 5 quilômetros. Quando a via andar em círculos e me mostrar seus flancos, pensando que estava na hora de renegociar a situação comigo, eu me virava e andava em direção oposta, para longe dela.

Eu a estava enquadrando, olhando-a diretamente nos olhos, afastando-a de mim. Depois disso, ao notar os sinais de renegociação, me virava: era um convite para que se juntasse a mim, exatamente como fazia com os cavalos.

Descobri que era capaz de persuadi-la a se aproximar.

Não fiz um trabalho perfeito de Conjunção. Com ela, eram mais tentativas; não era uma coisa muito sólida. De fato, levei vários anos até conseguir fazer com que ela se afastasse do rebanho e ficasse ao meu lado como faziam os cavalos.

Finalmente, um dia aconteceu. Já havia algum tempo que eu a pressionava para longe de mim, esperando pelos sinais através dos quais ela pediria para sair do castigo disciplinador. Ela mostrou-me os flancos, apontou uma orelha na minha direção e começou a mastigar; uma espécie de sussurro silencioso que me dizia que ela era herbívora e queria tentar confiar em mim. Então, ela abaixou a cabeça e começou a andar em círculos, sempre mastigando. A cabeça quase tocava o chão.

Eu recuei, tirei os olhos dela. Era um belo dia ensolarado e estávamos num lugar maravilhoso, um promontório de onde se podia ver toda a fazenda. O dia estava tão bonito, que deitei no chão e fiquei olhando para o céu.

Quando vi, Grandma estava deitada ao meu lado. Finalmente, eu conseguira um estado quase perfeito de Conjunção com ela. Ela confiava em mim. Simplesmente se deitou ao meu lado numa colina da Califórnia, com o sol brilhando no céu onde uma águia voejava.

Essa lenta amizade, que culminou nesse evento simples e nada excitante, me tocou enormemente.

Aprendi muito com Grandma.

Como o cavalo, a corça também é um animal voador, mas seu mecanismo de fuga é muito mais sensível. Quando eu cometia um erro em um dos meus movimentos, tinha que pagar por ele por tempo bem considerável — às vezes semanas ou até meses.

Tornou-se claro para mim que por meio desse supersensível mecanismo de fuga pode-se aprender a linguagem "Equus" de modo mais definitivo e acurado.

Por exemplo, em certa ocasião eu encorajava Grandma a se juntar a mim. Eu não olhava para a corça, e meus ombros, em relação a ela, estavam num ângulo de 45 graus. De qualquer modo, eu queria saber o que ela estava fazendo. Para isso, lancei-lhe um olhar que procedia do canto de um dos meus olhos. Grandma notou que eu havia quebrado as regras e se afastou quase 500 metros. Por três dias, não permitiu que me aproximasse dela.

Dei-me conta de que cometia o mesmo erro com cavalos. Frequentemente, olhava-os de relance pelo canto do olho, quando supostamente não deveria fazê-lo.

Voltei ao redondel e comecei a trabalhar com um cavalo. Fiz experiências com a velocidade com que movia meus olhos e tentei modos diversos de ler a imagem do animal apenas com os cantos dos olhos, sem realmente olhar para ele.

Descobri que podia diminuir o impulso do animal para "voar" movendo meus olhos mais vagarosamente. Assim que compreendi isso, foi mais fácil trabalhar com Grandma.

Verifiquei também que abrir as mãos e esticar os dedos, mover meus braços ou passar da posição de recuar para a de avançar muito rapidamente poderia confundi-la e tornar mais lento o processo de comunicação.

Mais uma vez, voltei a fazer experiências com os cavalos que estava "iniciando". Descobri que, quando abria os braços como parte do processo de afastá-los, eles corriam em círculos mais rapidamente. Faziam o mesmo se eu também abrisse ao máximo os dedos das mãos. Acho que isso tem a ver com tensão muscular; faz parte da postura agressiva de muitos animais tentar parecer que são maiores do que realmente são — como os pelos das costas do cachorro que se eriçam quando ele se vê em perigo.

Sem a ajuda de Grandma eu jamais teria aprendido esse aspecto mais refinado da linguagem. Era como se essa dama frágil e idosa estivesse me dando um curso avançado de "Equus", estivesse afinando minhas reações e me passando para um nível mais alto. Talvez fosse o modo de ela me pagar por ter-lhe salvado a vida no topo daquele cânion.

Grandma morreu de causas naturais no dia 2 de dezembro de 1995.

Está enterrada aqui na Flag is Up Farms.

A essa altura, Johnny Tivio já se havia aposentado. Tinha 24 anos e ninguém queria cruzar com ele. Ele gozava do maior dos cuidados; tinha uma baia bem aquecida só para ele durante a noite, e uma pradaria com muito pasto durante o dia.

Do seu padoque, ele podia ver tudo o que acontecia. Seu padoque estava no caminho das éguas que iam e voltavam do galpão de cobertura. Todas as vezes que uma dama passava por ele, Johnny Tivio se comportava como se ainda fosse o tal. Voltava a ser o garanhão malvado, fingindo que tinha apenas 3 anos de idade. Quem sabe as coisas que dizia a elas quando passavam ao longo da cerca!

No dia 24 de abril de 1981, eu voltava da pista de corridas e, em vez de ir para casa, virei à esquerda e fui diretamente ao escritório. Quando passei pelo umbral da porta, Pat estava lá. Ela imediatamente veio em minha direção e me abraçou:

— Johnny Tivio está morto — lamentou.

Aparentemente, uma égua fora levada para o galpão de cobertura. Johnny Tivio a vira e fora em sua direção, cauda abanando, tentando, talvez, conseguir o número do telefone da fêmea, como era seu costume. No meio do caminho, caiu duro como uma pedra. Morto. O Dr. Van Snow, nosso veterinário, confirmou que meu velho amigo morrera de um ataque do coração.

Embora chocado e tomado pela tristeza, minha primeira reação foi pensar comigo mesmo: "Ótimo!" Ele começara a ter problemas com os cascos e eu temia uma longa e penosa luta contra a morte; uma luta injusta para quem viveu uma vida tão límpida e cheia de sucessos. Mais uma vez, Johnny Tivio não falhara: sadio até o fim. Nosso esforço valera a pena.

Perguntei:

— Onde está ele?

— Nós o deixamos onde ele caiu para que você pudesse vê-lo.

Fui até o pasto. Enquanto me aproximava do seu corpo, deitado ali, imóvel, senti sua morte como um soco. Seus olhos estavam vazios; sua vida havia ido embora.

Ficar sentado ao lado dele foi como revisitar as mais maravilhosas lembranças.

Logo que começamos a trabalhar juntos, lembro que o exibi em Salinas, minha terra natal, na arena da Pista de Rodeio, onde cresci. Tratava-se de um dos eventos hípicos mais importantes de todo o norte dos Estados Unidos, e Johnny Tivio era tão bom em tudo e tão disposto que não pude me decidir se o inscreveria na categoria de apartação ou na de *cowhorse*.

— Por que não inscrevê-lo nas duas categorias? — sugeriu Pat.

Fingi não tê-la ouvido. Jamais alguém tinha feito isso. Era praticamente impossível...

Inscrevemos Johnny Tivio em ambos os eventos. Assim que as inscrições chegaram ao escritório de administração de Salinas, Lester Sterling, velho amigo e presidente do conselho do evento, me telefonou:

— Monty, você perdeu a cabeça? Não podemos deixar você atuar com Johnny Tivio nas duas categorias. É ridículo pensar que ele possa se apresentar...

— É contra as regras? — perguntei.

— Bem, na verdade, não... mas não acho que você deva ser motivo de riso...

Por fim, convenci Lester a concordar com as inscrições.

Eu estava preparando Johnny Tivio para os dois concursos. Nos treinamentos, fiz com que usasse um tipo de embocadura para uma prova e outra para a outra prova. Ele era tão inteligente que entendeu a situação perfeitamente. Para encurtar a história, ele não só entrou em ambas as provas como também as venceu. Nunca havia ocorrido antes tal fenômeno. E até hoje não voltou a ocorrer.

Agora, ali estava ele, deitado de lado com aquele peso final, pesado, que só a morte nos pode dar.

Eu sabia onde queria enterrá-lo.

Já havia algum tempo que eu andava pensando em transformar em cemitério especial a área em frente ao meu escritório. Cada cavalo teria sua lápide. Gravaria numa placa de bronze os nomes dos cavalos, as datas de nascimento (se possível) e morte, bem como algumas linhas expressando suas qualidades. Essas placas seriam dispostas sobre blocos de pedra.

Parecia que era hora de dar início ao meu plano.

Eu e alguns membros da minha equipe apanhamos um trailer e fomos até onde estava o corpo de Johnny Tivio. Com auxílio de correias que colocamos debaixo dele, o alçamos até o trailer. Enquanto atravessávamos o campo de volta, retornei 11 anos no tempo e me lembrei de quando saí da fazenda montado em Johnny Tivio; de quando o Sr. Harcourt ainda assombrava as nossas vidas. Johnny Tivio estivera, na ocasião, confiante como nunca. Seu caráter fora um aprendizado total para mim.

Na época, quando chegamos ao rancho dos Gardners, recebemos a visita de uma mulher notoriamente excêntrica, Marjorie Merryweather Post Dye. Ela apontou o dedo para ele, no estábulo, e disse:

— Johnny Tivio.

— O que há com ele? — perguntei.

— Bem, ouvi dizer que você está com problemas. Você precisa de dinheiro para pagar advogados. Bem, eu não dou dinheiro. Ninguém consegue me tirar um tostão — fez uma pausa —, mas dou tudo o que você quiser por este cavalo.

Agradeci e lhe informei que vender Johnny Tivio estava fora de cogitação.

— Não — ela disse, irritada com a minha burrice. — Não estou dizendo que vou levá-lo embora. Nunca faria uma coisa dessas, mas quero comprar os documentos.

— Os documentos?

— Sim, só por algum tempo. Me dê os documentos para guardar. Só assim poderei apontar para eles e dizer que fui proprietária de Johnny Tivio por algum tempo.

Em seguida, fomos até a casa e lhe dei os papéis enquanto sacudia a cabeça, espantado com aquela mulher corajosa que tinha um modo todo seu de fazer as coisas. Ela fez com que eu e Pat prometêssemos que lhe telefonaríamos se precisássemos de um empréstimo para o nosso fundo de despesas legais.

Pensei, enquanto conduzíamos o corpo de meu cavalo querido no trailer: "Espero que ela tenha guardado bem os documentos. Eles são tudo o que resta de Johnny Tivio."

Eu mesmo abri a sepultura com uma pequena escavadeira hidráulica que tínhamos na fazenda. Não tenho jeito com essa máquina e levei muito mais tempo do que esperava para fazer o trabalho. Quando terminei, já havia anoitecido e baixamos o corpo de Johnny Tivio.

Foi uma missão difícil. Parecia errada e ignóbil, e eu sabia que jamais teria um amigo como ele outra vez em toda a minha vida.

Não tive coragem para cobrir meu amigo de terra. Já aguentara mais do que podia. Nosso veterinário se ofereceu para fazer o serviço. Eu fui para o meu quarto, me meti debaixo das cobertas e só saí na manhã seguinte.

No seu tempo, ele foi imbatível no *sweepstake* — uma espécie de pentatlo — para garanhões. Foi quatro vezes campeão do mundo como cavalo de gado e foi invencível em provas de *western* — uma espécie de adestramento típico da região — durante 14 provas seguidas. Mais do que isso, tinha um caráter exemplar: extremamente inteligente, orgulhoso, inspiradoramente ético no trabalho. Ele fazia com que fosse um prazer vestir-me num capote de manhã cedinho e atravessar o nevoeiro que embranquece o vale para começar as horas de trabalho que um estabelecimento como a Flag is Up exige para ser bem-sucedido.

Na placa sobre a pedra do seu túmulo pode-se ler: "Johnny Tivio, 24 de abril de 1956-24 de abril de 1981. Conhecido por todos como o maior de todos os cavalos de rancho a entrar numa arena."

Ele morreu no dia em que completava 25 anos.

Eu estava subindo a ladeira que dá para os fundos da casa quando pisei de mau jeito; senti uma pontada na parte inferior das costas e minhas pernas não conseguiram mais me manter de pé. Fiquei no chão, indefeso, incapaz de mover a parte inferior do meu corpo. Aliás, literalmente, não sentia nada nessa parte. A imagem de Crawford Hall, imobilizado em sua cama de hospital, subitamente me passou pela cabeça. Sete anos depois, chegara a minha vez.

Sentindo uma dor infernal, me arrastei ladeira acima com a ajuda dos braços. A lista dos motivos para as minhas costas estarem em más condições era suficientemente longa: dublê de cavaleiros no cinema, futebol americano, equipe de laçar e amarrar, amarrar bezerros, montar touros, buldoguear. Todos esses impactos extras na coluna dorsal acabaram por romper alguma coisa. Eu estava para descobrir o preço de tudo o que fizera.

Eu tinha 46 anos.

O médico foi chamado e declarou que meu estado era crítico demais para que me transportassem a um hospital. Antes, ele queria me estabilizar e fazer com que eu voltasse a sentir as pernas.

Ele fez com que enviassem até a minha casa uma armação para alçar e suportar pesos, mas que em verdade era um instrumento de tortura. Fiquei com parte do corpo pendurado nessa engenhoca como um coelho num espeto durante trinta dias.

Acho que agora já posso dizer uma palavra de recomendação para a droga morfina. Injetaram-me tanta que trabalhei como nunca antes. De fato, quando tenho algum problema de difícil decisão, ainda hoje passa pela minha mente alugar aquele instrumento de tortura de novo e chamar o médico para me injetar mais morfina. Logo resolveria o problema, qualquer que fosse.

Depois de trinta dias, já sentia as pernas quase totalmente. Durante esse tempo, tentei aprender o máximo sobre a tecnologia das costas. Decidi que o Dr. Bob Kerlan seria a pessoa indicada para me manter fora da cadeira de rodas.

Alugamos uma casa motorizada e depois de me instalarem dentro dela me transportaram à clínica do Dr. Bob Kerlan, em Los Angeles. Na época, eu tinha tanta serventia quanto um pedaço de carne indigerível.

Assim que foi possível, me escanearam. Depois disso, o Dr. Kerlan e sua equipe vieram me fazer um relatório. Trouxeram com eles um modelo de plástico de uma espinha dorsal humana e estavam todos prontos para me assustar mortalmente.

— Você danificou muito a espinha, Monty. Esqueça esse negócio de montar cavalos; aliás, nem pense nisso, garoto. E nunca mais levante qualquer coisa que pese mais de 20 quilos. Pode ser que você venha a poder caminhar com seu próprio esforço. Se isso acontecer, fique contente, pois você está à beira de passar o resto da sua vida sobre uma cadeira de rodas.

— Podem acreditar, eu vou ficar muito contente em andar. Muito contente!

Ele apontou para o modelo de plástico.

— Muito bem! Você está vendo aqui, a parte de trás, do lado de baixo?

— Sim.

— Cada um desses cinco discos sofreu uma ruptura, graças aos constantes e pesados impactos na sua coluna. Esses impactos causaram um vazamento que, por sua vez, criou estalactites de material invasor. Isso é 30 por cento do seu problema. Os outros 70 por cento são fraturas e bicos de papagaio ao longo da sua coluna. É isso que causa as dores e a deterioração nervosa. Nós podemos entrar na sua espinha, limpar as estalactites, remover os bicos de papagaio. Você ficará com cinco discos iguais a rosquinhas — as partes macias do meio dos discos serão sugadas para fora.

— Ok.

— Normalmente, nós só encontramos um ou dois discos danificados, mas você conseguiu romper os cinco da parte inferior da coluna. Será uma longa intervenção cirúrgica e só saberemos se tudo correu bem depois de terminarmos.

Definitivamente, esse não seria um período de férias festivas.

Por dois ou três dias me prepararam para a operação. Tiveram que parar com a morfina e a dor foi incrível. Eu queria berrar "Pico!" a cada segundo de cada minuto até explodir os pulmões.

Então, entrei na faca e uma câmera de vídeo foi posicionada para registrar todos os detalhes.

Acordei dez horas mais tarde. Uma senhora negra e sorridente, dentro de um uniforme branco perfeito, apareceu e parecia um anjo. Teria morrido e ido para o céu?

Então, ela disse:

— Muito bem, Sr. Roberts. Que tal nos vestirmos e visitarmos o banheiro?

Pensei que ela estivesse brincando.

— Eu não posso me mover.

— Oh, sim, o senhor pode. É hora de se sentar. Definitivamente, aquilo não era o céu e talvez acabasse se tornando o seu oposto. Será que ela não sabia que eu havia acabado de sair da anestesia?

Ela começou a puxar meus pés e me ajudou a sentar. As dores que me atravessaram pareciam flechas disparadas contra as minhas costas pelo próprio Satã.

Ela me segurava pelos ombros, mas cada vez que me largava eu caía, como se houvessem instalado uma dobradiça no meio do meu corpo.

— Puxa, eles devem ter feito um bom trabalho com o senhor — ela disse.

Ela saiu e foi buscar ajuda. O anjo negro e outra enfermeira me ajudaram a sentar numa geringonça sobre rodas que permitiu que eu me locomovesse. Realmente, eu estava num estado lamentável.

Mais tarde, vi o vídeo da operação. Os médicos pareciam uma gangue de carpinteiros com antebraços musculosos chegando para o trabalho; tinham caixas de ferramentas cheias de martelos e talhadeiras.

Depois de me cortarem e pescarem de volta os músculos e o tecido macio com tenazes, foram para as minhas costas como se estivessem pondo argamassa nas paredes de uma casa. Uma coisa bárbara!

Depois da minha recuperação, me mandaram para casa com instruções de continuar me movimentando; caminhar um minuto ou dois a mais todos os dias. Fiquei numa cadeira de rodas por dez, doze dias e em seguida andei alguns meses de muletas.

Tenho uma cicatriz que vai da costela inferior esquerda ao cóccix. A parte inferior da minha perna direita está tão morta quanto um prego na parede — você pode apagar um cigarro nela. Mas ando normalmente e posso montar. O Dr. Bob Kerlan fez um trabalho melhor do que ele mesmo achava possível.

In Tissar era um garanhão, filho de Roberto com a égua Strip Poker — em outras palavras, da melhor linhagem clássica. Era irmão do campeão Landaluce.

Foi comprado no Leilão Selecionado de July Keeneland de 1979 por 250 mil dólares pelo Sr. Fustock, de Buckram Oak, e enviado para correr na França. Logo se tornou um vencedor, mas pouco depois se acidentou e ofereceram 220 mil dólares por ele.

Vi uma boa oportunidade para formar um grupo econômico. Vai daí que juntamente com meus sócios, o Sr. Katz e o Sr. Semler, comprei-o como reprodutor. Era um garanhão bonito e orgulhoso, de alta linhagem.

Nós o transportamos para a Califórnia, onde colocamos à venda cada uma das suas cotas de reprodução por 16 mil dólares. As 25 partes foram vendidas em duas semanas. Eu e meus sócios recebemos 400 mil dólares e tivemos um lucro inicial de 180 mil dólares. Além disso, reservamos cinco partes para serem usadas em nossas próprias éguas. Esse foi um grande negócio. Nós íamos bem.

Criei um acordo sindical que sublinhava os deveres e responsabilidades da Flag Is Up Farms e me nomeei administrador sindical.

In Tissar começou a cobrir éguas em 1983 e por metade da estação cobriu sem maiores problemas. No meio da estação, porém, fui informado de que se tornara agressivo.

Passei pelo galpão de reprodução e fiquei olhando o modo como os peões lidavam com ele. O curioso era que, quando o tiravam da sua baia na cocheira e o levavam em direção ao galpão de cobertura, ele se comportava bem e cobria a égua designada sem problemas. Quando, porém, o levavam para o seu piquete, tornava-se agressivo.

Pareceu-me que a agressão era uma função da sua sexualidade. Por isso disse aos peões que lhe colocassem uma focinheira com cabresto. Isso resolveu o problema por uns dois dias.

Então fui informado de que se tornara agressivo no galpão de cobertura, onde antes sempre havia sido cooperativo e até entusiasmado demais.

Ao mesmo tempo, ouvi rumores de que um jovem da equipe noturna decidira tomar em suas mãos a educação de In Tissar. Estou certo de que as intenções do moço eram boas, mas era também provável que ele estivesse tratando mal o garanhão. Pelo menos do ponto de vista do cavalo.

In Tissar se tornou perigoso e mordeu dois homens, causando-lhes sérios ferimentos. A situação precisava ser controlada.

Num dia determinado cheguei ao galpão de cobertura para encontrar-me com o Dr. Van Snow, nosso veterinário residente, Darryl Skelton, que lidava com os garanhões, a equipe do galpão de cobertura e o veterinário assistente.

Ficou decidido que, quando In Tissar fosse cobrir uma égua, a equipe conectaria duas estacas de 2,5 metros ao seu cabresto para manter os homens que lidavam com ele a uma distância segura. Desse modo, ele cobriu duas ou três éguas e o problema parecia estar resolvido. As éguas foram cobertas e o pessoal envolvido na operação ficou satisfeito. In Tissar estava feliz e não objetou ao estranho método de controlá-lo à distância. Até parecia orgulhoso.

Na próxima vez que marcaram um encontro romântico para ele, eu desci para observar e descobrir se havia algum modo de eu ajudar.

Trouxemos uma égua para o galpão, lhe demos um banho, envolvemos sua cauda com ligas e a deixamos no centro da sala de reprodução, pronta para ser coberta.

Dois homens aplicaram as estacas no cabresto de In Tissar e o conduziram em direção ao galpão. As estacas eram a garantia de que o garanhão estava firmemente posicionado entre os dois homens que ficavam, cada um, a uma distância de quase 3 metros dele.

A égua, em pleno cio e bem posicionada no centro da sala de reprodução, estava receptiva.

Dois homens entraram conduzindo In Tissar pela longa porta da parede norte da sala quadrada, que media 12 por 12 metros. Conduziram-no 2 metros sala adentro, e ele se plantou para estudar a situação. Havia sete pessoas na sala: dois homens com as estacas, um homem com a égua, o veterinário, seu assistente, Darryl Skelton e eu.

Fechei a porta atrás do garanhão e depois, juntamente com Darryl, caminhei até a área onde estava o Dr. Snow. In Tissar estava completamente imóvel. Olhava em volta e depois olhava para a égua.

De repente, sem dar nenhum sinal de que faria isso, In Tissar levantou a pata dianteira esquerda e bateu-a contra a estaca, arrancando-a da mão do homem. O peso do seu corpo quebrou a estaca em dois pedaços. O homem daquele lado segurava um pedaço quebrado da estaca e a outra parte balançava no ar, presa ao cabresto do animal, o que acrescentava mais perigo à situação.

Um segundo mais tarde, ele levantou a pata dianteira direita e arrancou a estaca que estava intacta das mãos do segundo homem. O cavalo foi perfeito em seus movimentos. Eu tinha certeza de que ele calculara tudo e não fora por coincidência que batera com a pata bem em cima de cada uma das estacas.

A segunda estaca não partiu ao meio como a outra. Foi simplesmente arrancada das mãos do homem. Isso deixou In Tissar com uma estaca inteira de um lado e uma quebrada com a extremidade cheia de pontas, do outro.

Então, ele se moveu rapidamente e atacou a égua no meio da sala. A toda velocidade, chocou-se com ela, a boca bem aberta. Afundou seus dentes no flanco esquerdo da égua, próximo da última costela, e rasgou sua pele como um lobo faria com um coelho. Sua paleta se chocou contra a parte de trás da égua à esquerda da sua cauda. Ela caiu de lado no chão. Ele tinha um naco de pele na boca. O homem que controlava a égua correu com medo de morrer.

In Tissar ajoelhou-se sobre a égua e começou a dar-lhe patadas enquanto relinchava. O barulho na sala era ensurdecedor. A excitação e a tensão decorrentes subjugaram-nos a todos. Meu tempo de rodeio fora uma grande escola e eu aprendera a enfrentar situações tensas e perigosas. Mas naquele momento, nada do que aprendera era de grande valia.

Fui para a direita, me afastando do Dr. Snow. In Tissar havia derrubado a égua na parede sul, mas, quando fui em direção ao canto, ele correu para mim. Eu corri ao longo da parede para me proteger atrás da rampa de exame.

Percebi que o Dr. Snow me acompanhava e tinha na mão um ancinho de limpar cocheira. Imagino que sua intenção fora a de proteger a égua e todos nós, mantendo In Tissar afastado com o ancinho. In Tissar veio em nossa direção e correu em direção à ponta do ancinho, mas isso não teve efeito algum.

O Dr. Snow virou-se, deu as costas ao cavalo e correu em direção ao laboratório, que ficava no canto noroeste da sala. Seu assistente estava parado no umbral da porta e o Dr. Snow chocou-se com ele. Ambos caíram dentro do laboratório em busca de segurança.

Darryl e eu acabamos atrás da rampa de exames. Jamais me senti tão vulnerável e sem controle da situação.

Os dois homens que haviam segurado as estacas estavam do lado de fora da porta que dava para o norte e que estava aberta uns 20 centímetros. Tenho certeza de que a fechariam se o cavalo investisse naquela direção. O homem encarregado da égua estava do lado de fora da porta que dava para o sul e que também estava ligeiramente aberta. In Tissar se posicionara na frente do laboratório, dando passos para a direita e para a esquerda como se dissesse: "Estou controlando vocês todos. Quem está no comando da situação, agora, sou eu."

E estava no comando mesmo.

Ele voltou-se devagar, andando na ponta dos cascos, a cauda esticada para trás e o pescoço levantado ao máximo. Era uma visão bela e terrível ao mesmo tempo.

Foi direto para a égua, que continuava deitada no chão. Relinchou e deu umas patadas no ar como os garanhões costumam fazer quando cortejam uma égua. Ela, que tinha um grande ralho no flanco esquerdo — o sangue pingava no chão —, levantou-se bem devagar.

In Tissar meteu o focinho naquele flanco algumas vezes e seu membro estava totalmente ereto. Por incrível que pareça, a égua levantou a cauda, revelando estar receptiva a ele. Ele montou sobre ela, ainda com uma estaca e meia balançando no seu cabresto.

Todos os presentes ficaram petrificados, observando tudo com fascinação. Era uma experiência primal, poderosa.

Depois de cobrir a égua, In Tissar saiu de cima dela e se encaminhou devagar para a porta do lado norte, onde, do lado de fora, estavam os dois homens que haviam segurado as estacas. Quando ele ficou parado em frente à porta, podia-se notar que não tinha mais intenções agressivas. Os homens abriram a porta vagarosamente, cada um segurou a ponta de uma estaca e o conduziram pela alameda até a sua baia.

Ele deixou-se conduzir como um cordeiro.

Eu, o Dr. Snow e Darryl caminhamos atrás deles. O Dr. Snow disse, enquanto sacudia a cabeça:

— De agora em diante vou carregar minha pistola comigo e, se ele fizer alguma coisa parecida com o que vi hoje, terá que morrer. Não vou pôr a vida de ninguém em risco.

Concordei. Algo dramático teria que ser feito antes que alguém fosse morto.

Nós três concordamos que o garanhão não estava trabalhando o suficiente. Quem sabe não estava sendo alimentado demais e trabalhando de menos? Se ele fosse montado nas colinas — e realmente posto para trabalhar — talvez pudéssemos mudar sua atitude.

Darryl se ofereceu para montá-lo todos os dias. O Dr. Snow e eu lhe dissemos que ele não deveria montar In Tissar sem que houvesse alguém por perto para buscar ajuda se algo desse errado. Estávamos todos de acordo com o que deveria ser feito.

No primeiro dia desse novo plano de ação resolvemos levar In Tissar para um local onde tínhamos alguns currais muito sólidos e instalações para gado, bem como uma rampa de embarque e um portão seguido de um corredor. Nós o colocaríamos no corredor, o encilharíamos e só então Darryl o montaria e sairia para galopar com ele.

Ainda na baia, Darryl conseguiu pôr a cabeçada nele e depois começou a conduzi-lo para os currais. Na metade do caminho, In Tissar avistou uma égua no campo a uns 500 metros e começou a se inquietar. Darryl tentou acalmá-lo, mas o garanhão fez um movimento indicando que iria atacar. Estávamos numa área de meio acre mais ou menos e ele fazia alguns gestos realmente agressivos.

Alguns minutos depois, Darryl perdeu o controle das rédeas e o animal estava solto. Passou a correr por toda aquela área e, não importava aonde fôssemos, estava sempre atrás de nós. Não éramos nós que o caçávamos, mas o contrário.

Conseguimos evitar que nos atacasse, mas, se ele nos visse a uns 200 ou 300 metros de distância, partia para cima. Corríamos como os Keystone Cops, os guardas cômicos do cinema mudo.

Ele estava com muita raiva.

Finalmente, conseguimos encurralá-lo perto das instalações para gado. Darryl deu um jeito de fazê-lo entrar no corredor. Quando fechamos o portão para que andasse, ele começou a dar coices. Bateu com os cascos no portão fortemente e depois ficou com uma das patas posteriores levantada por algum tempo. Seguramos a respiração, pois pensamos que houvesse quebrado a perna, tão forte fora o coice.

Então ele colocou a perna para baixo e pisou normalmente com ela. Algum pelo havia se soltado na metade da canela. Não estava nem manco.

Depois que o encurralamos, Darryl o encilhou e montou. Levou-o para cima da colina, onde ele poderia correr por mais de 20 quilômetros sem encontrar um portão. Darryl o cavalgou por cerca de três horas. Quando retornou, fez com que desse voltas pelo redondel para garanhões. Depois, tirou-lhe a sela e o conduziu para o lavadouro, onde lhe deu um banho. In Tissar estava bem. Parecia a própria saúde, um fino exemplo de garanhão no auge da sua vida. Você poderia vendê-lo para uma aluna do primário — desde que seu pai não notasse aquele seu olhar duro, de ferro, e ao mesmo tempo desinteressado.

Estávamos todos satisfeitos e Darryl deu início ao programa de montar In Tissar todos os dias. No quarto ou quinto dia, o Dr. Snow concordou que o cavalo já estava suficientemente calmo para que pudessem tirar raios X da perna que aparentemente machucara.

Tiramos raios X e descobrimos que havia uma fratura significativa na canela. Criara-se o dilema: por quanto tempo Darryl ainda poderia montá-lo sem que isso se tornasse uma crueldade?

Darryl diminuiu o tempo de trabalho. Após o fim do segundo dia, quando Darryl entrou com In Tissar no redondel para garanhões e tirou sua sela, foi atacado por ele. Mais uma vez, um empregado da Flag Is Up teve que correr para salvar a vida.

Essa foi a gota d'água. A essa altura, no curso normal das coisas, o cavalo teria que ser sacrificado.

Ainda assim, eu não suportava a ideia de ter que matá-lo e comecei a pensar em uma resposta. O que dera errado? O cavalo se tornara tão perigoso que não era possível nem mesmo ajudá-lo.

Decidimos fazer uma última tentativa de salvar sua vida. Em uma área próxima do redondel para garanhões, e com ajuda de alguns operários de construção, inventei e construí um sistema pelo qual In Tissar poderia ser alojado. O estábulo poderia ser limpo, não ter a manutenção interrompida e o cavalo poderia ser escovado, ferrado, exercitado e ainda ter sua crina retocada — tudo isso sem ter ninguém no recinto com ele.

Poderia também cobrir uma égua, ser banhado — como é necessário antes da cobertura — e voltar para uma baia limpa e preparada, sem ter ninguém no recinto com ele.

Ele foi criado dessa maneira durante 12 anos. Durante todo esse tempo não causou danos a égua alguma, a si mesmo, nem a nenhuma pessoa que trabalhasse com ele.

Atualmente, temos um outro garanhão com problemas na mesma instalação, Court Dance, filho de Northern Dancer.

Court Dance era de propriedade de Robert Sangster e John Magnier quando foi mandado para a fazenda. Queriam que eu descobrisse quais eram os seus problemas para depois vendê-lo. Logo verifiquei que se tratava de outro animal muito perigoso. Não poderia ser vendido para ninguém, pois ninguém conseguia controlá-lo, quanto mais transportá-lo.

Ele tem coberto éguas aqui durante os últimos três anos sob o mesmo sistema de In Tissar e vai indo muito bem.

Eu sempre prefiro entrar em entendimento com um cavalo por meio da comunicação e do diálogo, mas com esses dois garanhões isso não foi possível.

De qualquer modo, as complicadas instalações que construí especialmente para alojar In Tissar e Court Dance podem ser vistas como significantes conquistas a longo prazo. Sem esse sistema, os dois garanhões, sem dúvida alguma, teriam que ser sacrificados.

Muitos cavalos foram destruídos pelo mundo inteiro por causa de temperamentos menos agressivos que In Tissar e Court Dance.

Do que li sobre garanhões violentos como Ribot e Graustark — e até mesmo Roberto, pai de In Tissar — não tenho dúvidas de que há um bom número de cavalos agressivos incuráveis.

Numa escala de 1 a 10, In Tissar era um garanhão 9,9. Era inteligente, astucioso e gostava de machucar pessoas. Algo no seu contexto fez dele um cavalo mesquinho que nunca teve a intenção de ouvir ninguém.

Meus pais vieram para ficar. Isso era cada vez mais raro e o fato de eles permanecerem aqui mais de uma semana nos disse que o câncer de minha mãe provavelmente havia piorado.

Julgamos que ela estava fazendo a última tentativa, antes de morrer, para remendar o relacionamento entre seu marido e seu filho.

As dúvidas logo se dissiparam. Ela planejara para que meu pai me visse trabalhar no redondel. Ela se informara dos meus compromissos antes de marcar a visita; ela arranjara um banco para ele se sentar confortavelmente, ela se assegurara de que ele não poderia escapar. Ela praticamente lhe disse que ele deveria sentar-se no banco, prestar atenção ao que eu faria e reconhecer que o meu método funcionava.

Então, meu pai sentou-se no banco pronto para me ver "iniciar" um cavalo xucro. Ele tinha 70 e tantos anos e, como já mencionei, sua opinião era irrelevante para mim, pelo menos na superfície. Afinal de contas, àquela altura eu já iniciara mais de 6.500 cavalos e, acima e além dos cavalos de rancho, iniciara alguns maravilhosos cavalos puro-sangue que acabaram ganhando corridas importantíssimas pelo mundo todo. Eu não era mais um garoto desesperado pela aprovação paterna. Era um homem com mais de 40 anos que queria que seus pais se sentissem bem um com o outro e bem com seu filho.

De qualquer modo, também queria me apresentar o melhor possível; desejava mostrar ao meu pai o que conquistara nos meus muitos anos de trabalho com cavalos e — mais recentemente — com a corça.

Pensei em dizer a ele que quando desenhara o redondel onde estávamos — uns vinte anos antes — propositalmente o fizera sem uma galeria para espectadores e usara tábuas macho e fêmea, encaixadas umas nas outras, de modo que ninguém pudesse espiar de fora para dentro. Apenas recentemente acrescentara a estrutura onde ele estava e que permitia ver o redondel embaixo, onde eu estava para iniciar uma potranca castanha — uma bela criatura.

Eu nunca a vira antes em minha vida. Não tinha ideia do seu caráter ou do seu comportamento, embora visse imediatamente que ela era do tipo "rápido", isto é, rápida nas reações, nervosa mas inteligente.

Fiquei no centro do ringue e enrolei meu laço de corda leve. Movendo-me bem devagar, pois ela poderia começar a "voar" facilmente, enquadrei meu corpo com o dela, levantando um pouco os meus braços e esticando ao máximo os dedos das mãos, conforme aprendera com a corça. Fixei meus olhos nos dela.

O efeito foi dramático. Ela começou a correr pelo perímetro exterior do redondel em sentido anti-horário.

— Muito bem, papai — eu disse —, vou lhe dizer tudo o que acontecerá. É como se você houvesse comprado ingressos para um show de mágica.

Eu praticamente não precisava da corda para fazê-la correr. Ela corria confortavelmente do lado de fora do redondel e eu podia controlar sua velocidade escolhendo a parte do seu corpo onde fixaria meu olhar. Se mantivesse meus olhos nos dela, ela aumentaria a velocidade. Se desviasse meus olhos para suas paletas, ela diminuiria a velocidade.

O tempo todo mantive meu corpo enquadrado com o dela.

— Agora, o que estou esperando é que ela aponte a orelha da parte interna para mim — eu disse a meu pai, que observava atento do seu banco —, o que deve acontecer dentro de um minuto, talvez.

Mal acabei de falar, a orelha da potranca estava apontada em minha direção.

Meu pai falou:

— É claro que ela quer ouvi-lo.

— É mais do que ouvir. Ela estendeu a orelha na minha direção em sinal de respeito. Ela está me dando alguma importância com esse gesto.

Joguei a corda leve na frente dela e ela imediatamente começou a correr na direção contrária. Mas ainda assim a orelha mais próxima permanecia constantemente voltada para mim. Depois de alguns instantes, ela iniciou um trote regular.

A potranca fez mais uma evolução em volta do redondel, e eu disse para o meu pai:

— A próxima coisa que você vai ver será um outro sinal de respeito que ela vai me transmitir. Você vai vê-la lamber os lábios e mover as mandíbulas como se estivesse mastigando. Você vai ver sua língua aparecer entre os dentes. Logo depois, ela começará a mastigar.

Eu já não me surpreendia ao ver essas coisas acontecerem. De fato, depois de ter iniciado milhares de animais, eu ficaria surpreso se elas não acontecessem.

E, conforme eu informara, ela começou a lamber os lábios e a mastigar o ar.

— Pronto — falei para o meu pai —, ela está me dizendo que é herbívora, está perguntando se pode comer em segurança, se pode parar de correr. Está dizendo que, se eu lhe der o sinal, poderemos entrar num acordo, poderemos marcar nossas respectivas posições. Está dizendo que quer viver e deixar viver. Está dizendo que quer conversar comigo.

Fazia cinco minutos que eu começara a iniciação e expliquei ao meu pai que estava esperando pelo último sinal antes da Conjunção poder ser concretizada.

— Estou esperando que ela baixe a cabeça e corra com ela a apenas alguns centímetros do chão.

Em poucos minutos a castanha estava assoprando com as narinas a areia em frente aos seus cascos; a orelha sempre apontada na minha direção.

— Ela está me dizendo que está tudo bem, que ela me entende, confia em mim, sabe que conheço sua língua.

Voltando meus ombros para um pouco além da ação da potranca, desviei o olhar. Acabei com qualquer contato de olhos.

Ela parou imediatamente.

Fiquei completamente imóvel, meio de lado, evitando qualquer contato de olhos. Nem mesmo tentei olhar para ela pelo canto dos olhos. Isso a corça me ensinara.

Senti que ela estava relutante. Estava achando difícil acreditar que eu falava sua língua. De qualquer forma, forcei-a a tomar conhecimento de que eu respondera corretamente a todos os seus sinais.

Essa parte do processo de iniciação — o momento que antecede a Conjunção — é sempre o mais emocionante para mim. Não porque haja alguma dúvida, mas simplesmente porque, quando ela acontece, prova a possibilidade de comunicação entre homem e cavalo. A Conjunção é uma espécie de milagre: o animal voador dando sua confiança ao animal lutador; homem e cavalo atravessam a distância que os separa e se encontram. Faço questão de repetir: o milagre desse momento é sempre algo que se renova aos meus olhos. Eu revivo todas as vezes essa emoção; uma fonte de satisfação que vem se mantendo desde meus tempos de adolescente.

A potranca deu o primeiro passo em minha direção. Eu não a estava olhando, mas sabia que ela estava pesando a situação; estava decidindo se não havia outra coisa a fazer além de juntar-se a mim.

Alguns momentos depois, ela estava parada ao meu lado, seu focinho no meu ombro. Ela confiara em mim. Tratava-se de uma experiência nova e fantástica para ela, e eu provara que era a sua zona de segurança — alguém que entendia o que ela comunicava.

Comecei a dar uma volta para a direita, bem devagar, e ela me seguiu. Dei a volta para a esquerda e ela me seguiu. A Conjunção com essa jovem fêmea castanha foi absolutamente efetiva.

— É isso que eu chamo de Conjunção — expliquei a meu pai.
Ele perguntou:
— Quantas vezes essa potranca já foi montada?
— Ela nunca foi montada, papai.
— Conversa!
Não tomei conhecimento do comentário.

A potranca estava esperando para ver o que aconteceria a seguir nesse dia extraordinário em que tudo começara a mudar para ela. Lembrei a mim mesmo que, embora esse fosse um acontecimento quase diário da minha vida, na dela fora provavelmente o momento mais dramático e nervoso.

Falei para meu pai:
— Agora, vou investigar as áreas vulneráveis para ver se ela confia em mim totalmente.

Caminhei até o centro do redondel com a potranca me seguindo. Deixei que a corda leve caísse no chão e fiquei parado à altura dos seus ombros.

— As áreas vulneráveis — expliquei — são aquelas atacadas pelos predadores.

Movendo-me devagar e silenciosamente, passei as mãos na sua crina e embaixo do seu pescoço.

— Os grandes felinos saltam aqui em cima, fincam as garras nas costas do animal e mordem o topo do seu pescoço, tentando danificar a espinha dorsal. Assim paralisam o cavalo ou causam a sua queda. Depois de paralisado, é fácil acabar com ele. Se não conseguem paralisar a vítima, os felinos cairão com ela e a morderão na parte de baixo do pescoço, fechando a traqueia e acabando com o suprimento de ar. Por isso é importante que ela permita que eu passe as mãos nessas áreas vulneráveis.

Em seguida passei minhas mãos vagarosamente pelos seus flancos e pela sua barriga. Continuei explicando:

— Em todos os continentes há um ou outro tipo de cachorro selvagem e predador de cavalos. Um deles morde sua cauda para atrapalhar a fuga. Outros correm para a frente do cavalo e mordem seu focinho para dificultar a respiração. A maioria, entretanto, ataca a parte de trás da barriga, que é macia. Os cães tentam rasgar sua barriga de modo que os intestinos caiam para fora através da ferida.

Essas foram as áreas que investiguei sob o olhar do meu pai. Confirmei a confiança existente entre mim e o animal. Ela ficou parada, razoavelmente firme. Uma ou duas vezes deu um passo para o lado. Continuei a afagá-la em todos os pontos vulneráveis até não sentir qualquer tensão ou rejeição da parte dela.

Em seguida, peguei cada um dos seus cascos e passei as mãos do joelho até o boleto e depois fiz o mesmo na parte interior da perna antes de pedir para levantar as patas, uma por uma. Mantive cada uma delas afastada do chão por um ou dois segundos.

— Veja bem, papai — eu disse. — Ela é um animal voador ou fugidor e acabou de permitir que eu segurasse seu método de propulsão — suas patas. Ela confia em mim, agora, da cabeça aos pés, literalmente.

Eu trabalhara a potranca por vinte minutos àquela altura.

Hector Valdez entrou no redondel carregando uma sela, uma manta, rédeas, longos estribos de couro e uma guia. Hector montou mais cavalos do que se pode lembrar. Tendo trabalhado comigo por tantos anos, ele sabia o que fazer tão bem quanto eu. Depois de colocar o equipamento no meio do cercado, ele se retirou.

A chegada desse novo personagem na arena — e, mais alarmante ainda, a pilha de estranhos equipamentos — causou a usual consternação na potranca. Ela resfolegou, assoprou na sela, fixou duramente os olhos por alguns instantes, deu algumas voltas ao redor e, no geral, acabou por aceitar a situação.

De qualquer modo, o equipamento serve para fortalecer a Conjunção, pois algo estranho faz o animal procurar sua zona de segurança — eu.

Ela ficou do meu lado enquanto eu punha a sela nas suas costas. Ainda não havia nenhuma corda na sua cabeça. Ela permitiu que eu passasse a barrigueira pela sua barriga e a apertasse.

Falei para meu pai:

— Agora, quero que ela se habitue com a sela por algum tempo, antes de Hector montá-la.

Afastei-me um passo da potranca, enquadrei-me com ela e fiz com que ela recuasse. Ela começou a dar voltas no cercado, marchando de modo estranho, uma vez que tinha que se adaptar à nova sensação de ter uma sela nas costas.

Enquanto ela trotava em volta do ringue, eu esperava pelos mesmos sinais — a orelha apontada para mim, o lamber de lábios, o mastigar. Como sempre, eu não esperava que ela baixasse a cabeça com a sela nas costas. Seria pedir demais.

— Agora, vou fazer uma pequena experiência — falei. — Você verá que ela tem um lugar preferido no redondel.

Apontei para o local onde, conforme verificara, ela me dava atenção total. Nos outros pontos da arena, alguma coisa desviava sua atenção: meu pai ou a porta de entrada para o redondel, ou a lâmpada afixada à viga.

Minha longa experiência me ensinou que todos os animais jovens têm um lugar preferido e é sempre melhor esperar até que eles estejam nele antes de tentar os sinais mais sutis de "Equus". Continuei explicando ao meu pai:

— Vou manter minha mão em frente a meu corpo, assim. Quando ela chegar ao seu ponto preferido, eu apenas vou abrir os meus dedos, deixando-os, palma aberta, bem afastados uns dos outros. Você vai notar que ela aumentará consideravelmente a velocidade.

Fiz exatamente o que disse que faria e, quando estiquei os dedos, ela aumentou a velocidade dos giros.

— Está vendo, papai? Ela está me lendo. Ela sabe que pode deixar um puma passar bem em frente a ela, mas, se ele estiver com as garras abertas, ela tem que voar, e bem rapidinho.

Pressionei-a a se voltar e girar na direção oposta, permitindo que se familiarizasse com a sela. Depois de algumas voltas, ela estava me pedindo para se aproximar. Desviei o olhar e ela se aproximou.

Apertei sua cilha um furo para me assegurar que a sela ficaria no lugar.

— Agora, vamos às rédeas — observei ao meu pai. — Uma vez que a Conjunção acontece, passar-lhe as rédeas é mera formalidade. A Conjunção me diz que ela confia em mim totalmente. E, para cavalos, o próximo passo é se oferecer para trabalhar o máximo que puderem.

Ela agora estava com suas primeiras rédeas, despreocupada, mordiscando o bocado do freio instalado pela primeira vez na sua boca.

— Agora vou passar-lhe a guia pelo pescoço.

Estávamos trabalhando havia 25 minutos e tudo ia indo muito bem.

Com a guia em seu pescoço e a extremidade em minhas mãos, fiz a potranca correr em ambas as direções. Era a primeira vez que obedeceria as rédeas e eu queria facilitar o trabalho de Hector antes que ele a montasse para dar-lhe um pouco de ideia de direção.

Depois disso, fiz a castanha recuar um passo. Mal ela recuou, aliviei a pressão da corda, recompensando-a imediatamente. Apertei a barrigueira mais um furo e ela estava pronta para ser montada por Hector.

Hector entrou no ringue e se apresentou a ela. Também afagou as partes vulneráveis até ela se acostumar com a sua presença. Passou levemente as mãos pela sela.

Então eu o levantei e ele se deitou nas suas costas por alguns momentos. Enquanto ele estava deitado, eu virei a cabeça da potranca para um lado e para outro, a fim de que ela o visse.

Com muito cuidado, Hector passou uma perna sobre suas costas... e a potranca estava sendo montada pela primeira vez.

Hector a fez caminhar em volta do ringue sem se preocupar com o que ela fazia com a boca, ou se devia afastar-se para a esquerda ou direita, ou se começava a trotar ou com qualquer outra coisa que tentasse, a fim de entender o que estava se passando nas suas costas.

Chequei meu relógio:

— Meia hora — eu disse a meu pai, ainda no banco —, é mais ou menos o tempo de costume para toda a operação.

Meu pai não falou muito naquele momento. Saiu do banco e foi falar com os peões. Andou por toda a fazenda interrogando as pessoas sobre o que elas faziam.

Depois, retornou para o seu banco. Minha mãe escolhera o dia certo, pois quando a noite caiu eu já havia iniciado uns dez cavalos.

Meu pai testemunhou o mesmo processo todas as vezes; os mesmos sinais-chave, a mesma linguagem. Cada animal era diferente, é claro, mas todos se comunicavam por meio do "Equus" e o resultado alcançado era sempre o mesmo: depois de meia hora, Hector Valdez estava cavalgando potros e potrancas ao redor do redondel. E tudo isso sem gritos, palavras duras ou sinal de um chicote.

Lá pelo fim do dia, meu pai me vira domar mais cavalos do que ele poderia "quebrar" em seis semanas. Ele desceu e ficou ao meu lado na parte exterior do redondel e mal podíamos ver nossos rostos por causa da obscuridade.

Perguntei-lhe:

— Então, o que você achou?

Ele não podia, porém, desistir do seu modo de viver. Mesmo diante de tantas provas, era pedir demais para ele que concordasse que os métodos antigos não eram os melhores.

Ele respondeu:

— Continue fazendo as coisas desse jeito e vai ver o que esses bichos farão com você.

À noite, em casa, minha mãe estava particularmente ansiosa para saber a opinião dele. Para ela, muita coisa dependia disso.

Tratava-se não só de uma questão de fazer justiça ao seu filho, acho, mas também de um acordo a que poderiam chegar dois homens que ela amava igualmente, mas de modo diverso. Um como filho e outro como marido.

Ela não tocou no assunto por algum tempo, como se a ideia não houvesse partido dela. Então, não aguentou mais e perguntou:

— Então, Marvin, como você se sentiu vendo o que viu hoje?

— Bem.

Isso estava longe de ser o bastante para ela. E ela pressionou-o:

— O que você achou?

Meu pai replicou:

— É suicídio.

Ela simplesmente teria que continuar vivendo com a mesma lealdade dividida com a qual vivia por tanto tempo.

O câncer intestinal da minha mãe a levou pouco tempo depois, e nos vimos viajando a Salinas para o seu funeral.

Chegamos à casa deles, onde meu pai construíra alguns anos antes um bloco de estábulos e alguns picadeiros. Até pouco tempo atrás, ele ainda dava aulas de equitação e de um modo ou outro lidava com cavalos. Agora, com a morte de sua mulher, ele estava num estado lamentável. Simplesmente não podia acreditar no que ocorrera.

Quando chegamos, ele nos saudou com as seguintes palavras:

— Entrem, sua mãe deve voltar daqui a pouco.

Pat e eu nos olhamos para confirmar que havíamos ouvido aquilo mesmo, e só depois entramos na casa. Lembrei-o:

— Papai, ela não vai voltar. Ela morreu.

Ele ficou calado por um bom tempo e depois admitiu:

— É, suponho que sim.

Meia hora depois, estávamos prontos para ir ao enterro. Quando deixávamos a casa, meu pai parou e disse:

— Temos que esperar por Marguerite. Ela ainda não voltou.
Mais uma vez tivemos que relembrá-lo:
— Papai, ela está nos esperando no funeral. Funeral dela.
— É verdade... está bem.

Por uma estranha coincidência, a agência funerária estava localizada a uma distância de quatro portas de nossa antiga casa em Salinas, Church Street 347. A vizinhança me pareceu tão pequena comparada com o que guardava na lembrança. As casas haviam encolhido de tamanho e a rua era apenas uma faixa de pavimento.

A agência funerária se chamava Struve and LaPorte. Todos os membros da família LaPorte foram nossos alunos de equitação durante os anos 1940 na Pista de Rodeio. Agora, um homem de cabelos grisalhos saía da casa funerária para nos dar seus pêsames, e ele fora um dos meus alunos tantos anos antes. Jim LaPorte administrava agora os negócios da família. Quem teria imaginado uma coisa dessas? Só podia me lembrar dele como um garotinho se equilibrando em cima de um cavalo.

Quando nos encaminhávamos para o interior da funerária, meu pai disse outra vez:
— Esperem um pouco. Temos que apanhar sua mãe.

Jim LaPorte nos informou que o estado em que meu pai se encontrava é muito frequente entre gente mais idosa que se separa depois de muitos anos de vida em comum.

O serviço religioso foi celebrado na igreja católica local. Poucas pessoas foram à missa, e depois minha mãe foi levada embora e enterrada. Sua vida inteira fora dedicada apenas a seu marido e filhos.

Naturalmente, meu irmão Larry e eu estávamos preocupados com a rapidez com que nosso pai definhava após a morte da esposa. Perguntávamo-nos como ele faria para seguir vivendo. Chamei o seu médico e disse que arranjaria acomodações para meu pai na Flag Is Up Farms, onde poderia ficar de olho nele.

O médico informou que ele estava saudável como uma mula e que a última coisa que queria no mundo era sair de sua casa. Havia uma mulher que aparecia todos os dias para ver se ele estava bem. Mandou nos informar também que tinha o suficiente para comer e que tudo o que deveríamos fazer era telefonar-lhe de vez em quando e visitá-lo o mais frequentemente possível.

Larry e eu arranjamos um esquema de telefonemas e visitas.

Eu telefonava perguntando como ele estava. Ele respondia:

— Estou bem. Aquela potranca está entrando na linha e aquele palomino vai acabar sendo um bom cavalo.

— Papai, você não está fazendo nada com cavalos.

— Por Deus que estou!

— Então, está.

Silêncio. Eu sabia que ele não estava movendo uma palha. Quase não saía de casa.

— Papai, você não gostaria de se mudar para cá? Você pode morar conosco por algum tempo. Pelo menos até ficar sobre seus próprios pés outra vez.

— De jeito nenhum. Eu não vou me mudar. Nem sei sobre o que você está falando.

Quando Larry o visitou, nos ligou para informar que papai estava afundando rapidamente. Não comia quase nada e estava descuidando do próprio corpo. Estava visivelmente se acabando.

Eu disse que iria visitá-lo no dia seguinte. Na manhã seguinte, porém, Larry o encontrou morto. Haviam se passado 42 dias da morte de mamãe.

Mais tarde, naquela mesma noite, me senti compelido a visitar a funerária LaPorte, onde estava o corpo do meu pai. Telefonei para meu velho aluno Jim LaPorte e perguntei se ele me admitiria. Ele concordou.

Cheguei na hora marcada e Jim me deixou entrar. Levou-me até uma sala pequena muito limpa e nua, exceto por uma coroa de flores e dois cavaletes sobre os quais estava o caixão. Não havia luz na sala, mas uma leve luminescência atingia diretamente o rosto do meu pai.

Jim me deixou sozinho e fui até a frente para olhar o caixão. As palavras do meu irmão Larry voltaram à minha mente: "Ele está encolhendo na minha frente." Ele parecia não ter mais de 1,50 metro, e a carne quase desaparecera entre os ossos e a pele.

Desde menino, sempre tive em minha mente este exato retrato do meu pai. Sabia que chegaria uma hora em que ele estaria num caixão de madeira e eu olhando para ele. Um retrato produzido pelos castigos e surras que ele me aplicara. Essa imagem me perseguiu durante toda a vida e me obriguei a verificar se era mesmo real. Protegendo-me dos seus tapas, quando ainda era uma criança, prometi a mim mesmo que meu pai caberia em qualquer caixão normal e quando esse dia chegasse ele não poderia mais me machucar.

Foi um momento catártico, mas eu não derramei uma lágrima. A verdade é que o fato de ele estar morto não me importava. Não acredito que minha reação significasse que eu fosse uma pessoa incapaz de perdoar. Apenas sentia raiva pelos castigos que ele me havia imposto, como se tudo tivesse ocorrido no dia anterior, e não quarenta anos antes.

Bem, agora ele não poderia ferir mais ninguém. O que quer que tenha feito ele ser do jeito que era já não estava com ele. E fosse o que fosse — violência, ira — eu queria que desaparecesse completamente da terra. Visto do meu pequeno canto do mundo, foi um grande momento.

Depois de deixar a funerária, algo fez com que eu dirigisse até Chinatown, mais precisamente em direção ao Golden Dragon Saloon, onde, tantos anos atrás, eu vira o modo cruel como meu pai prendera aquele homem negro.

Ainda era a área mais marginalizada da cidade e agora havia drogados deitados debaixo das marquises, coisa que não acontecia em 1943.

Era uma rua de mão única, de modo que fiz o que meu pai fez naquela noite e estacionei onde naquela época era a contramão da rua.

Dei uma olhada em volta, mas o Golden Dragon não existia mais. Enquanto procurava por ele, passou um carro de polícia e pude ver que o motorista me notara. Meu Lincoln não era veículo que se visse normalmente naquela região. Ele estacionou precisamente atrás de mim.

O policial uniformizado se aproximou cuidadosamente do lado do passageiro e eu abri a janela.

— Você está perdido, não é mesmo?

— Não, não estou perdido. Estou aqui para uma visita. A última vez que andei por aqui foi há quarenta anos.

O fato de eu não ter pedido ajuda a ele para sair daquele buraco perigoso fez com que suspeitasse que eu poderia estar atrás de drogas. Guarda que era, mais em guarda ficou.

— Ah, é?

— Aqui costumava ter um *saloon* chamado Golden Dragon. Você sabe o que houve com ele?

— O Golden Dragon foi demolido um ano atrás, mais ou menos.

— Bem, quando estive aqui, quarenta anos atrás, foi uma triste ocasião. Meu pai prendeu um homem no *saloon*. Hoje decidi dar uma passada só para lembrar.

Os olhos do policial se avivaram:

— Seu pai era policial?

— Sim, era. Foi policial por 12 anos, mas aposentou-se há muito tempo.

— Como era o nome dele?

— Marvin Roberts.

— Ah, é? Amanhã haverá um grande funeral para ele. Muitos policiais vão estar presentes.

E ele estava certo. No serviço fúnebre religioso havia um enorme contingente de policiais de Salinas.

A igreja estava lotada. Seis semanas antes, durante a missa para a minha mãe, ela estivera praticamente vazia.

Durante todo o tempo em que trabalhei com a velha corça a quem dei o nome de Grandma, pensei como seria bom começar com um jovem cervo; um animal com a mente maleável e que ainda não tivesse sido traumatizado pela realidade. Queria verificar se responderia mais rapidamente do que Grandma, que carregava com ela toda uma bagagem de vida.

Não havia muitos cervos pelas redondezas quando cheguei à Flag is Up em 1966. No dia que encontrei Grandma, já vivia na fazenda havia 11 anos e até então o máximo que vira fora grupos de três, quatro animais. De qualquer modo, durante os primeiros quatro, cinco anos em que trabalhei com Grandma, notei um aumento substancial no número de cervos e corças que faziam da fazenda o seu lar.

Decidi pegar um pequeno cervo e trabalhar com ele. Mais tarde, o chamaria de Yoplait, por causa da marca de iogurte da sua preferência. Estou certo de que foi um aluno melhor do que Grandma, mas quando comecei com ele eu também sabia muito mais sobre a sua linguagem.

Em seis meses, o seu comportamento se alterou significativamente. Eu podia fazer com que se afastasse dos outros cervos e viesse a mim para receber um afago no pescoço ou na cabeça. Sempre me pareceu um caráter indiferente e parti do pressuposto que essa era a personalidade de todos da espécie. Mais tarde, aprendi que todos têm personalidades diversas e que a indiferença não é a regra geral.

Yoplait me ignorava por longos períodos de tempo: olhava para outro lado e não prestava atenção em mim. Presumi que eu estava cometendo erros, o que era verdade até certo ponto.

Mais tarde, ao trabalhar com outros animais da espécie, verifiquei que a indiferença de Yoplait era única, exclusivamente dele. Não diria que nossa relação foi das mais jubilosas, mas durou 12 anos, até o dia em que ele morreu num acidente na autoestrada, em outubro de 1994.

Durante sua existência, Yoplait chegou a acreditar firmemente que a Flag is Up Farms era sua propriedade. Muitas vezes subia para o ponto mais alto no norte da colina, de onde se pode ver toda a fazenda. Lá se deitava, como se estivesse tomando conta dela. Não foram poucas as vezes em que se tornou agressivo com pessoas e animais que considerasse intrusos.

Quando estranhos chegavam à propriedade, ele se posicionava entre mim e eles, e tentava afastá-los. Tinha ciúme da atenção que eu dedicava a outras pessoas. Essa é uma tendência da espécie que hoje eu sei lhe ser inerente.

Meus empregados me diziam que, quando eu deixava a fazenda, ele ficava inquieto, procurava por mim e à noite vinha deitar-se do lado de fora do meu quarto de dormir. Parecia estar tentando me encontrar ou chegar perto de mim.

Mais tarde tentei uma experiência. No dia da minha partida, tirei uma camiseta que usara e deixei-a perto de uma árvore. Quando saí, pedi a alguns empregados para observarem suas reações. Depois, me disseram que ele se deitava perto da camiseta por períodos indeterminados de tempo, até a minha volta.

Algum tempo depois, peguei várias camisetas usadas e as coloquei numa sacola plástica que fechei com um nó a fim de que meu cheiro não escapasse. Deixei-a com os empregados pedindo que trocassem a camiseta perto da árvore a cada quatro ou cinco dias. Estava condicionando Yoplait a pensar que eu não saíra.

A coisa pareceu funcionar. Sem as camisetas, ele ficava inquieto e muitas vezes deixava a fazenda. Foi visto entrando na vila de Solvang quando eu me afastava por períodos maiores.

Até hoje, reservar algumas camisetas usadas para os cervos e corças faz parte da minha rotina. Quando me afastava por muito tempo, tinha que enviar camisetas usadas para a fazenda, a fim de deixar todo mundo calmo.

Durante os anos de formação de Yoplait, minha mulher, Pat, tinha um cachorro chamado Jay. Yoplait passou a não gostar nem de Pat nem de Jay. Para o cervo, eles eram concorrentes e deixava bem claro que o cão deveria ficar em casa e a minha mulher longe de mim, pelo menos enquanto ele estivesse por perto. Ele mantinha o cão — um pastor de Queensland — completamente intimidado. Baixava a cabeça e disparava contra o cachorro, obrigando-o a entrar em casa, diante da menor provocação.

Certa vez, quando estive ausente por um bom período, Pat decidiu plantar algumas flores no pátio dos fundos da casa. A essa altura já havia na fazenda entre sessenta e setenta cervos e corças.

Muitos deles passavam a maior parte de suas vidas próximos da casa e eram poucas as plantas que eles não comiam.

De qualquer forma, Pat descobriu que eles não comiam flores azuis. Nessa ocasião, começou a plantar as flores azuis que os cervos não tocavam do lado de fora da lavanderia e da cozinha. De repente, notou que estava sendo seguida por Yoplait. Ele simplesmente arrancava as flores que minha mulher tinha acabado de plantar e as jogava no chão, sem tentar comê-las.

Ela pegou uma vassoura e ameaçou o cervo com ela. Yoplait entendeu o recado, desceu a colina e fugiu para a fazenda.

Irritada com o trabalho inútil que tivera, Pat foi à garagem e aqueceu o motor do seu Jaguar; depois abriu a porta para que a fumaça saísse. Em seguida, entrou em casa para apanhar algumas coisas de que necessitaria no escritório.

Quando retornou à garagem, Pat encontrou Yoplait de pé em cima do carro. Havia pouco que comprara o Jaguar e tinha orgulho dele. Yoplait danificara a pintura de cada painel com seus chifres e patas. Dançara sobre o teto do carro, sobre o capô, e usara os chifres para raspar as portas. O carro todo teve que ser repintado.

Temo que me levem para um hospício em camisa de força por escrever isso, mas a verdade é que Yoplait deu um jeito de arrancar, com os chifres, presumo, uma foto de Pat e Jay que estava na parede da garagem. Havia pelo menos cinquenta fotos nas paredes da garagem e ele arrancou precisamente aquela. Pat encontrou o vidro e a moldura da foto quebrados no chão. E cobertos com fezes de cervo. Quero informar que considero isso uma coincidência — assim evito que me levem para o hospício —, mas que é uma coincidência muito estranha, ah, lá isso é.

Naquela noite, Pat me telefonou e sugeriu-me que ela poderia comer carne de veado no jantar.

A voz do outro lado da linha disse:

— Aqui é Lyman Fowler.

— Lyman Fowler!

— Isso mesmo. Não sei se você se lembra, mas fui seu professor na escola secundária.

— Claro que lembro.

— Então você talvez também lembre que lhe pedi para fazer uma redação?

— Lembro perfeitamente.

— Bem, agora estou aposentado, como você pode imaginar.

— É, faz um bocado de tempo.

— Mas eu tenho um favor para lhe pedir.

— Vá em frente.

— Sou o diretor social do meu grupo da igreja e todos os anos a gente tenta ir para algum lugar bonito... você sabe, algum lugar civilizado. Nada muito complicado, pois, como você deve imaginar, somos um grupo quase geriátrico.

— Ok, o que é que posso fazer pelo senhor?

— Pensei que talvez pudesse levar meu grupo para ver sua fazenda. Não causaríamos grandes transtornos. Tomaríamos no máximo uma ou duas horas do seu tempo. Como lemos sobre você nos jornais, admiti que a ideia era uma possibilidade.

— Tudo bem, não tem problema. Vamos fazer um passeio turístico pela fazenda.

Depois de fixarmos esquema, data e hora, botei o telefone no gancho e sacudi a cabeça, quase sem poder acreditar no que ouvira. Eu me lembrava do Sr. Fowler e da minha redação muito bem. Lembrava-me também do enorme "F" vermelho. Ele rejeitara a minha proposta por julgá-la muito extravagante, e agora vinha visitar um estabelecimento bastante similar ao que eu descrevera na minha redação.

Foi num belo dia de verão que o ônibus chegou à Flags is Up Farms, e o Sr. Fowler foi o primeiro a sair dele. Ele era um homem muito alto — com mais de 1,90 metro de altura —, mas não andava inclinado de modo algum. Estava elegantemente vestido, a mesma tez morena e olhos proeminentes. Seus cabelos, agora, estavam completamente grisalhos e havia algumas rugas em seu rosto. Fora isso, era o mesmo homem.

Ofereceu-me a mão longa e elegante e falou com sua maneira precisa:

— Alô, Monty!

Continuou avançando para mim e me deu um abraço apertado, o que não era do seu feitio.

O pessoal desceu do ônibus e agora formava um semicírculo à minha frente. Havia cerca de cinquenta pessoas idosas, olhos cheios de expectativas, grudados em mim.

Lyman Fowler fez um pequeno discurso de apresentação:

— Senhoras e senhores, este é Monty Roberts, sobre quem lhes falei. Ele gentilmente se ofereceu para nos mostrar o seu estabelecimento, a Flag is Up Farms.

Depois de uma volta pelas imediações, o resto do passeio turístico teve que ser feito de ônibus, pois afinal de contas o grupo era de pessoas idosas.

O ônibus tinha um microfone e eu o usei para explicar o que víamos à medida que passávamos pelos locais.

Todos haviam vivido em comunidades agrícolas, de modo que estavam interessados no planejamento da fazenda. Além disso, pedi aos peões para colocarem alguns cavalos no piquete e estacionamos em frente para que todos pudessem ver os animais sem ter que sair do ônibus.

Depois de dar toda a volta pela propriedade, subimos até a casa na colina. Todos entraram para dar uma olhada. Depois se dirigiram ao terraço de onde podiam ver toda a fazenda. Providenciei refrigerantes e alguns me perguntaram sobre os cervos e corças que haviam visto.

O Sr. Fowler fez um discurso com sua voz precisa e articulada que jamais esquecerei. Estávamos juntos quando ele disse:

— Como vocês todos sabem, conheci Monty quando ele era um rapazinho. Apesar da juventude, ele me ensinou uma coisa; provavelmente a lição mais valiosa que recebi na vida.

Ele fez uma pausa e então anunciou:

— Um professor não tem o direito de reprimir as aspirações dos seus alunos, não importa quão irrealistas possam ser essas aspirações. — Fez um largo e elegante gesto em direção aos prédios e padoques abaixo de nós. — Houve uma época em que eu disse a

Monty que isto tudo era irrealizável. Agora que vocês deram uma boa olhada em tudo, também tiveram a oportunidade de ver como ele provou que *eu* estava errado.

Senti uma grande ternura pelo Sr. Fowler, pois vi quanto ele gostou de contar essa fábula.

IV

Um convite que mudou minha vida

Em abril de 1989 fui convidado para ir à Inglaterra e dar uma demonstração do meu trabalho na frente de sua Majestade a rainha Elizabeth II, do príncipe Philip e da rainha-mãe. Descrevi a parte inicial dessa experiência nas páginas de abertura deste livro.

O impacto dessa visita sobre mim pode muito bem ser imaginado. Foi como se, de repente, me permitissem sair para a luz do dia, piscando os olhos para o penetrante olhar da publicidade — mas com meu trabalho reconhecido como válido e genuíno. É preciso lembrar que não havia muito tempo que eu erguera a galeria para audiência sobre o redondel da Flag is Up, onde minha mãe instalara o banco para meu pai me ver iniciar cavalos. Antes disso, eu não mostrara o que era capaz de fazer para ninguém. Isso porque pensava: "Já me provaram que as pessoas não aceitam meus métodos." Agora, uma das mais importantes figuras do mundo, grande especialista em cavalos, tomava parte ativa na promoção das minhas demonstrações ao público. Era o selo de aprovação de que o público necessitava para acreditar que o que viam não era um truque, mas um genuíno exemplo da comunicação entre homem e cavalos, usando a língua "Equus".

O que quero deixar claro — que foi necessário que alguém com a autoridade da rainha acreditasse em mim, antes que qualquer outra pessoa o fizesse — me foi provado de modo conclusivo no curso daquele dia nas cocheiras reais.

A primeira demonstração — com a potranca da Rainha-Mãe — foi como um sonho, e eu me deleitei com a atenção que recebi de todos os membros da comitiva real.

Depois disso, fomos com Sir John Miller e cerca de 12 pessoas, a maioria jornalistas, ao restaurante Savile Gardens, em Windsor

Park. Feliz e excitado com a reação de todos, estávamos ansiosos para nos apresentarmos na sessão da tarde para uma audiência diversa.

Durante o almoço, Sir John trocou de lugar várias vezes para falar pelo rádio. Eu não ouvira o que fora dito, mas, quando nos preparávamos para sair, retornar ao castelo e continuar nossas demonstrações, ele mencionou que a equipe das cocheiras havia selecionado dois novos cavalos.

Isso não fazia parte da agenda.

Mais tarde, de qualquer modo, eu viria a saber que a rainha falara com sua equipe e que eles teriam sugerido a ela que eu fazia alguma coisa por baixo do pano com os cavalos quando supostamente os levava pelo ringue para aclimatá-los. Em síntese: suspeitavam de algum truque.

A rainha não acreditara na opinião da equipe e perguntara do que necessitariam para se convencer de que meu trabalho não era fraudulento.

Eles sugeriram que um caminhão fosse enviado para Hampton Court para apanhar dois enormes garanhões pampas de três anos, muito xucros, com os quais praticamente ninguém tinha lidado; eles certamente jamais haviam visto a mim ou ao redondel.

Propuseram que se tirasse um garanhão de cada vez do caminhão, para ver se eu conseguiria iniciá-los — e previram que eu falharia.

Sir John me pediu que iniciasse esses cavalos sem aclimatá-los ao ringue. Como meus métodos de trabalho eram novos para ele, suponho que suas palavras foram mais do que apenas um pedido. De qualquer modo, não é justo que se espere que cavalos passem por uma experiência, talvez das mais traumáticas de suas vidas, e ao mesmo tempo sejam apresentados a um contexto novo e atemorizante.

Esse novo plano dizia respeito a mim, pois havia muita pressão sobre o evento. Eu estava num aquário. Era importante que tudo saísse direito e naturalmente eu queria que fossem tomadas as medidas certas que me proporcionassem as melhores chances.

Quando retornamos às cocheiras de Windsor, logo do lado de fora do picadeiro de equitação estava estacionada uma pequena van com dois garanhões pampas. Estavam suados e inquietos. Quando o primeiro foi desembarcado, o segundo relinchou ferozmente e o primeiro fez o mesmo ainda na carroceria da van. Haviam sido mantidos juntos o tempo todo numa pradaria em Hampton Court e obviamente se amavam.

Havia cem convidados para assistir à demonstração naquela tarde, além do pessoal das cocheiras reais alinhado contra a parede — sabia que estavam torcendo para que eu falhasse, a fim de acusar-me de fraude.

Sir John apanhou o microfone e entrou no redondel para me apresentar. O enorme potro pampa veio em direção a ele batendo furiosamente com os cascos no chão, a fim de deixar bem claro que a situação não lhe agradava.

Sir John recuou e saiu pelo portão. Fez o resto da apresentação do lado de fora do redondel e não posso culpá-lo por isso.

Eu não estava nada satisfeito com a nova situação que me parecia, além de injusta, perigosa. Aquele animal era agressivo e sua atenção era desviada constantemente pelos relinchos do companheiro que ficara do lado de fora do prédio.

De repente, todo mundo se levantou. A rainha entrara. Sua presença não estava programada, mas ela resolvera ver como tudo acabaria. Ela dirigiu-se para a área de trás, onde estavam as cadeiras, e fez um gesto para que todos voltassem a se sentar.

Sir John continuou com seu discurso de apresentação e explicou o que a audiência estava para ver.

Não pude fazer outra coisa senão entrar na pista com minha corda leve e começar o show.

O imenso pampa começou a andar à minha volta agindo com arrogante macheza. Eu o pressionei com firmeza para que se afastasse e ele fez exatamente isso. No que se afastou e começou a galopar dando a volta pela arena, bem junto à cerca, esqueceu-se do seu companheiro e ficou ligado na minha presença e no que eu fazia. Ele estava trabalhando duro para mim.

Depois de três ou quatro voltas ele já respondia e tive a certeza de que a demonstração correria bem. Minha voz subiu alguns decibéis em volume:

— Estou procurando conversar com ele e posso lhes assegurar que ele falará comigo. Observem a orelha interna. Agora vejam como lambe os lábios e começa a mastigar. Vejam como baixa a cabeça e corre com ela a poucos centímetros do chão. Ótimo, e aí vem ele.

Queria fazer com que o pessoal das estrebarias entendesse que meu processo era legítimo; que o cavalo se correspondia comigo.

Sem dúvida, me sentia mais à vontade conversando com o garanhão pampa do que explicando meu trabalho para eles. Afinal de contas, o potro acreditara em mim em poucos instantes e eu ganhara a confiança dele depois de apenas 7 minutos.

À medida que o tempo passava, o grande garanhão pampa se comportava cada vez melhor. Sean montou-o sem o menor problema, bem antes da marca dos 30 minutos. A demonstração foi perfeita. Perfeita também foi a reação da rainha: sua expressão era de alegria e satisfação. Provara que sua confiança em meu trabalho tinha fundamento.

Enquanto levavam o cavalo do redondel e eu esperava que trouxessem seu companheiro, os membros da equipe das cavalariças reais começaram a se retirar para suas áreas de trabalho. Eu os segui e gentilmente pedi-lhes que voltassem para me ver iniciar o segundo garanhão de Hampton Court.

Eles voltaram e se alinharam novamente contra a parede, creio que, dessa vez, com as mentes um pouco mais abertas. Comecei o segundo cavalo e finalizei a demonstração com Sean trotando sobre ele sem problema algum.

Continuei dando demonstrações para plateias diversas durante todo o decorrer da semana sem sentir o ceticismo que impregnara o ar na segunda-feira. Talvez houvesse alguns incrédulos, mas não se manifestaram.

A rainha e outros — a maioria envolvida com os cavalos da Coroa de algum modo — continuaram a convidar gente para assistir ao meu trabalho. De segunda a sexta-feira, houve uma média de duzentos espectadores por apresentação.

Na terça-feira, a rainha chegou inesperadamente e passou a manhã inteira vendo-me iniciar cavalos. Voltou no mesmo dia à tarde, na manhã e na tarde de quarta. Além disso, viu-me trabalhar durante toda a quinta-feira e na sexta pela manhã. Trabalhei alegre e emocionado, pois ganhara a apreciação de sua Majestade a ponto de ela mudar sua agenda por minha causa. Nós tínhamos a mesma fascinação por cavalos e foi um prazer falar com ela sobre o assunto. Seu apoio total e contínuo fez com que eu sentisse uma calorosa e genuína admiração por ela.

Em um certo ponto, John Bowles chegou da Califórnia. Como disse no princípio do livro, ele é meu vizinho e amigo de Sir John Miller. Fora ele quem trouxera Sir John à minha fazenda em janeiro de 1989. Ele é um sujeito enorme e fala com forte sotaque sulista.

Quando John Bowles chegou à área das cocheiras, eu estava falando com a rainha. Ele veio por de trás de sua Majestade, desviou para um lado e, sem saber quem ela era, deu um grande sorriso e estendeu a mão enorme para mim. Quando, de repente, se deu conta de que interrompera a minha conversa com ninguém menos que a rainha da Inglaterra, um olhar de consternação tomou conta de seu rosto.

Na ocasião, eu já estava na Inglaterra havia três dias, sempre em contato com Sir isso e aquilo e Lady fulana e beltrana, de modo que, quando meu vizinho apareceu, eu apertei sua mão e disse com toda a naturalidade:

— Majestade, este é Sir John Bowles.

Transformei-o imediatamente em fidalgo como recompensa por seus bons serviços.

Durante aquela semana iniciamos 16 cavalos para a rainha, quatro pôneis para o príncipe Philip, a potranca para a Rainha-Mãe e um cavalo de salto em potencial, de propriedade de um amigo da rainha — um total de 22 animais em cinco dias.

Além disso, decidimos montar a potranca puro-sangue da rainha-mãe todos os dias, de modo a melhorá-la mais e mais. A ideia era dar à rainha-mãe a oportunidade de vê-la trotar no parque o qual cerca o Castelo de Windsor. Havia o risco do constrangimento, pois uma potranca que sai das cocheiras reais pela primeira vez pode fazer coisas inconvenientes, não importa como foi iniciada. De qualquer modo, eu estava disposto a arriscar.

Aquela sexta-feira de abril de 1989 deveria entrar para o livro de recordes como um dos mais gloriosos e ensolarados dias já experimentados pelo povo de Londres. O céu estava azul, com apenas uma ou outra nuvem branca ocasional navegando por ele. Windsor estava maravilhoso, civilizado e antigo como só a Inglaterra pode ser.

A rainha-mãe foi conduzida ao parque e eu me dirigi ao carro para cumprimentá-la. Antes mesmo de o veículo parar, ela abriu a porta traseira e me estendeu a mão com um grande sorriso, como se me conhecesse a vida inteira.

Foi até a sua potranca, lhe fez um afago no focinho e falou com Sean. Em seguida cumprimentou Roger Oliver e disse alô a Sir John e à minha mulher.

Sean começou a cavalgar a potranca acompanhado pelo gerente dos cavalariços da Coroa, Roger Oliver, que ia um pouco à frente, montando um cavalo mais velho e experiente. Juntos, eles entraram nos jardins e essa foi uma das visões mais belas já criadas por homens e cavalos; parecia ter saído diretamente de um conto de fadas. Sean fez exercícios maravilhosos com o animal de propriedade da Rainha-Mãe.

A Rainha Elizabeth II tinha um compromisso importante naquela manhã, mas pedira para ser informada da hora em que a potranca seria montada para dar uma escapada para vê-la. Quando subíamos a colina e nos aproximávamos do castelo, vimos a rainha saindo dos seus apartamentos. Já vestida formalmente para o seu compromisso, ela nos saudou com um caloroso sorriso e foi generosa nos elogios ao nosso trabalho com a potranca.

A rainha conversou comigo por volta de dez a quinze minutos. Agradeceu-me por ter passado a semana no Castelo de Windsor e delineou seus planos sobre a excursão que eu faria, dando demonstrações pelo interior do país. Então, ela partiu para o seu compromisso e nós todos fomos passeando até o picadeiro de equitação.

Enquanto eu me deleitava com o magnífico dia e pensava em tudo o que ocorrera, me dei conta de que estava vivendo um dos mais compensadores e preciosos momentos da minha vida. A pressão fora eliminada e nossa visita fora um sucesso. Uma semana histórica para mim, minha família e Sean.

Naquela tarde, voltamos a Shotover House para passar a noite. Sean estava particularmente interessado em rever o mordomo de Sir John — um homem cujo sobrenome era Horseman (cavaleiro, homem-cavalo ou tratador de cavalos). A esposa de Horseman, que também trabalhava em Shotover House, era chamada de "Horsewoman" por Sir John.

Quando estive pela primeira vez em Shotover House, fui recebido por Horseman. Enquanto ele se apressava para vir do pórtico à entrada central daquela graciosa casa de campo, verifiquei que era exatamente o que se poderia imaginar que fosse um mordomo inglês.

Provavelmente não tinha mais de 60, mas parecia ter uns 85 anos. Inclinado e grisalho, tinha uma cara triste e abatida; olhos enormes, constantemente úmidos. Estava vestido adequadamente, mas seu colarinho e punhos da camisa pareciam tão antigos quanto ele. Embora tentasse caminhar rapidamente, confundia os pés como se tivesse sérios problemas nas juntas. A cada passo que dava, resmungava alguma coisa. Eventualmente, os resmungos tornavam-se mais altos e pareciam sufocá-lo, deixando-nos com a impressão de que ele estava para morrer. Mas ele simplesmente voltava ao resmungo regular, como se nada houvesse acontecido. Ele jamais deu uma explicação para esse comportamento e certamente jamais esperou qualquer reação da minha parte.

Quando cheguei a Shotover House pela primeira vez, ele trotou o mais rápido que pôde pelo terreno de cascalho e tentou levantar minha mala:

— Oh! Oh! Oh! Pode deixar que eu levo.

Não me pareceu justo pedir-lhe que carregasse qualquer coisa, mas ele não quis saber de nada.

Sir John me apresentou a ele:

— Este é meu mordomo, Horseman. Ele vai mostrar-lhe os seus aposentos. — Os braços de Horseman pareciam que cairiam dos seus ombros, enquanto Sir John continuava. — O Quarto do Dossel, Horseman.

Os degraus de pedra que conduziam para a porta da frente da casa já eram problemas suficientes, mas agora tínhamos à nossa frente dois andares de escada. Horseman, militarmente, como um velho sargento, não quis aceitar ajuda. Várias vezes ele teve que parar para descansar entre resmungos e sufocos.

Ele me mostrou o quarto, banheiro e assim por diante. Tive a impressão de que fez umas quatro ou cinco viagens para buscar toalhas e finalmente mais uma para trazer-me um jarro com água e um copo. Cada vez que saía do quarto eu me perguntava se sobreviveria para voltar.

Durante o jantar, vimos sua mulher — "Horsewoman" —, que, de certa forma, parecia-se com o apelido que Sir John lhe dera, mas era menos desgrenhada. Acho que era a encarregada da cozinha. Pelo menos ajudava o marido a servir os pratos.

Quando Sean chegou, alguns dias mais tarde, veio diretamente para mim, espantadíssimo:

— Você viu o sujeito que é mordomo?

Ele estava impressionado com a figura única de Horseman. O quarto de Sean era um andar acima do meu e de Pat Só Deus sabe como Horseman conseguiu chegar até lá.

Uma noite, Sir John esperava uma visita importante para jantar e disse a Horseman:

— Será que poderíamos ter a sala de estar em perfeitas condições hoje à noite, por favor? Gostaria que você se esmerasse na arrumação e na limpeza.

O dia já estava acabando e Horseman ainda não havia conseguido chegar ao item da sala de estar constante na sua lista de deveres. Ele estava muito apressado e, por acaso, pudemos testemunhar a sua versão de "esmero na arrumação e limpeza". Entrou na sala de estar esbaforido e resmungando, tendo na mão um espanador com o qual batia em qualquer coisa que aparecesse em sua frente. Em seguida, pegou as cortinas de 6 metros de altura e bateu-as contra a parede algumas vezes. Finalmente, pegou uns jornais que estavam no centro de uma mesinha e puxou-os para um canto, e a sala de estar estava arrumada.

Antes do jantar, estávamos todos na sala de estar enquanto Sir John se envolvia em uma longa conversa telefônica. Horseman recebeu os pedidos de drinques e desapareceu.

Sir John continuou ao telefone e os minutos continuaram a passar. Ninguém sabia onde Horseman fora. Passaram-se uns quinze minutos, todos se mostravam preocupados e Sir John continuava ao telefone. Sean se prontificou a ver o que acontecera. Tenho certeza de que todos os presentes pensaram que ele voltaria com más notícias.

Sean seguiu as pegadas de Horseman e o encontrou inclinado contra um aparador no saguão. Viu-o levantar um pesado decantador de vinhos e levá-lo à boca. Deu um gole longo e depois fez o mesmo com uma segunda garrafa.

A essa altura Sean estava na frente dele, que imediatamente começou a mexer nas várias garrafas como se fossem peças de xadrez, enquanto resmungava. Dos resmungos, Sean conseguiu entender que aparentemente era necessário que ele provasse de cada garrafa para poder saber qual delas continha qual vinho.

No meio da noite, Horseman estava voando. Suas maneiras tornaram-se imperiosas. Fazia o papel de mordomo com perfeição e anunciava o nome dos convidados que chegavam como se tivesse que gritar para ser ouvido por centenas de pessoas. Simplesmente magnífico.

Sean se tomou de amores por Horseman e o seguia como se fosse um filhote de cachorro, sempre com um sorriso nos lábios. Um dia, ele me disse que, sem ser visto, vira Horseman limpar a banheira dele, Sean. Examinou a banheira durante algum tempo fixamente, com um pano na mão. Um dos cantos do pano estava levemente molhado. Então, de repente, com muito esforço esfregou o pano na banheira em alguns poucos movimentos circulares. E o trabalho estava pronto.

Sean e eu realmente admirávamos aquele homem. Ele não tinha preço. Ele e sua mulher estão ambos mortos, mas nos deram muitas alegrias e tenho certeza de que Sir John também deve sentir sua falta.

De qualquer forma, chegou o dia de Pat, Sean e eu nos despedirmos de Shotover House e partirmos para uma excursão por todo o país. A rainha nos emprestara um Ford Scorpio que era firme, sólido como uma rocha, e à prova de balas, de modo que nos sentimos bem seguros.

Enquanto as cercas vivas de Oxfordshire passavam à frente da janela do carro, eu quase não podia acreditar no que estava acontecendo — estávamos indo mostrar o que eu sabia fazer para gente em toda a Grã-Bretanha. Em 1966, quando ergui o redondel na Flag Is Up Farms, desenhei-o sem um balcão para espectadores, de modo que ninguém pudesse ver o meu trabalho. Desde o tempo em que mostrei a Ray Hackworth o que eu podia fazer com os mustangues, no meio dos anos 1940, não iniciara cavalos na frente de ninguém. Pelo menos até o meio dos anos 1980. Agora, eu viajaria centenas de quilômetros todos os dias, em terra estrangeira, para mostrar o que sabia fazer para o maior número possível de pessoas. E eu queria o apoio e a aprovação dessas pessoas.

Em Newmarket encontramos cinco dos mais selvagens cavalos de 2 e 3 anos com os quais já deparara. Eram minimamente mais calmos que os mustangues selvagens de Nevada; extremamente xucros e inexperientes, mas eram saudáveis e estavam bem-alimentados.

O tempo era hostil — ventos fortes e chuva no segundo dia — e eu não podia imaginar que alguém sairia de casa para me ver iniciar aqueles cavalos selvagens. Mas as pessoas saíram e eram quase trezentos. Enfrentaram o tempo horrível, e os cavalos se comportaram muito bem. A iniciação de um deles foi filmada pelo Canal 4 e o programa transmitido por todas as ilhas britânicas. O Xeque

Mohammed e um contingente de pessoas dos Emirados Árabes compareceram e fui informado de que todos gostaram do que viram.

Ficamos em Sandringham, numa propriedade da rainha, com Michael Osborne e sua mulher. Eles promoveram um jantar para algumas dezenas de convidados e tive que responder a muitas perguntas.

Mais tarde paramos no Centro de Equitação de Yorkshire, da família Bartel, que era a anfitriã do evento.

Seguimos viagem para o impressionante Gleneagles Hotel, na Escócia. Fomos assistidos por cerca de quinhentas pessoas, muitas delas fazendo perguntas com seus extraordinários sotaques escoceses. Confesso que precisei de um intérprete.

Foi na Escócia que Sean disse uma coisa que me fez rir. Ele acabara de montar um garanhão de 4 anos — se bem me lembro, um animal agressivo com quase 1,70 metro de altura e quase 600 quilos cheios de fibra. Quando começou a responder aos meus sinais e esqueceu-se de que era um garanhão, comportou-se com extrema docilidade. Das costas do animal que era montado pela primeira vez, Sean pôde relaxar e gritou para mim, voz bem alta:

— Cinquenta e um golpes de sorte seguidos!

Tive que explicar o porquê da minha gargalhada para a audiência:

— Vocês sabem que, onde quer que nos apresentemos, tem sempre alguém que diz que tudo o que fazemos não passa de um golpe de sorte ou que acertamos por acaso. Já nos divertimos antecipando o fato de que alguém duvidará da nossa apresentação. Uma nova audiência, um novo golpe de sorte. Bem, como Sean mencionou, este foi o nosso 51º golpe de sorte seguido neste país — e não estou nem contando as centenas de cavalos que já iniciei antes de desembarcar no aeroporto de Heathrow!

Depois disso, fomos de avião até a ilha de Man, onde tivemos, talvez, a nossa experiência mais estranha.

Fomos recebidos no pequeno aeródromo por uma senhora de quase 70 anos, vestida no estilo country inglês, com calça de gabardine e assim por diante. Tinha um nome curioso — Dizzy Wriggle —, um sorriso caloroso e sua pele já vira um bocado de sol e vento. Desde o princípio, foi graciosa e hospitaleira e fez de tudo para que nos sentíssemos à vontade.

No caminho, nos disse que mandara construir um redondel, mas estava preocupada. Quando nos levou para vê-lo, tornou-se óbvio que qualquer potro selvagem poderia escapar dali com facilidade. Ela mandara fincar algumas estacas, em forma circular, no terreno, e depois alguém pregara algumas tábuas sobre elas. Como o terreno não tinha areia, as estacas dançavam com o vento, graças à lama do chão, podendo ser facilmente derrubadas.

Ela mandou seu pessoal comprar mais tábuas e construir um redondel sólido. O problema era que desse modo seria difícil para a audiência ver o que se passava na arena.

Depois disso, levou-nos para a área do estábulo e disse que ela e o marido viviam naquele bloco, pois a casa principal ficara grande demais apenas para eles dois.

— É simplesmente muito trabalho — nos disse — e nas condições de Billy...

Seu marido, que se chamava Billy Wriggle, andava em cadeira de rodas.

Quando passamos pelo quarto de arreios, vi uma mesa posta com frios, queijos, saladas, ovos etc. Como nada disso estava coberto, pensamos que a proprietária se preparava para dar uma festa.

Ela nos disse:

— Mas vocês ficarão na casa grande.

Pat e eu a seguimos ladeira acima e, de repente, nos defrontamos com a casa mais antiga que eu já vira na vida. Devia ter quase mil anos e ninguém vivia ali há um bom tempo. Se ninguém vivia na casa, certamente ninguém cuidava dela. Lembro-me de ter entrado num quarto que exalava um cheiro horrível. Certamente alguma coisa morrera ali. Ao me aproximar da lareira, notei que o cheiro piorava.

De repente vi do que se tratava. A perna de um cavalo fora serrada pouco abaixo da canela e deixada sobre o aparador da lareira. Tratava-se da perna do cavalo favorito de alguém que morrera e que ela simplesmente a deixara ali em exibição sem fervê-la ou tratá-la de qualquer maneira.

Havia de tudo: velhas e imensas toaletes cheias de aranhas, cadeiras que rangiam quando alguém se aproximava, restos da idade das trevas. Quando se abria uma torneira, saía uma água amarela misturada com folhas de árvores.

Dizzy Wriggle andava na nossa frente, indicando-nos a direção do nosso quarto de dormir. Pensamos que necessitaríamos de um longo pedaço de barbante para acharmos o caminho para fora da casa.

Estávamos alguns metros atrás de Dizzy quando ela entrou no quarto de dormir e de repente começou a gritar com toda a capacidade dos seus pulmões. Não sabíamos o que estava acontecendo e nos apressamos para ajudá-la, talvez, contra alguma gangue de intrusos. Mas o que vimos foi Dizzy expulsando um bando de cães de cima da cama. Eles passaram por nós em disparada, *hounds*, *spaniels* e *setters*.

Dizzy refez a cama e alisou os travesseiros.

— Está tudo perfeitamente bem; tudo muito limpo.

Ficamos imaginando se os cachorros viviam sozinhos na casa. Naquela noite jantamos na casa principal. Um grupo de pessoas fora convidado e transformou-se na mais estimulante companhia. Estavam tão longe do nosso modo de viver e, entretanto, nos receberam com tamanha cordialidade e genuíno interesse.

Uma garota muito bonita era responsável pela cozinha e deu um jeito de preparar um excelente jantar, mas o tempo todo eu me perguntava o que teria ocorrido com a mesa posta no quarto de arreios. Esperava que alguém houvesse comido as saladas e os frios.

Os convidados faziam parte da velha aristocracia rural inglesa e, embora os pratos pudessem estar rachados e os copos vazassem, tudo era feito de modo apropriado. Vastas quantidades de vinho foram consumidas.

Billy Wriggle, cabelos brancos penteados para trás e lá mantidos por alguma brilhantina, sentou-se numa extremidade da mesa em sua cadeira de rodas. Estoico em seu comportamento, sua voz parecia uma trompa de caça; espalhou generosas quantidades de comida no seu suéter amarelo-canário.

A senhora sentada ao meu lado engajou-me numa estranha conversação. Ela disse:

— Você sabe algo sobre *pot-pourri*?

— Sei. São aquelas coisas dentro de uma cesta e que têm cheiro bom.

— Sim, mas você sabe realmente sobre suas origens?

— Não, madame, não sei.

— Bem, uma pessoa se lavar não faz bem para a saúde. Todos esses sabões e sabonetes são destrutivos para a pele.

— Compreendo...

— Tomar banho não é um hábito inteligente, pode ter certeza. Nosso ancestrais sabiam disso. Nos tempos antigos, eles não faziam essa besteira de ficar se lavando. Quando iam à toalete, simplesmente afundavam as mãos numa tigela de *pot-pourri* e estavam refrescados e cheios de fragrância.

Eu simplesmente não soube o que responder.

Então aconteceu algo extraordinário. Solicitou-se às senhoras que deixassem o salão. Dizzy Wriggle levantou-se e anunciou em voz imperiosa:

— Senhoras, por aqui!

Quando as mulheres se retiraram, Billy Wriggle tinha nas mãos uma caixa de charutos Havana que pareciam estar por ali desde os tempos da construção da casa, e todos começaram a tentar acendê-los. O vinho do Porto foi servido e todo o cenário se parecia com uma pintura que se vê nas galerias de arte de Bond Street.

Mais perguntas, mais discordâncias, mais discussões e muito mais bebida. Então, brindaram à rainha. Um por um, cada homem levantou-se da sua cadeira e recitou o que me pareceu ser um daqueles velhos discursos militares. Sean e eu estávamos de boca aberta. Jamais havíamos visto nada parecido na Califórnia.

Depois de cada pronunciamento em estilo militar, vinha o brinde: "Deus salve a rainha!"

Quando chegou a hora de Billy Wriggle falar, ele ficou muito animado e fez o seu pronunciamento de um modo deliberadamente emocional. De tempos em tempos, batia com o punho na mesa, o que fazia com que o vinho caísse do copo que estava na outra mão sobre o seu suéter amarelo. Logo depois, outra batida de punho na mesa, um gole de vinho para ele e outro para o seu suéter.

Depois de algum tempo as senhoras retornaram, e a festa começou a acabar. Dizzy Wriggle empurrou Billy Wriggle em sua cadeira de rodas até a porta da frente. Eu a ajudei a embarcá-lo no carro, de modo que dirigisse a curta distância até o bloco dos estábulos. Tenho que confessar que fiquei preocupado. Conseguiriam chegar em casa? Como veremos, minhas preocupações tinham fundamento.

Pat, Sean e eu nos despedimos e nos retiramos para nossos quartos — embora, tenho certeza, outros convidados tenham continuado festejando até o sol raiar.

Em nosso quarto, Pat dormiu completamente vestida. Estava certa de que a qualquer momento teria que pular e fugir de alguma coisa no meio da noite: aranhas, fantasmas ou o que fosse.

Na manhã seguinte, nós três fomos caminhando até a área das cocheiras para saber das novidades. Quando nos aproximamos, vimos o mesmo bando de cachorros, reunido em círculo, focinhos para baixo e as caudas abanando.

Perguntamo-nos o que teriam encontrado. Pensei num coelho ou num rato. Mas quando eles se separaram à nossa frente, vimos no chão um pequeno lago de sangue.

Alguns minutos depois, nos encontramos com Dizzy Wriggle e ela nos disse que tivera uma noite terrível. Dirigiu a curta distância até sua casa no bloco dos estábulos sem maiores problemas, mas na hora de transferir o marido do carro para a cadeira de rodas, deixou-o cair. Na queda, ele se feriu e sofreu um talho profundo na perna. Era o sangue dele que vimos entre a alameda pavimentada de pedras redondas.

Dizzy teve que deixar Billy deitado ali enquanto corria para o telefone, a fim de chamar uma ambulância. Ele ainda estava no hospital se recuperando.

Rapazes, tivemos uma bela prova do velho estilo de vida da classe alta inglesa.

Quando apanhamos o avião de volta, vimos a bela garota que tomara conta da cozinha durante o jantar. Era a neta dos Wriggles.

Quase não ousei perguntar seu primeiro nome, pois temi que seria algo como "Twiggy Wriggle" ou "Piggy Wriggle" ou qualquer coisa no gênero.

Não, ela tinha um primeiro nome diferente. Sorte dela.

Depois da ilha de Man, fomos a Chichester, uma cidade rural no sul da Inglaterra, onde iniciamos alguns pôneis New Forest e alguns cavalos selvagens, principalmente para clubes de pônei e gente envolvida com concursos equestres.

Acabamos iniciando um total de 98 cavalos, que, em 27 minutos cada um, aceitaram pela primeira vez sela, cabeçada e cavaleiro.

Retornamos a Shotover House e apresentamos a Sir John o relatório da nossa excursão. Também escrevi um relatório para a rainha, que deixei com Sir John para que entregasse a ela pessoalmente.

Quando, ao fim da viagem, voamos de volta para a Califórnia, de uma certa maneira tive a sensação de que a vida nunca mais seria a mesma. Enquanto nosso avião se afastava daquela ilha maravilhosa e superpovoada, pensei em todos os cavalos lá embaixo, cujas vidas eu tocara por breves momentos. Mas eu queria continuar. Ainda não estava cansado. Pensei comigo mesmo que ainda retornaria muitas vezes à Grã-Bretanha.

Estava certo. A revista *Horse and Hound,* por intermédio de um homem chamado Michael Clayton, interessou-se em patrocinar uma viagem no outono de 1989. A excursão incluiria Stoneleigh e Towerlands; em cada lugar eu daria aulas durante todo o dia, além das demonstrações.

Parecia ainda que minha ligação com os cavalos da família real ia continuar. A rainha mandou perguntar se poderia mandar gente para a Califórnia, a fim de estudar minhas técnicas. Queria que voltassem à Inglaterra e iniciassem seus cavalos mais jovens usando o método que ela testemunhara.

Victor Blackman, responsável pelas cocheiras de Dick Hearn e mais tarde pelas de Lord Huntington, fez exatamente isso e depois se responsabilizou pela iniciação da nova geração de potros e potrancas.

O major Terry Pendry, responsável pela iniciação dos animais da Household Cavalry, e Richard Maxwell, também da Household Cavalry, estudaram extensivamente comigo.

Novas oportunidades me eram oferecidas e eu tinha satisfação em aceitá-las.

Minha excursão pelo Reino Unido proporcionou-me outro convite. Pediram-me que fizesse duas excursões pela Irlanda em 1990.

Meu contato irlandês era Hugh McCusker, famoso por seus cavalos de caça. Isso seria algo de diferente e abriria um mundo totalmente novo para mim. O apelido de Hugh no cenário dos concursos era "O Irlandês Flamboyant", e sou obrigado a concordar com essa descrição.

Achei os irlandeses um povo com os pés no chão e interessado em me testar ao máximo. Trouxeram-me cavalos agressivos e pediram-me que fosse honesto e aberto ao lidar com eles. Vale a pena relatar aqui alguns poucos eventos.

Hugh McCusker havia programado uma apresentação na cidade de Kill, próxima a Dublin. A propriedade que usaríamos havia sido comprada recentemente pelo presidente da Associação Irlandesa de Cavalos de Tiro e ele permitiu, com satisfação, que a utilizássemos para demonstrações públicas. Pediu-me que iniciasse um par de potrancas e disse que possivelmente haveria um terceiro animal.

Como já se tornara uma rotina, chegamos um pouco antes para ambientar os cavalos com o redondel. Defrontamo-nos com um belo prédio e um cercado perfeitamente preparado.

Também nos defrontamos com um gigantesco potro de tiro ou de tração. Seu nome era Stanley, tinha 3 anos, cascos do tamanho de pratos rasos e um pescoço que só podia ser abraçado por quem tivesse braços bem longos. Stanley era o misterioso "terceiro cavalo".

Usei com Stanley os métodos de rotina para ambientá-lo com o prédio e o redondel. Pareceu-me um animal bastante alerta, mas era agressivo e não dava mostras de querer cooperar.

Perguntei a Hugh McCusker o histórico do potro, mas ele não sabia o que haviam feito com ele antes de comprá-lo. Sabia apenas que nunca fora encilhado ou montado.

Depois de aclimatá-lo com o prédio e o redondel, informei que Stanley poderia ser levado de volta a sua baia. Lembro que vi dois rapazes entrarem na arena. Trabalhavam como uma equipe para levá-lo do redondel à baia. Isso não me pareceu estranho na ocasião, mas, olhando para trás, compreendo que havia razão para dois tratadores em vez de apenas um.

Depois que o potro de tração foi retirado, trabalhei com as duas potrancas, que se comportaram bem e passaram a impressão de que fariam uma bela demonstração. Achei que seria melhor iniciar apenas as duas, uma vez que, com introdução, perguntas, respostas, a iniciação de cada animal levava quase uma hora. Na minha opinião, duas horas de iniciação eram mais do que suficientes.

Quando retornamos à noite para a demonstração, tornou-se óbvio que a plateia seria numerosa. Havia lugares para quinhentas pessoas e o local estava quase lotado.

Depois de 20 minutos de introdução aos meus métodos de trabalho, iniciei a primeira potranca e ela foi exemplar.

Depois de 15 minutos de perguntas e respostas, a segunda potranca foi conduzida ao redondel. Disse poucas palavras de introdução, pois todos já haviam ouvido minhas explicações da primeira vez. Era uma bela potranca e se comportou muito bem no momento da Conjunção.

Após mais 15 minutos de perguntas e respostas, McCusker veio falar comigo e disse que o proprietário da Associação faria um intervalo, mas queria que eu iniciasse o enorme potro de tiro logo depois.

— Tudo bem — concordei.

Alguém anunciou ao microfone que Stanley seria iniciado logo após o intervalo — e tive a impressão de que todo o público estava familiarizado com o nome do animal. Uma corrente de excitação parecia percorrer os espectadores. Minha experiência com shows e rodeios em pequenas cidades do interior dos Estados Unidos me dizia que definitivamente havia algo no ar.

Quando o público voltou ao prédio depois do intervalo de 20 minutos, notei que havia mais pessoas do que antes, e muitas estavam de pé, o que não é comum às 22 horas.

Perguntei a McCusker como isso tinha ocorrido. Ele disse que, quando a audiência soube que Stanley seria iniciado sem uma guia ao pescoço, muitos correram ao telefone e convidaram os amigos para ver um treinador ser comido vivo.

Stanley foi conduzido para dentro do prédio pelos dois tratadores, com duas cordas no pescoço. Ambos caminhavam a uma respeitosa distância do garanhão, e uma senhora andava atrás dele, incentivando-o a andar para a frente aos gritos de "Xô!"

Os dois rapazes entraram pelo portão bem à frente do animal, tomando o máximo de precaução. Quando ele estava do lado de dentro do redondel, eles gentilmente o livraram das duas guias.

Com a adrenalina surgindo em seu corpo graças às luzes que iluminavam a arena e às quase seiscentas pessoas da plateia, Stanley começou a marchar em volta do redondel e parecia estar muito senhor da situação. Ninguém precisava me dizer que aquele potro tinha alguma reputação.

Liguei o meu microfone de lapela e anunciei que estava pronto para prosseguir. No momento em que caminhei em direção ao portão que levava ao redondel, se alguém deixasse um alfinete cair ao chão, todos ouviriam. De repente, não se ouvia mais uma cadeira ranger, um papel ser amassado e nem mesmo uma tosse.

Abri o portão e entrei no redondel. Naquele momento, Stanley estava do outro lado, afastado uns 20 metros de mim. Quando fechei o portão, ele empinou o pescoço e marchou umas três passadas em minha direção. Então, subitamente, ele botou as orelhas para trás, mostrou os dentes e veio em minha direção a toda velocidade. A audiência engoliu em seco. Virei o engate do portão e dei um passo para fora do redondel. O potro parou abruptamente a centímetros da cerca e voltou para onde estivera, a fim de demonstrar sua supremacia.

Eu disse à audiência:

— Puxa! O que é que vocês estão tentando fazer comigo?

Balancei a cabeça, pus minhas mãos nos quadris e fiquei olhando aquele bando de gente que me olhava sem dizer palavra.

— Estou certo de que o gentil povo irlandês não armaria uma coisa dessas para mim. Ou armaria?

Silêncio absoluto.

Depois de ficar parado ali por algum tempo, me sentei numa cadeira próxima ao portão do redondel, dando a impressão de que eu estava muito preocupado; como se estivesse pensando: "Entro ou não entro para enfrentar esse animal?"

Então, me dirigi novamente à plateia:

— Nessa minha viagem, conheci muitos cavaleiros irlandeses bastante céticos, para os quais meu trabalho não merecia crédito. Por outro lado, sei que a Irlanda está cheia de excelentes cavaleiros. Para dizer a verdade, tenho certeza de que muitos estão na plateia neste momento. Uma vez que tenho 56 anos, estou completamente fora de forma e tive metade da minha espinha dorsal removida cirurgicamente, gostaria muito de pedir a um voluntário para entrar neste cercado e lidar com este cavalo. Estou muito interessado em ver o que um cavaleiro irlandês é capaz de fazer com um animal como Stanley.

Fiquei sentado ali por alguns segundos ouvindo o profundo silêncio. Sinceramente, eu gostaria de que alguns daqueles irlandeses de cara vermelha se apresentassem. Quebrei o silêncio e disse com voz de espanto:

— Nenhum voluntário? Vocês estão brincando comigo! Pensem um pouco! Que tal trazer para dentro do cercado um jovem em boa forma, capaz de lidar com o bicho? Prometo que o ajudo, dando sugestões de fora do ringue.

Ninguém se movia, não se ouvia qualquer ruído. Com exceção do cavalo que bufava e batia com as patas no chão, o silêncio era simplesmente mortal.

Então, eu disse:

— Bem, parece que eu mesmo vou ter que lidar com ele. Fui até a minha valise de equipamentos, apanhei meu laço de náilon e deixei minha corda leve fora do cercado.

Entrei pelo portão e imediatamente comecei a fazer um laço.

Bem, é preciso que se diga que esse jovem cavalo de tração irlandês jamais vira um caubói. Por causa disso, ficou longe e começou a se mover, nervoso, pelo perímetro do redondel, enquanto olhava as minhas manobras. Ele estava confuso com o laço que eu rodava sobre minha cabeça. Pensou duas vezes e acabou chegando à conclusão de que não me atacaria enquanto eu estivesse rodando a corda.

Ficamos dando voltas um em torno do outro por alguns segundos, como se fôssemos dois lutadores de boxe. Olhos nos olhos do cavalo, comecei a afastá-lo de mim. Ele, por sua vez, começou a trotar rapidamente em volta da pista, bem junto à cerca. Sem tirar os olhos dos seus, aproximei-me um pouco mais, e ele aumentou a velocidade.

Na hora certa, joguei-lhe o laço, que o pegou em volta do pescoço. Era coisa do oeste para valer, e eu havia feito aquilo quase toda a minha vida.

O potro enlouqueceu. Empinou, relinchou, escoiceou e fez tudo o que pôde imaginar para se livrar da corda. Agora, ele tinha outra coisa para se preocupar. Eu já não era mais o seu maior problema, mas sim a corda apertada ao seu pescoço. De vez em quando, eu dava um puxão e ele entrava em órbita novamente, se expressando com todo o rancor guardado em seu peito. Isso durou uns trinta, quarenta segundos, ao fim dos quais ele sossegou. Aproximei-me ainda mais e enrolei a corda em seu pescoço do mesmo modo que o faço há mais de quarenta anos; um jeito que batizei de "Vem Comigo" e que já mencionei anteriormente. É um modo de conectar os pontos de pressão do laço contra certos nervos gangliais.

Comecei a discipliná-lo com o método "Vem Comigo". Nos primeiros cinco minutos, suas tendências se demonstraram claramente agressivas. Então, ele começou a se acalmar e a responder.

Começou a me dar os primeiros sinais da Conjunção. Esticou uma orelha em minha direção; sinal de respeito. Em seguida vi a língua, que pôs para fora entredentes. Mais alguns segundos, ele lambia os lábios e movia as mandíbulas como se mastigasse. Estava preparado para conversar comigo, pois eu entendia sua língua. Na marca dos oito minutos, já estávamos nos comunicando muito bem.

De qualquer modo, em vez de livrá-lo da corda, continuei iniciando-o com ela. Ele se tornaria muito perigoso se eu o deixasse livre no redondel.

Quando verifiquei que estava mais calmo, pus a sela nas suas costas. Ele reclamou, mas não muito. Sua batida cardíaca diminuiu; ele começava a dar sinais de que confiava em mim. Coloquei-lhe as rédeas e passei as rédeas longas em seu pescoço. Com elas, fiz com que ele galopasse pelo cercado por uns bons dez, doze minutos. Depois disso, meu cavaleiro entrou e o montou. E devo dizer, era um garoto corajoso. Imaginem, montar um animal selvagem com a força de dois cavalos!

De qualquer modo, depois de todo o trabalho, o potro estava agindo direito e eu o encorajava muito. Uma vez montado, eu e o cavaleiro o trabalhamos num círculo controlado, durante dez, quinze minutos de trote. O potro se comportou muito bem.

Essa acabou sendo uma das melhores demonstrações que já dei. As pessoas estavam maravilhadas e fizeram dezenas de perguntas. Poderia ter ficado ali por horas conversando com eles sobre o que haviam visto, mas os organizadores me carregaram para uma festa na casa do proprietário de Stanley.

Quando cheguei, o proprietário me contou a verdade sobre o potro. Ele fora o campeão irlandês de tração na categoria performance no Show Equestre de Dublin do ano anterior, na categoria 2 anos. O problema foi que depois disso se tornou muito agressivo e foi mantido numa baia escura desde então.

Ao ouvir isso, fiquei ainda mais contente por ter libertado o animal da escuridão. Agora, ele podia viver a sua reputação e deixar o trauma para trás, desde que fosse tratado adequadamente.

Voltei para o mesmo lugar — Kill, próximo de Dublin — em 1996. Verifiquei que haviam disposto num canto da pista alguns obstáculos de salto, mas na hora não pensei no assunto. Depois da minha demonstração, os organizadores me fizeram uma surpresa.

— Monty, este é Stanley. Hoje, ele é o melhor cavalo de tiro de salto da Irlanda. — Trouxeram Stanley para a pista e seu cavaleiro o fez saltar os obstáculos, missão da qual se desincumbiu magnificamente. Todo o seu poder e graça haviam sido fluentemente controlados. Foi uma grande experiência.

O Concurso Nacional de Garanhões Irlandeses estava sendo realizado em Balinsloe, e para o leitor compreender minha consternação nessa história, precisa lembrar que sou nascido e criado na Califórnia.

Esse festival de garanhões era um evento muito importante realizado no fundo de um vale que — tive a impressão — começava a se encher de água rapidamente. Transformou-se, em verdade, num atoleiro. A chuva caía pesadamente. Na Califórnia, temos apenas pingos de água — algumas vezes pingos bem grandes, durante uma eventual tempestade — e eu nunca vira cair tanta água como naquela ocasião em Balinsloe. Não podia entender como não cancelavam a prova, mas Hugh McCusker me disse que, se começassem a cancelar eventos por causa da chuva, jamais realizariam um só.

E, para confirmar o que ele dizia, a brava gente irlandesa apareceu para assistir às diversas demonstrações. Quando cheguei, devia haver umas três mil pessoas. O lugar parecia Woodstock, com a diferença de que todo mundo usava capas de chuva e botas impermeáveis.

Os dois garanhões que arranjaram para iniciarmos estavam dentro de um boxe num promontório próximo. Subimos com muito esforço devido ao mau tempo. Os dois animais estavam espremidos dentro de um trailer mínimo, completamente fechado, que parecia uma panela de pressão pronta a explodir a qualquer momento. Os cavalos escoiceavam as paredes do trailer e temi que ele descesse desgovernado pelo promontório.

Um jovem irlandês com prováveis 22 anos, ensopado até a medula, estava ao lado do trailer segurando o equipamento ainda mais encharcado do que ele.

Concordamos que não desembarcaríamos os cavalos para ambientá-los com o redondel onde se realizaria a demonstração. Não tínhamos certeza de que poderíamos nadar com eles de volta. Esse era um esforço que só se poderia fazer uma única vez.

Na hora da apresentação, o redondel era um mar de lama e eu estava no meio desse mar. Pedi que me dessem o microfone de lapela e me disseram:

— Ah, sim, o microfone!

E eu:

— É, o microfone de lapela.

— Só temos o microfone normal.

E o microfone tinha o tamanho de um pepino e não havia possibilidade de prendê-lo à minha roupa. Expliquei:

— Preciso de ambas as mãos livres.

Mas eles também tinham uma solução para isso. Fizeram com que eu tirasse o paletó e a camisa e prenderam o microfone ao meu peito com fita adesiva. Então, torceram a minha roupa, de onde tiraram baldes de água, e permitiram que eu a vestisse outra vez.

Nosso primeiro garanhão veio deslizando colina abaixo, puxando o jovem tratador que vinha atrás, como se ele fosse uma isca na ponta de uma linha puxada por uma lancha. Seu companheiro relinchava no trailer e ele respondia relinchando ainda mais. Quando o garanhão entrou no redondel, suas pernas estavam enterradas quase 50 centímetros na lama. Provavelmente, não conseguiria escapar de mim, mesmo que quisesse.

Comecei minha introdução rotineira:

— Senhoras e senhores...

Mas o microfone, depois de um apito, desistiu de funcionar. A essa altura, eu já nem estava me incomodando. Iria simplesmente continuar, fazer o tipo de demonstração que pudesse, para dar o fora dali o mais rapidamente possível.

Então, vi Hugh McCusker correr para a cabine de locução. Segundos mais tarde ouvi sua voz, alta e clara, pelos alto-falantes:

— O microfone de Monty Roberts enguiçou, de modo que terei que ser a sua voz. Sei que ele diria alguma coisa parecida com isso.

— E passou a falar como se fosse eu. — Boa tarde, senhoras e senhores, meu nome é Monty Roberts e estamos aqui hoje para...

E ele foi mesmo a minha voz, e saiu-se muito bem. Provavelmente os cavalos queriam sair da chuva tanto quanto nós e simplesmente imploraram pela "conjunção". Não tenho certeza do que aconteceu naquela ocasião. Não sei se os cavalos se juntaram a mim ou se eu a eles. Aliás, não sei nem como eles conseguiram manter as ferraduras e eu os meus sapatos. Tudo o que eles queriam era parar de dar voltas pela lama.

Acabado o show, eu e Hugh McCusker fomos diretamente para o pub mais próximo, a fim de nos encharcarmos com o mais fino uísque de malte irlandês.

Quando deixei a Irlanda e voltei à Califórnia, juro que ainda saíam eflúvios de vapor das minhas costas e havia lama sob as minhas unhas.

Quando voltei para casa, a Flag is Up me pareceu estranhamente vazia.

— Onde está Yoplait?

Ninguém sabia.

Sucedeu que meu cervo, Yoplait, havia atravessado a autoestrada em frente à fazenda e fora atropelado por um carro. Quebrara a anca do lado direito e sua perna posterior direita balançava como uma bandeira ao vento.

Encontrei-o no gramado em frente da casa como se estivesse implorando por socorro.

Pedi a uns peões da fazenda que me ajudassem a colocá-lo na carroceria da minha picape. Então, levei-o para um dos galpões e acomodei-o numa baia.

Pensei que se conseguisse engessar sua perna talvez pudesse salvar-lhe a vida. Com a ajuda do veterinário, fiz uma tentativa. Mas Yoplait não quis saber de outra pessoa, além de mim, tentando engessar sua perna. Devido à sua resistência, aquilo acabaria lhe fazendo mais mal do que bem.

Tive que tentar salvá-lo sozinho. Ele se acalmou o suficiente para eu poder acomodá-lo numa cama funda com muita palha. Era preciso recolocar sua perna quebrada no lugar. Botei feno, cereais e água ao seu alcance. Ali, ele permaneceu deitado por duas semanas sem ficar de pé. Só depois desse período pude vê-lo se levantar. Notei que sua perna começara a melhorar e já estava razoavelmente rígida.

Ele não a forçou por duas a três semanas e a perna acabou ficando boa.

No final, Yoplait já caminhava sem mancar. A capacidade de reabilitação dos cervos e corças é incrível. Não foram poucas as vezes em que Yoplait e outros da sua espécie sobreviveram a ferimentos que seriam fatais num cavalo. Ele ainda quebraria a mandíbula em muitos lugares e perderia diversos dentes em uma outra altercação com um automóvel na autoestrada. Dessa vez, tive que alimentá-lo com mingau quente para mantê-lo vivo. Sua mandíbula sarou e, embora a partir de então exibisse um sorriso engraçado, foi capaz de viver confortavelmente, sem perder sua capacidade de mastigar.

A essa altura, eu já começara a trabalhar com outro cervo, Bambo. Sua Conjunção comigo foi um sucesso. Hoje em dia, ele é tão manso que posso correr até ele, batendo com as mãos nas pernas, fazendo o maior escândalo, que sua reação se limita a me ignorar. E a se aproximar ainda mais de mim. Aos 12 anos, já fez quase todas as cenas de ciúme que eu observara em Yoplait e em outro cervo com quem trabalhei, mas de uma forma menos exagerada.

Embora Bambo tenha um temperamento mais doce e se ofenda menos com a presença de estranhos, ele é possessivo e ciumento. Passa grande parte do seu tempo perto da nossa casa. Não se esquece nunca de vir me cumprimentar de manhã e passa sempre na hora do jantar, quando sabe que estou em casa.

Trabalho com ele continuamente para reforçar o fenômeno da Conjunção. Chegamos a um ponto em que posso caminhar 47 quilômetros colina abaixo, levar Bambo comigo e trazê-lo de volta, controlando seus movimentos apenas com o uso do método da comunicação.

Foi apenas em 1990 que comecei a trabalhar com uma corcinha chamada Patrícia. Ela é parecida com Yoplait, no sentido de que pode ser distante e ignorar-me por longos períodos, mas é praticamente inexpressiva na sua comunicação.

A diferença entre o caráter de Patrícia e o de Yoplait é que ela não é absolutamente mal-humorada. Ela não é agressiva, nem mesmo com estranhos, e quando eles aparecem limita-se a se manter distante, a ignorá-los ou a afastar-se. Ela é, de longe, o maior desafio que tive em termos de treinar um animal da espécie e fazê-lo chegar à posição de eu poder prever suas reações. Patrícia não é muito divertida e testa continuamente minha habilidade de comunicação todas as vezes em que trabalho com ela.

Alguns anos mais tarde, comecei a trabalhar com outra fêmea chamada Feline. Há diferenças muito distintas entre a personalidade dela e a de Patrícia. Feline é a mais doce, querida e atenta corça que já encontrei. Não me ignora e suas reações são dramáticas. Quando digo a ela para ir embora, ela expressa grande desprazer, como se considerasse isso uma forma horrível de disciplina. Ela sacode a cabeça, torce o focinho, balança o traseiro e pula na minha frente; uma reação similar à do cavalo quando ele estica o pescoço e começa a girá-lo: "Não quero ir embora! Eu não quis fazer aquilo! Sinto muito pelo que fiz!"

Quando a convido de volta, quase posso vê-la sorrir. Ela retorna rapidamente, ágil na reação, exatamente o contrário de Patrícia, embora eu tenha trabalhado com as duas simultaneamente.

Certa manhã, Feline apareceu na casa e comecei a trabalhar com ela. Num certo ponto, notei que havia sido mordida por uma aranha ou algum inseto. Seu focinho estava inchado e praticamente dobrara de tamanho. Comer era difícil para ela, pois suas gengivas também haviam inchado.

Quase todos os cervos e corças com que trabalhei, assim que sofrem algum ferimento ou sentem alguma dor, aparecem no gramado em frente de casa, como se estivessem dizendo: "Preciso da sua ajuda e da sua atenção."

O inchaço de Feline desapareceu depois de alguns dias. É um prazer trabalhar com ela. Suas reações são intensas e mais pronunciadas do que as de qualquer cavalo com que já trabalhei.

Certa vez, havia uma corça que dera à luz gêmeos (o que é comum na raça), uma fêmea e um macho. Depois do parto, a mãe se afastou deles. Eu os vi umas duas vezes em um lado da colina a uma distância de quase 300 metros da casa. Da primeira vez, eles ainda estavam molhados, recém-nascidos e incapazes de andar. Cerca de quatro ou cinco horas mais tarde, passei pelos gêmeos e a mãe ainda não havia retornado. Dessa vez, eles já davam os primeiros passos, mas estavam fracos e famintos.

Quando o crepúsculo chegou no mesmo dia, não havia mãe à vista. Os gêmeos já haviam descido a colina uns 20 metros. Estavam aos encontrões, como se perguntassem: "Onde é que vamos mamar?" Resolvi deixá-los ali durante a noite para ver o que aconteceria no dia seguinte. Estava torcendo para que a mãe retornasse para amamentá-los durante a noite.

Na manhã seguinte, eles haviam descido mais uns 20 metros de colina e nada da mãe. A essa altura pareciam muito tristes. Decidi esperar até o meio-dia para ver se a corça voltava.

Mas ela não voltou.

Vinte e oito horas depois que os vi pela primeira vez, dei a cada um 200 mililitros de leite de cabra. Esse leite que descongelei, eu tirara de uma cabra que havia acabado de parir, de modo que meus gêmeos receberam parte do colostro dela.

Então, deixei-os onde estavam.

Ao nascer do dia seguinte, a mãe ainda não havia dado o ar da sua graça. Levei os dois bebês para o galpão de cria e comecei a alimentá-los com o leite de cabra de quatro em quatro horas, por três dias seguidos.

Isso num haras de cavalos puro-sangue é bastante fácil; há um tratador noturno treinado para esse tipo de trabalho. No quarto dia, trouxe para o celeiro uma corça que estava cheia de leite e ela passou a amamentá-los.

Cyrus e Reba, como os chamamos, depois de três meses estavam bem estabelecidos na vida selvagem. Hoje, eles passam a maior parte do tempo a algumas centenas de metros da minha casa e reagem tão bem ao processo de comunicação que praticamente falam comigo em inglês. É uma alegria tê-los por perto. Ambos têm esplêndidas personalidades e são muito amigáveis, quer com o pessoal da fazenda, quer com estranhos. Posso deixá-los na fazenda ou levá-los comigo, como quiser. Comem na minha mão e, se eu não tomar cuidado, me seguem para dentro de casa.

Devo dizer que, num certo sentido, esses cervos e corças que escolhi para trabalhar não receberam grandes favores da minha parte. Viver a vida selvagem é um desafio para eles depois de perderem o impulso total de fugir do perigo. Assumi a responsabilidade pela proteção de todos os animais com os quais trabalho. Aprendi a deixar as coisas correrem do modo mais natural possível, com exceção dos treinos de comunicação.

Quando falo com gente que lida com cavalos pelo mundo inteiro e lhes digo que trabalho com corças e cervos selvagens, eles respondem que isso é impossível; que eles fogem quando alguém se aproxima e que não há modo de se comunicar com eles.

É verdade, qualquer animal da espécie se afastará, mas, se você o seguir, verá que eles farão a curva e permanecerão dentro dos limites de uma determinada área. Eles não continuam simplesmente para se afastarem. É possível confinar seus movimentos a uma área razoável — cerca de 5 quilômetros de diâmetro, onde você poderá trabalhar com eles.

Trata-se de uma atividade que consome muito tempo e que poucas pessoas se sentem inclinadas a seguir. Se eu fui bobo o suficiente para acumular esse conhecimento, outros podem aprender comigo e assim evitar ter que caminhar pelas colinas, às vezes por semanas inteiras.

Posso garantir que o método funcionou comigo praticamente sem falhas. Se eu imaginar um redondel de uns 3 quilômetros de diâmetro e pensar nos cervos e corças como cavalos num redondel, posso me comunicar com eles de modo absolutamente eficaz.

Preciso ser duplamente tenaz e delicado nas minhas reações, mas *funciona*.

Usei o nível extra de refinamento que acrescentei à minha técnica — cortesia dos cervos e corças — tendo um bom proveito com meu próprio cavalo, Dually.

Dually é um cavalo castrado, quarto de milha registrado. Castanho, com crina e cauda pretas e traços característicos de animal de raça. Tem uma quartela branca na traseira esquerda e uma estrela branca e irregular entre os olhos, com uma faixa que vai até o seu focinho. Ele tem pouco mais de 1,50 metro e pesa 560 quilos. Como veem, um animal bastante sólido. O nome que lhe dei se refere a um tipo de picape que temos aqui nos Estados Unidos e que se chama Dually. Tem pneus posteriores duplos e um engate na traseira que lhe permite rebocar um trailer.

Esses veículos parecem largos e maciços se você os vir de trás — é assim que Dually se parece. Seus membros posteriores são como um par de pequenas colinas espremidas. Mas o poder que essas colinas dão a Dually é incrível. Parece um duplo turbinado; um foguete. Para finalizar, ainda tem o equilíbrio e a coordenação adicionados aos exemplos modernos de criação.

Não há modo de ele substituir Brownie e Johnny Tivio, mas Dually é o sucessor natural deles — em meu afeto e nas suas qualidades naturais. Ele também é um campeão mundial por seus próprios méritos.

No primeiro dia em que o montei, senti que teria a oportunidade de criar um animal de trabalho em fazenda quase absolutamente perfeito.

Depois da Conjunção, Dually se ligou a mim fortemente e, como Johnny Tivio, me segue pela fazenda sem nada no pescoço. Posso subir até o promontório de onde se divisa toda a propriedade que ele andará do meu lado como se houvesse um fio invisível entre nós. Ele foi educado, do nível elementar ao superior, somente com os métodos que descrevi neste livro. Em verdade, eu não o treinei. O que fiz foi criar um ambiente no qual ele quisesse aprender. Nunca bati nele ou puxei sua boca para guiá-lo; em vez de rédeas de couro, poderia ter usado rédeas de algodão. Se estamos galopando, rédeas completamente soltas, ele estaca subitamente ao som da minha voz. Para tanto basta desviar meu peso para a parte posterior da sela e dizer uma palavra: "Ôoo!" Ainda com as rédeas soltas, ele girará como um pião ao sentir o peso levíssimo da rédea contra o seu pescoço e uma ligeira pressão aplicada à parte interna.

Dually tem grande ânimo, o que não poderia ser melhor, uma vez que treiná-lo em métodos experimentais exige paciência e muito trabalho de ambos, cavalo e cavaleiro. De qualquer modo, graças às experiências com Brownie e Fancy Heels, entre centenas de outros animais, tive muito cuidado para garantir que sua vontade de trabalhar não esmorecesse devido à repetição de exercícios e excesso de trabalho; é essencial, para que tudo saia sempre bem, que ele permaneça interessado e curioso.

Ele agora tem 6 anos e está no auge da juventude. A compreensão entre nós é madura e bem-fundamentada e nos divertimos, quer durante uma prova, quer passeando simplesmente por essa bela fazenda: ele, é claro, sem preocupação alguma no mundo, e eu, pensando em como lidar com esse ou aquele cavalo, ou como evitar que as corças e cervos se transformem em seres humanos.

Há acontecimentos que servem para mudar o padrão de nossas vidas. No meu caso, o primeiro ocorreu em 1943 ao ver meu pai matar o assaltante negro. O segundo foi minha conversa com Brownie em 1948. O terceiro ocorreu no dia 16 de junho de 1956, quando me casei com Pat. Seu apoio, tolerância com meus erros, e com o modo absolutamente maníaco de me dedicar ao trabalho, é absolutamente essencial, como sei hoje em dia. De uma certa forma, tive muita sorte em encontrar esse tipo de mulher na minha primeira tentativa. Finalmente, o nascimento de nossos filhos — Debbie em 10 de abril de 1957, Lori em 12 de janeiro de 1959 e Marty em 1º de fevereiro de 1961. Foram os eventos que mudaram o caráter da minha vida.

No trato com cavalos, havia a minha vida antes de Johnny Tivio e depois dele. Jamais lidei com um cavalo que tivesse um cérebro como o dele. Aliás, foi ele que me treinou e não o contrário.

Então, talvez, exista o Monty Roberts de antes de abril de 1989, quando passei minha primeira semana com a rainha e sua família, e o Monty Roberts de depois desse evento.

Um cavalo chamado Lomitas providenciou o mais recente acontecimento marcante da minha vida. Ele nasceu na Inglaterra em 1988. Seu pai é Nininski, e sua mãe, La Colorada, filha de Surumu, e propriedade de Walther J. Jacobs, de Bremen, Alemanha.

Exercitado em Bremen por um jovem treinador chamado Andreas Wohler, Lomitas era um belo potro alazão que correria pelas cores do Gestut Fahrhof, o haras de Jacobs.

No princípio de 1990, ele começou a provar seu potencial em algumas corridas em fevereiro e março. Já naquele verão, demonstrava ser uma boa promessa.

Ganhou suas duas primeiras corridas em 1990 e tornou-se o mais valorizado cavalo de 2 anos em toda a Alemanha naquele ano. O Gestut Fahrhof já era conhecido pela categoria de seus cavalos, mas é sempre uma honra ter um campeão de 2 anos. Com um cavalo como Lomitas, seu proprietário podia fazer planos para o *derby* e outros clássicos para potros de 3 anos.

Em abril de 1991 apareceu o primeiro sinal de problema. Lomitas estava preparado e pronto para sua estreia como potro de 3 anos, e no dia em que devia ir para o hipódromo foi muito difícil embarcá-lo no caminhão.

Ao chegar ao local onde a corrida seria disputada, tiveram ainda mais problemas para colocá-lo em seu boxe no partidor. Toda vez que tentavam conduzi-lo ao boxe, ele se esquivava. Levantava a cabeça, empinava, andava de lado e recuava. Tentaram de todas as maneiras e... nada. Todos os outros animais e seus jóqueis estavam em seus boxes e eram obrigados a esperar por Lomitas. Ninguém gosta dessa situação, principalmente os outros cavaleiros, para os quais uma corrida é sempre tensa.

Depois de 15 ou 20 minutos, ele foi retirado da corrida e teve que voltar para casa, onde continuaria a treinar para retornar outro dia.

Vocês bem podem imaginar a apreensão no Gestut Fahrhof quando o campeão entre os cavalos de 2 anos recusou-se a correr na sua estreia entre os animais de 3 anos.

Depois de duas semanas de treinamentos e testes, ele foi inscrito em outra corrida, desta vez em Colônia. Foi difícil embarcá-lo na van, mas incrível mesmo foi o que aconteceu na pista de corridas naquele dia.

Ele foi o último cavalo a ser encaminhado para o seu boxe no partidor. Mas não quis entrar. Os outros animais esperaram por cerca de 20 minutos enquanto jóquei e pungas lutavam para que Lomitas entrasse em seu boxe. Por fim, o vendaram e alçaram sua cauda até suas costas. A essa altura, uma dúzia de homens tentava fazê-lo entrar no boxe. E a essa altura, também, Lomitas se irritou e atacou as pessoas mais próximas, causando-lhes danos físicos.

Exausto da luta, Lomitas deitou-se no chão. A corrida começou com ele imóvel, deitado de lado, atrás do partidor.

Imediatamente depois da corrida veio a palavra dos organizadores informando que Lomitas fora banido para sempre do turfe.

Os proprietários — Sr. e Sra. Jacobs — saíram do hipódromo desesperados. Não só seu campeão se recusava a correr como também era um criminoso, sentenciado ao banimento perpétuo.

Em 1991 eu já tinha estabelecido uma reputação graças ao tratamento bem-sucedido de vários cavalos puro-sangue e problemáticos. Era conhecido como o sujeito que resolvia os casos mais complicados. Recebi um telefonema de Andreas Wohler, o treinador de Lomitas, perguntando se eu poderia voar até a Alemanha e dar um jeito no bicho.

E foi assim que, no dia 12 de junho, deixei a Califórnia com destino à Alemanha.

No aeroporto, vi um homem de culotes que me pareceu muito jovem para ser treinador. De qualquer modo ele usava culotes e talvez fosse alguém que Andreas mandara ao aeroporto para me receber. Fui até ele e perguntei:

— Você conhece Andreas Wohler?

Ele sorriu e disse:

— Eu sou Andreas Wohler.

Eu não sabia a sua idade, mas ele me pareceu jovem demais para alguém que conquistara tantas vitórias.

Fomos de carro diretamente para o hipódromo de Bremen (onde muitos treinadores como Andreas arrendavam instalações para treinar e alojar seus cavalos) e tive a oportunidade de conhecer o superastro, Lomitas, pela primeira vez.

Entrei na sua baia e lá estava ele, virando a cabeça para mim. Um garanhão puro-sangue, registrado, nascido em 1988, com quase 1,63 metro de altura, quase 560 quilos, castanho com quartelas brancas, uma estrela entre os olhos com uma faixa que descia até o meio das suas narinas. Eu gritei, admirado, em voz alta: "Maravilhoso!"

Pude ver cada ponto da sua formação esquelética na marcação certa. Tinha a conformação de um perfeito puro-sangue.

— Todos os membros do corpo corretos — eu disse.

Fui até onde ele mastigava feno. Encostado na parede da baia, cumprimentei-o, com uma batidinha no seu pescoço.

— Oi, Lomitas, você é um belo rapaz!

Continuei passando a mão pelo seu corpo e notei que ele queria se mover na direção da minha mão, para longe da parede. Continuei pressionando com a mão e ele imediatamente começou a dar coices para trás.

Anotei mentalmente que isso poderia ser uma possível reação para um bom número de coisas. Ele realmente era uma criatura de tirar o fôlego, e seus olhos me diziam que era altamente inteligente. Eu fizera uma longa viagem para estar naquela baia e subitamente vi que estava contente por estar ali.

Então, estávamos ali — e minha missão era curar esse magnífico e inteligente animal do seu medo do partidor.

Como havíamos combinado antes da minha chegada, Andreas mandara construir uma baia de paredes sólidas para o treinamento de Lomitas. Ela era bem mais segura do que as baias convencionais. Poderia trabalhar com Lomitas no centro do picadeiro do hipódromo de Bremen.

Fui instalado no Silinger Hotel, a poucos quilômetros das cocheiras, e me apanharam por volta das 7 horas do dia seguinte. Quando pedi a Andreas que me arranjasse alguém que falasse inglês e, mais importante, que tivesse alguma experiência com cavalos, ele me apresentou a um jovem chamado Simon Stokes.

À medida que essa história progredir, vocês verão que, para um caso de cura bem-sucedido, as pessoas são tão importantes como os cavalos. Simon Stokes tinha 1,60 metro de altura e pesava pouco mais de 50 quilos. Fora cavaleiro de salto em Chichester, na Inglaterra, e quebrara o nariz várias vezes quando seus cavalos se recusavam a ultrapassar o obstáculo. Ele os ultrapassava, mas sem os animais, daí as fraturas.

Além das corridas com obstáculos, ele também corria páreos sem obstáculos e era assistente de Andreas. Já vivia na Alemanha havia 11 anos e era fluente na língua. Eu não poderia ter sonhado com nada melhor: um assistente que falava a língua do país, entendia de cavalos e falava inglês.

Para melhorar, descobri que Simon é um homem talentoso, cortês e disciplinado. Quando você o conhece melhor e ele sorri, pode ser um dos mais maravilhosos seres humanos.

Entrei nessa terra de sonhos no dia 13 de junho de 1991 e encontrei Lomitas, uma superestrela equina, Andreas Wohler, um extraordinário cavaleiro, e Simon Stokes — a isso se pode chamar de uma feliz combinação.

Mas ainda está faltando um personagem nesse cenário: o proprietário. Embora não houvesse passado muito tempo com o Sr. e a Sra. Jacobs nos primeiros dias de treinamento de Lomitas, posteriormente cheguei a conhecê-los bastante bem.

Walther Jacobs é provavelmente o maior proprietário de cavalos que essa indústria já conheceu. Em 1991, tinha 84 anos. Sua coragem e determinação se tornarão evidentes à medida que a história de Lomitas se desdobrar.

Oito horas da manhã do dia 13 de junho de 1991. Uma seleção de cavalos deixa as cocheiras de Andreas Wohler e caminha a curta distância até a pista de corridas para treinamento. Eu dissera a Andreas que, enquanto ele treinava seus cavalos, eu levaria Lomitas para o picadeiro coberto, a fim de passar algum tempo com ele e conhecê-lo melhor.

Este picadeiro era na verdade como uma pequena pista de corridas oval, com quase 6 metros de largura e um telhado. Uma volta inteira pela arena oval equivalia a pouco menos de 200 metros.

Conduzi Lomitas com uma guia até o interior da arena e fiquei parado ao lado dele. Então fui até a ponta da guia e pedi-lhe que viesse em minha direção. Ele pareceu relutante em entrar no meu espaço.

Levantei um braço com força sobre a minha cabeça. E então o outro. Ele não me pareceu muito alarmado, o que me indicou que não fora abusado com o tipo de punição que se inicia com a mão levantada.

A próxima coisa que fiz foi ir até ele e levantar o joelho contra a sua barriga, sem tocá-la, entretanto. Não encolheu os músculos do abdome, não relinchou nem levantou o tórax. Estava claro que ninguém o machucara nessas áreas também. Então, peguei uma parte da corda e comecei a rodá-la perto da sua cabeça. Ele ficou parado, olhou para mim e se moveu para um lado, depois parou outra vez. Estava doido de vontade de me entender — e do modo mais inteligente —, mas a falta de pânico me disse que ninguém o havia chicoteado.

Finalmente, o levei para perto da parede. Apertei minhas mãos contra seu flanco, numa atitude de quem quer mantê-lo contra o muro. Imediatamente, ele saiu daquela posição dando um coice para trás: clássico sinal de claustrofobia.

O que tínhamos então? Um animal que tinha boas relações com seres humanos, mas que não queria ser trancado em boxes de largada nem espremido dentro de vans. Quando isso acontecia, ele não fazia cerimônia para demonstrar seu desconforto, tornando-se agressivo com quem quisesse aprisioná-lo.

Fiz uma pausa para permitir que ambos respirássemos. Olhando para sua bela conformação e para seus olhos extraordinariamente inteligentes, pensei comigo mesmo: "Estou na presença da grandeza. É melhor ser paciente; preciso fazer meu trabalho com diligente competência porque estou na presença de uma criatura muito especial."

Não se tratava de um cavalo maltratado, mas ele acreditava ter sido maltratado porque o colocaram em estruturas claustrofóbicas. Segundo ele, os humanos o tratavam de modo injusto.

O fato de eu ter testado Lomitas para ver se fora ou não abusado não significava que eu desconfiasse dos meus novos conhecidos, Andreas e Simon. Acontece que respeito os animais e gosto de pedir-lhes que falem por si mesmos. Muitos seres humanos já mentiram para mim, mas os cavalos não mentem. Isso vai além das suas capacidades.

Lomitas me dissera: "Acho que fui tratado de maneira injusta. Tenho medo que isso piore."

Quando Andreas e Simon retornaram às cocheiras, eu estava conduzindo Lomitas por perto da sua baia. Perguntei:

— Será que eu não podia usar um redondel ou um ringue aqui por perto para poder trabalhar com Lomitas?

— Hummmm... isso talvez seja difícil.

— O problema é que eu preciso deixá-lo solto para ganhar sua confiança.

Senti que eu e o animal faríamos a Conjunção. Se ganhasse a confiança dele, talvez também confiasse naqueles que queriam colocá-lo dentro de um boxe de partidor.

Andreas pensou sobre o assunto e replicou:

— Bem, tem uma pista de obstáculos a uns 15 quilômetros, mas podemos descartá-la porque teríamos que botar Lomitas dentro de uma van.

— Não — eu falei. — Podemos resolver o problema da van, tenho certeza. Pode pedir uma van para hoje à tarde e mandar estacioná-la aqui. Garanto que vamos transpor as dificuldades e colocar Lomitas dentro dela.

Andreas e Simon estavam nervosos e indecisos sobre o assunto, mas claramente aquilo teria que ser feito. Encomendaram a van, que chegou logo após o almoço.

Simon traduzia para Andreas o que eu dizia e vice-versa. Era sempre um ato duplo que devia ser muito cômico.

— *Gehen wir hinein?* — perguntou Andreas, e Simon repetiu a pergunta em inglês:

— Nós também vamos para dentro da van? — Antes que eu pudesse responder, continuou: — Andreas está sugerindo que estacionemos a van de ré dentro do galpão, de modo que a rampa fique no corredor central e Lomitas tenha menos possibilidades de se desviar.

Respondi:

— Um dia ele terá que aprender a entrar em vans como um cavalheiro, de modo que é melhor que comece já. Vamos deixá-lo no meio do pátio e fazer a coisa direito desde o início.

Enquanto a van esperava, já com a rampa abaixada, eu treinei Lomitas com as rédeas longas durante cerca de meia hora. Não vi nenhum problema no processo. Ele era obediente, trabalhador e bem-educado. Não havia outra coisa a fazer senão embarcá-lo na van porque até ele dar sinais de irritação eu iria tratá-lo como um cavalo normal.

Subi a rampa e ele me seguiu direitinho para dentro do veículo. No momento em que ele entrou, os ajudantes que estavam ao lado do carro correram para retirar a rampa, mas eu lhes disse imediatamente:

— Não, deixem a rampa onde está porque eu vou sair e voltar com ele para dentro da van várias vezes.

Um dos rapazes que falava inglês disse, alarmado:

— Não faça isso. Se ele sair, nunca mais conseguiremos embarcá-lo de novo.

Pedi-lhes que tivessem confiança em mim e no que eu pretendia fazer. Deixaram a rampa e eu saí e voltei com Lomitas, sem problemas, umas 15 ou 20 vezes, antes que fechássemos a van e viajássemos até a pista de salto.

Chegamos e deparei com um prédio de boa base, mas com cerca de 50 metros de comprimento por 35 de largura. Para o que pretendia fazer, precisava de um redondel de uns 18 metros.

Havia por ali uma porção de balizas e obstáculos, e isso permitiu que eu erguesse um redondel num canto. Aliás, o ergui na frente de Lomitas, que ficou me observando. Depois fui trabalhar.

Livre de qualquer corda no pescoço, ele começou a "voar" imediatamente em volta do redondel, assim que o pressionei, mandando-o se afastar de mim. Ele galopou de modo firme em volta do perímetro do redondel improvisado, já com uma orelha esticada em minha direção. Depois de dois, três minutos, ele entendeu o que eu estava fazendo e o vi lamber os lábios e mastigar.

Era um cavalo dos mais inteligentes; não se passaram nem 15 minutos e ele já estava conversando comigo. Estava claro que não haveria problemas de modo algum. A Conjunção deu-se rapidamente. O cavalo confiava em mim.

Agora, queria aumentar essa confiança. Desmanchei o redondel improvisado e subitamente estávamos ocupando todo o espaço. Ele correu para longe de mim algum tempo e pensou que tomaria conta do show, mas, assim que eu lhe disse para se afastar ainda mais, ele estava de novo pressionando para voltar e juntar-se a mim.

Andei por onde quis na pista e ele estava sempre atrás de mim, focinho no meu ombro.

Quando isso aconteceu, senti-me confiante. Eu estava lidando com um animal altamente inteligente e poderíamos começar a atacar os problemas que ele tinha com o boxe do partidor.

Quando o trouxemos de volta, ele se encaminhou como qualquer velho cavalo que tivesse que ser transportado e nunca tivesse reagido às vans em sua vida inteira. Ao voltarmos aos estábulos em Bremen, decidi que havia acabado meu dia de trabalho. Colocamos Lomitas na sua baia e deixamos que tivesse uma boa noite de repouso.

No dia 15 de junho de 1991, comecei a trabalhar com Lomitas no boxe de partidor para treinos. Eu estava apostando na sua confiança e ao mesmo tempo dava um passo de cada vez a fim de criar dentro dele o desejo de entrar no boxe. Em pouco tempo ele estava entrando e saindo do boxe, calmamente.

Mais tarde, naquela mesma manhã, Simon o encilhou e montou. Com a guia, eu o conduzi para dentro e para fora do boxe. Depois de algum tempo, fechamos o portão do boxe atrás dele e iniciamos o processo de deixá-lo entrar de modo bem-relaxado.

Isso levou a manhã inteira.

Durante a tarde, Andreas convidou o chefe dos juízes de partida do hipódromo de Bremen — Herr Dunca — para ver Lomitas entrar e sair do boxe de treinamento.

Herr Dunca passou cerca de uma hora comigo naquela tarde e ficou muito impressionado com o que viu. Ele nos disse que iria imediatamente à comissão de corridas pedir aos seus membros que revissem a situação e dessem outra chance a Lomitas, desde, é claro, que ele passasse pelos testes necessários.

Ficou combinado com a comissão de corridas que na manhã seguinte, dia 16 de junho, nós treinaríamos Lomitas nos boxes de largada do hipódromo. Herr Dunca apareceu para observar.

Lomitas estava confuso e foi um pouco problemático, às vezes, mas estava tentando fazer o que eu pedia. Antes de a manhã acabar, ele estava entrando e saindo facilmente dos boxes de modo apropriado.

Herr Dunca nos disse que se encontrara com os membros da comissão de corridas e que eles haviam marcado um teste para Lomitas no dia 18 de junho. Queriam ver se ele se comportava bem com os outros cavalos em volta dele nos boxes de largada.

Na hora marcada, os membros da comissão de corridas apareceram para observar e Lomitas foi aprovado nos testes. Passaram a ter uma impressão diversa do cavalo. O que ele fizera naquela manhã fora impressionante. Para mim foi, é claro, uma conquista, mas a coisa não ocorrera do modo que eu queria. Lomitas hesitava um pouco antes de entrar e ficava nervoso quando estava dentro do boxe.

Andreas me disse que haveria uma corrida em Bremen no dia 23 de junho e que ele gostaria de inscrever Lomitas. O pessoal da comissão de corridas disse que isso requereria um outro teste — e gostaria que o animal estivesse quase perfeito. Só consideraria sua volta às pistas depois desse segundo teste.

Voltaram na manhã do dia 20. Estávamos em frente às tribunas especiais e tínhamos três cavalos como companhia.

Lomitas fez o máximo que se pode exigir de um cavalo. Os membros da comissão de corridas disseram que lhe dariam uma renovação para uma corrida e, se tudo corresse bem, para outra e assim por diante. Acrescentaram uma cláusula: eu teria que ir com Lomitas e ninguém do hipódromo poderia lidar com ele. Também sugeriram que Lomitas fosse o último cavalo a entrar no boxe, de modo que não tivesse que ficar lá dentro por muito tempo. Ambas as partes concordaram com os arranjos.

A corrida seria dentro de três dias e eu só tivera uma semana para trabalhar com Lomitas. Quando chegou a manhã do dia 23, o tempo parecia tenso para mim. Eu estava dentro de um dos maiores aquários que já vira na vida.

Na hora do páreo, parecia que 20 mil pessoas me olhavam quando fui para o partidor que fora instalado na reta final, pois o percurso era de 2.200 metros. Tive também a impressão de que os 20 mil espectadores deram um jeito de se aproximar do partidor para ver seu herói nacional, Lomitas, que se tornara algo como uma lenda — o cavalo que lutou com seus treinadores e se recusou a correr. Essa era a sua reputação entre o público turfista.

Quando cheguei atrás dos boxes de largada e comecei a dar voltas com Lomitas, havia pais segurando filhos no colo atrás das cercas, e eles diziam: "Oh, Lomi, Lomi, Lomi!"

Tive a impressão de caminhar com Lomitas atrás dos boxes por uma eternidade de tempo. Finalmente, compreendi que alguma coisa estava errada. Todos os outros cavalos inscritos na corrida estavam juntos num canto, com seus jóqueis batendo papo. Andreas estava falando com o chefe dos juízes de partida e com um grupo de diretores. Todos falavam em alemão e eu não sabia nada do que estava se passando.

Depois de algum tempo, Andreas se aproximou e me explicou que os jóqueis boicotariam o páreo se Lomitas não fosse o primeiro animal a entrar no boxe de largada. Disseram que estavam cansados de entrar nos respectivos boxes e esperar por Lomitas, que acabava não entrando. Recusavam-se a participar se Lomitas não fosse o primeiro a entrar no boxe.

Eu disse que não tinha importância; para mim não faria diferença alguma e Lomitas entraria em primeiro lugar. Andreas passou a informação para o chefe dos juízes, que chamou os jóqueis: "Vamos para os boxes, rapazes!"

Eles apontaram para Lomitas e eu caminhei com ele para dentro do boxe. Uma beleza!

Enquanto eu estava dentro do boxe com Lomitas, agradecendo-o por ter se comportado tão bem nessa ocasião importante, vi que havia um atendente abrindo o portão à nossa frente. Depois de abri-lo e deixar-me bem em frente a Lomitas, ele foi fechar o portão de trás.

Normalmente, isso não se faz nunca, pois é muito perigoso e eu poderia ser gravemente ferido.

Então, compreendi o que estava se passando. O pessoal do partidor não queria que aquilo funcionasse e estava fazendo de tudo para que Lomitas se comportasse mal. Com suas faixas, cordas e vendas, eles "acidentalmente" bateriam nele numa tentativa de fazê-lo pular para frente.

De qualquer modo, Lomitas ficou em seu boxe parado, com toda a calma do mundo, enquanto os demais cavalos entravam com seus jóqueis. Por suprema ironia, tiveram muito trabalho para conseguir que um dos outros cavalos entrasse em seu boxe. Isso me pareceu uma espécie de justiça poética.

Depois que todos os cavalos estavam em seus boxes, um atendente veio fechar o portão em frente a Lomitas e eu consegui escapar da minha precária posição.

Assim que foi dada a partida, Lomitas deu um salto para fora do boxe, o mais animado de todos. Ao ver seu pulo — que o catapultou claramente à frente dos demais competidores —, meu coração também pulou de alegria. Era prazer em estado puro ver esse cavalo complexo e inteligente percorrer toda a raia à frente de todos do princípio ao fim — e tomar seu lugar de direito para a tradicional foto da vitória.

Esse triunfo foi o primeiro de uma série que fez de Lomitas por três anos campeão do ano e mais: o cavalo do ano. Recebeu prêmios que chegaram a 1,6 milhão de marcos alemães.

Passar por tal emoção com um animal de tal qualidade cria uma associação íntima entre homem e cavalo que não é fácil de descrever. Num curto espaço de tempo, senti por Lomitas o mesmo amor que dedicava a Ginger, Brownie e Johnny Tivio.

Lomitas encerrou o ano com três vitórias consecutivas no Grupo 1. Tornou-se o cavalo mais altamente qualificado de toda a história do turfe alemão.

Andreas Wohler deixou Lomitas descansar à vontade durante o inverno de 1991, a fim de prepará-lo para a estação turfística de 1992. Todos tínhamos certeza de que faria outra campanha extraordinária, mas os leitores verão como os fatos se encarregaram de evitar que isso acontecesse.

No princípio de 1992, antes do início da temporada turfística, o Sr. Jacobs recebeu uma carta de chantagem na qual eram pedidos 400 mil marcos alemães para não causarem danos físicos a Lomitas ou até mesmo o matarem. Ele, naturalmente muito preocupado, disse que havia ordenado medidas especiais de segurança.

Lembro que tive uma conversa com Pat, pouco depois disso. Disse-lhe que além de todas as coisas que temos que passar no negócio de cavalos, além de todos os problemas que aparecem e que temos que resolver, assim que superamos tudo, aparece um maluco que quer extorquir dinheiro do proprietário, ameaçando a vida do animal.

O Sr. Jacobs já tinha 85 anos e me ocorreu que talvez decidisse aposentar Lomitas, fugindo assim do problema. Entretanto, nas conversas subsequentes que tive com ele, verifiquei que estava mais empenhado do que nunca em enfrentar a situação.

Fui para Hamburgo em junho de 1992 e vi Simon contendo Lomitas na zona de largada. Lomitas não teve problemas e venceu essa corrida igualmente. As coisas corriam bem.

Mas o Sr. Jacobs me confidenciou que as cartas exigindo dinheiro continuavam a chegar regularmente. O chantagista era categórico: ou recebia o dinheiro ou inutilizaria o animal. Para provar que não brincava, incendiou um celeiro de feno do haras Gestut Fahrhof.

Guardas extras com cães policiais foram contratados para vigiar Lomitas 24 horas por dia. Novos seguranças foram acrescentados à equipe do hipódromo de Bremen.

Lomitas estava inscrito para uma corrida em Düsseldorf que se realizaria na última semana de julho de 1992. Ele viajou muito bem até o hipódromo, mas chegou em quinto lugar, finalizando o percurso sem brilho algum.

Após o páreo, ficou claro para todos que Lomitas não era o mesmo de sempre. Transportaram-no de volta para o Gestut Fahrhof para testes, a fim de ver se o autor das cartas anônimas o havia sabotado de algum modo. Quando chegamos ao haras, uma carta nos esperava. Dizia, em síntese, o seguinte: "Só lhe demos o suficiente para que ficasse doente."

Não fora a intenção do criminoso matar o cavalo, mas simplesmente provar que podia fazê-lo se o dinheiro não fosse pago.

Essa reviravolta sombria fez com que os acontecimentos se agilizassem. Ficou acertado que Lomitas seria escondido em local secreto até estar em condições de viajar para a Inglaterra. Lá, ele ficaria em quarentena e depois seria levado para a Califórnia, onde voltaria a correr.

Eu estava espantado com a energia e tenacidade demonstradas pelo Sr. Jacobs durante toda essa crise. O homem era proprietário do cavalo do ano e poderia simplesmente recuar e usar Lomitas como reprodutor. Ele, entretanto, ficou firme:

— Esse homem não vai me impedir de ver meu cavalo correr se eu assim o quiser.

Começaram os planos para mandar Lomitas para a Califórnia. Tivemos que esperar por 15 dias, pois ele estava mesmo muito doente. A carta nos dissera que ele fora envenenado com uma substância metálica que lhe afetaria seriamente o fígado e outros órgãos vitais. Era triste vê-lo em tal estado. O belo cavalo vivia com a cabeça abaixada e seu olhar perdera o interesse por qualquer coisa. Ele estava voltado para si mesmo, concentrado na dor e na doença. Estávamos todos com muita raiva, pois não compreendíamos como alguém era capaz de cometer tal crime contra um animal que não tinha como se defender.

Mas Lomitas era um lutador e em dez dias o veneno já não produzia mais efeito. Voltou a empinar a cabeça e a comer um pouco. Seus olhos voltaram a brilhar.

O mais rapidamente possível, ele foi embarcado para Newmarket, na Inglaterra, onde o escondemos nas cocheiras de Susan Piggot. Recebeu um nome falso: Pirelli.

Simon ficou com ele durante a quarentena de quatro semanas. Gradualmente, começou a trabalhá-lo nas pistas. Um mês depois de chegar à Inglaterra, Lomitas já estava em boas condições e treinando muito bem, diante das circunstâncias. Simon então voou com ele para a Califórnia, onde chegaram no meio de setembro. Lomitas passou a treinar sob a responsabilidade de Ron McAnally no hipódromo de Santa Anita.

Lomitas continuou o treinamento durante outubro e novembro e estava trabalhando com muito afinco durante o princípio de dezembro, preparando-se para a corrida em Santa Anita, imediatamente após o Natal.

No meio de dezembro, o tratador informou que Lomitas voltara do treino com uma rachadura no casco anterior direito. Para mim isso foi um choque, pois ele jamais tivera problemas nos cascos antes; pelo menos não durante todo o tempo que treinou na Alemanha. Um emplastro foi colocado no casco e os treinos continuaram. Mas não demorou muito tempo e apareceram rachaduras num dos cascos traseiros e no segundo dianteiro. Tudo isso aconteceu em menos de três semanas. As rachaduras eram perto da parte de trás dos cascos. Começavam na linha do pelo e prosseguiam por mais alguns centímetros. O treinador de Lomitas, Sr. McAnally, disse que conhecia um especialista em Nova York chamado Ian McKinley. Ele voou até a Califórnia e o encontrei no hipódromo juntamente com os veterinários e ferradores. Organizamos uma mesa-redonda para discutir a situação.

McKinley me perguntou:

— O que aconteceu com este cavalo há cerca de cinco meses? Ouvi um clique na cabeça e repliquei:

— Ele foi envenenado.

McKinley me mostrou o local onde havia uma parte desprotegida da parede do casco que media cerca de 1,5 centímetro. E isso nas quatro patas. Por que não me ocorreu alertar os ferradores para possíveis problemas nos cascos depois do envenenamento, eu não sei. Simplesmente não fizera a conexão até ouvir a pergunta de McKinley.

Era possível ver a banda de tecido enegrecido em volta de toda a pata. À medida que o casco crescia para baixo, essa área se tornara mais crítica devido ao esforço da parte de trás, o que motivou as rachaduras.

McKinley usou uma substância chamada Equilox e colocou diretamente sobre as partes expostas e até mesmo naquelas que não apresentavam rachaduras. Ele reforçava a parede artificialmente, colocando o remédio sobre o topo do casco. Lomitas continuou o treinamento e não teve mais rachaduras, mas só poderia correr em fevereiro.

Na primeira corrida, foi proclamado campeão por ter sido prejudicado pelo cavalo que chegou à sua frente.

Sua corrida seguinte foi em abril, em Hollywood Park, mas saiu nove corpos atrasado porque alguma coisa o distraiu no partidor no momento em que o portão do seu boxe se abriu. Ao fazerem a curva para a reta final, ele estava quase 15 corpos atrás.

Então, ele fez um voo desesperado. Correu o último quarto de milha como ninguém havia corrido ainda em Hollywood Park. Por dois décimos de segundo não bateu o recorde mundial.

De qualquer modo, os cascos de Lomitas continuavam a infernizá-lo e decidimos reembarcá-lo para reproduzir na Alemanha para a temporada de 1995.

Embora sua atuação nos Estados Unidos houvesse sido muito abaixo das minhas expectativas, ganhou 100 mil dólares em prêmios e, com todos os seus problemas, demonstrou-se um formidável concorrente.

Os criadores alemães receberam Lomitas com entusiasmo. Foi escalado para cobrir cinquenta éguas em 1995, como um verdadeiro campeão. Essa é outra função na qual ele se sai muito bem. Sua marca de fecundação é de 90 por cento.

Será interessante ficar observando para ver se Lomitas transmitirá seu talento para as novas gerações. Espero que essa história esteja apenas começando.

No que diz respeito à tentativa de extorsão, um homem foi preso. As cartas pararam.

Uma casa de campo inglesa no meio da noite é um lugar fantasmagórico.

Ao apertar o cordão do meu robe, olhei o relógio e vi que eram 3 horas da manhã. Saí do meu quarto e comecei a andar de um lado para outro no corredor do primeiro andar. O que faria com o cavalo Prince of Darkness? Qual a resposta? Onde eu falhara ao tentar entender esse grande animal, tido em altíssima conta?

De repente escutei alguns sons quase imperceptíveis. Passos. Ouvidos atentos, fiquei quieto como um gato.

Uma porta se abriu e vi Sir Mark Prescott, também metido dentro de um roupão. Levou um pequeno susto ao me ver:

— Oh, é você, Monty!

— Sir Mark, desculpe se o perturbei, mas não consegui dormir.

— Não me perturbou de modo algum. Eu também não estava conseguindo dormir.

— Cheguei até a deitar numa banheira com água quente, mas parece que não consigo fazer meu cérebro parar de trabalhar.

— Sei exatamente o que você quer dizer.

Sir Mark foi até a janela; sua face iluminada pelo luar.

— Que diabo! — ele murmurou em voz abafada.

— O quê? — perguntei.

— Venha ver.

Fiquei parado ao lado dele.

Ele apontou:

— Olhe...

Da janela podíamos ver além do telhado inclinado da casa e divisar o estábulo. De onde estávamos, vimos Prince of Darkness, primeiro com a cabeça na janela e depois com a cabeça para fora da porta da sua baia. Estava tão acordado como nós. Sir Mark suspirou:

— Acho que somos três tentando descobrir o que há de errado.

Prince of Darkness estava sendo treinado por Sir Mark Prescott em Newmarket e era propriedade de Pinoak Stables, de Kentucky, com sócios ingleses que incluíam Graham Rock, Graham Moore, Neil Greig e Wally Sturt.

Era um animal imenso de quase 1,70 metro de altura, muito musculoso e longo de corpo. Os boxes de largada, normalmente, não eram suficientemente grandes para ele. Seu focinho tocava o portão da frente e, ainda assim, ficava apertado contra o portão posterior. Era tão largo que suas ancas tocavam ambos os lados do boxe.

Como acontece em 80 por cento dos casos envolvendo problemas com os boxes de partida, Prince of Darkness não teve dificuldades nas primeiras vezes que entrou neles. Certo dia, estavam colocando-o num boxe de treinamento sob o calor de Newmarket, e ele não entrou com todo o seu corpo. Um atendente deu-lhe uma palmada na coxa e ele deu um coice numa das laterais do boxe.

A partir desse dia desenvolveu uma atitude negativa em relação aos boxes, seja caminhando em direção a eles, entrando neles ou parado, uma vez lá dentro.

Viajei a Newmarket para livrá-lo do mau hábito e pensei ter resolvido o problema. Estava de volta à Califórnia fazia três dias quando recebi novo telefonema de Sir Mark. Ele me disse que haviam levado Prince of Darkness num dia de calor para os boxes, e ele se irritara no momento em que chegara à pista. Conseguiram colocá-lo num boxe, mas ele tentou arrebentá-lo a coices. Depois disso, recusou-se a chegar perto do partidor.

Eu estava desapontado. Tenho orgulho do meu trabalho. Sir Mark concordou que eu voasse à Inglaterra, sem cobrar, para tentar resolver o problema.

Então, ali estava eu de volta, com um verdadeiro quebra-cabeças que não nos deixava dormir.

Assim que seu longo corpo entrava no boxe, ele saía disparado pelo portão da frente, muito irritado com a situação.

Não podia entender o que acontecera para que ele mudasse tanto, pois eu o fizera entrar e sair dos boxes inúmeras vezes sem problema algum.

Naquela noite, durante o jantar, perguntei a Sir Mark como Prince of Darkness se comportava na baia da van que o transportava para os treinos. Disse que não causava problemas, fossem as baias largas ou estreitas. Era difícil de acreditar, depois dos problemas que tivera com ele à tarde nos boxes. Sir Mark sugeriu que alugássemos uma van com baias ajustáveis, de modo que eu pudesse ver com meus olhos.

Na manhã seguinte, uma van chegou bem cedo e eu instruí o motorista enquanto nos familiarizávamos com o interior do veículo.

— Ok. Vamos fazer o seguinte. Você dirige enquanto eu fico parado aqui, de frente para a cabeça do cavalo. Assim, vou poder conversar com você e observá-lo ao mesmo tempo.

— Tudo bem.

— Primeiro vamos embarcá-lo e lhe dar uma baia bem larga e comprida. — Mostrei onde queria que as laterais da baia fossem fixadas dentro da van. — Depois disso, você dirige bem devagar, não importa para onde, e eu vou ficar de olho.

— Ok.

— Em seguida, vamos estreitar as laterais e você vai dirigir com maior velocidade. Vamos tentar descobrir o que está causando a claustrofobia.

Embarcamos Prince of Darkness na van e começamos nossa excursão por Newmarket — primeiro dirigindo bem devagar e fazendo as curvas cuidadosamente. Como o cavalo estava tranquilo na baia, paramos e estreitamos as laterais da baia, agora bem próximas dos seus flancos.

Ele pareceu à vontade.

Pedi ao motorista para aumentar a velocidade e fazer curvas mais fechadas. Ele fez o que lhe pedi.

Na minha frente, Prince of Darkness parecia completamente despreocupado. Não se afetou nenhuma das vezes em que bateu com o corpo contra as laterais.

Perguntei:

— Podemos ir um pouco mais rapidamente?

Ele afundou o pé no acelerador. Estávamos agora na cidade de Newmarket e quem nos viu certamente pensou que éramos ladrões que haviam roubado o veículo e andavam a uma velocidade de arrepiar os cabelos. Eu e Prince of Darkness nos mantínhamos de pé aos tropeções e parecíamos dois passageiros no deque de um navio na tempestade. O motorista continuava acelerando como se dirigisse uma ambulância atendendo a um chamado de emergência.

Prince of Darkness estava na baia mais estreita possível, e o motorista arriscava ter sua carteira cassada por excesso de velocidade. Da parte de Prince of Darkness, nenhum coice, nenhum sinal de resistência ou raiva. Comportava-se de modo exatamente oposto ao que eu observara nos boxes de largada no dia anterior.

Qual seria, portanto, a diferença entre a baia da van, dentro da qual ele se sentia perfeitamente à vontade, e o boxe do partidor, que ele queria destruir?

Quando retornamos sãos e salvos às cocheiras de Sir Mark, comecei a me indagar sobre a psicologia do fenômeno. De onde vinha o medo? Se eu descobrisse a fonte do medo de Prince of Darkness, tudo seria mais fácil de ser resolvido. Não se tratava de claustrofobia, pois ele estivera mais do que à vontade rodando em alta velocidade numa baia estreita. Havia algo no partidor que o assustava. E eu não conseguia descobrir o que era.

Naquela noite cheguei a pensar em dizer a Sir Mark que iria desistir e lhe devolveria o dinheiro que ele havia pagado. Mas não encontrava palavras para formar a frase. Pensar que não conseguira fazer meu trabalho direito me enlouquecia. Já estava em Newmarket havia três dias e não me sentia nem perto de ter conseguido algum resultado positivo. De qualquer modo, decidi fazer mais uma tentativa.

O dia seguinte foi o mais duro de todos. Fiquei tentando durante oito, nove horas cansativas e perigosas. Geraldine Rees, uma amiga de Sir Mark, foi conosco e observou tudo pacientemente.

Fiquei bem em frente a Prince of Darkness enquanto ele era conduzido para o boxe. Queria analisar cada nuance do seu comportamento enquanto ele entrava, e tentar descobrir a razão do seu medo.

Ele entrou no boxe fazendo a maior confusão. Disparou para fora como se houvesse uma porção de índios nos dois lados do boxe espetando-o com suas lanças. Pouco se importou com o fato de eu estar na sua frente e me atirou ao chão quando tentei saltar para um lado.

Eu me levantei, tirei a poeira da roupa e pensei no grande problema: teria que me aproximar ainda mais do animal.

Na segunda tentativa, ele ficou ainda mais furioso e me derrubou novamente. Definitivamente, isso não era missão para um homem da minha idade que não tinha parte da espinha dorsal. Mas eu estava determinado a me aproximar ainda mais do animal.

Mais uma vez, ele pulou do boxe e dessa vez conseguiu atingir meu pé, minha orelha e um lado do meu corpo. Então ele correu até o limite da minha corda "Vem Comigo" amarrada ao seu pescoço, virou-se e ficou com os olhos fixos em mim, a uma distância de uns 5 metros.

Eu estava todo dolorido — fisicamente falando — mas, de repente, descobri do que se tratava. Embora meu cérebro também estivesse bastante enevoado, notei que, segundos antes de saltar para fora do boxe e partir em minha direção, Prince of Darkness desviara o olhar para um lado, para seu flanco, e sua atenção parecia se concentrar no anteparo lateral do boxe.

Eu fiquei ali parado, machucado, com um fio de sangue escorrendo da minha orelha para dentro da camisa, mas eu descobrira a fonte do problema. É claro! As baias das vans que transportam animais têm anteparos macios de cada lado. Essa deve ser a diferença! Queria dar um pontapé em mim mesmo por não ter descoberto antes, mas de qualquer forma estava contente; sabia a fonte do medo do animal. Os anteparos de metal como dois trilhos ao longo dos seus flancos lhe causavam medo.

Depois de alguns poucos testes, tive certeza de que não estava errado. Tinha sorte de continuar com ambas as orelhas coladas à cabeça e estar com os ossos intactos, mas tinha a resposta. Se não fosse por aqueles trilhos suspensos em ambos os lados da baia ele poderia participar da corrida de amanhã.

Naquela noite, eu e Sir Mark discutimos a situação longamente e, com entusiasmo crescente, ele telefonou a membros da comissão de corridas para saber da possibilidade de remover os anteparos do boxe.

Não demorou muito tempo, porém, para nos darmos conta de que, se removêssemos os anteparos de um boxe, removeríamos também os anteparos dos boxes dos lados, pois essa é a forma como eles são montados. É claro que a comissão de corridas não aceitaria uma coisa dessas.

Bem cedo, na manhã seguinte — lembro que era o dia anterior à Sexta-Feira Santa —, eu delineei uma ideia que começava a tomar forma em minha mente. Se pudéssemos manufaturar algo parecido com a proteção usada pelo cavalo do picador na arena de touros — suficientemente pesada para proteger seus flancos dos chifres do touro — talvez pudéssemos convencer Prince of Darkness de que isso seria suficiente para protegê-lo daqueles malignos anteparos do boxe de largada.

Era apenas uma ideia maluca e eu realmente não achava que seria prática. Muitos anos antes, eu usara umas capas de couro que se encaixavam sobre as ancas dos cavalos. Elas eram conectadas à sela *western*. Quando eu pedia ao cavalo em velocidade para fazer uma parada súbita, a capa o encorajava a baixar as ancas para manter seus membros posteriores fincados no chão.

Eu achava que, se conseguisse fazer algo como aquelas capas para proteger os flancos de Prince of Darkness das laterais do boxe, ele talvez aceitasse entrar nele.

Geraldine Rees disse:

— Que tal se usarmos um carpete?

Mil lâmpadas se acenderam na minha cabeça. Usar um carpete em vez do couro pesado podia ser uma solução. Entramos no carro, fomos a Newmarket e compramos um rolo de carpete. Depois fomos à selaria Gibson e desenhamos o tipo de coisa que eu achava que funcionaria.

O protótipo era simplesmente um carpete costurado a uma capa de premiação que, posto sobre as costas do cavalo, protegeria seus flancos com o dobro do peso. O carpete foi costurado tanto do lado de fora como do lado de dentro da capa. Fizemos tudo em apenas poucas horas e fomos ao estábulo para fazer um teste.

Quando coloquei Prince of Darkness, com seu carpete forrado de capa, dentro do boxe de partida, vi imediatamente que estava na trilha certa. Dei uma palmada nas costas de Geraldine:

— Olhe, ele ainda está com medo e não está muito confiante, mas ficou dentro do boxe.

Foi muito bom ficar parado na frente daquele animal colossal e, finalmente, me manter parado sobre meus pés.

Quanto mais Prince of Darkness roçava os flancos contra os anteparos do boxe, para frente e para trás, mais ele entendia que estava protegido dos trilhos malignos. Ele ficou mais calmo e relaxado. Estávamos fazendo progressos.

Corremos até a selaria porque estávamos no período dos feriados de Páscoa e arriscávamos não ter acesso à loja, mas Gibson concordou em trabalhar naquela noite e na manhã seguinte para desenvolver um pouco mais o protótipo e fazer uma capa cortada pelo meio em volta do cavalo, de modo a se encaixar na parte posterior das costas e flancos, atrás da sela. Havia cordões entrelaçados nas margens do cobertor, que ficavam debaixo da barrigueira da sela do jóquei, de modo a manter a nossa invenção no lugar. Finalmente, costuramos uma argola na capa, imediatamente acima da base da cauda, de modo que pudéssemos passar uma corda pelo anel e apertá-la. A ideia geral era que o cavalo dispararia do boxe, mas a capa ficaria.

Na manhã de Páscoa voltei ao haras de Henry Cecil e trabalhamos durante quatro horas no boxe, permanente e nos boxes regulamentares.

Sir Mark tivera que viajar para a França e deixara instruções para inscrevermos o cavalo na corrida em Warwick na terça-feira seguinte, de modo que no domingo demos um jeito de levar Prince of Darkness para os boxes de largada. Fiz o exercício de rotina de deixá-lo largar do boxe bem devagar, usando a capa como proteção. Ele reagiu muito bem.

Na manhã de segunda trabalhamos novamente com Prince of Darkness e sua capa. Naquela noite falei com Sir Mark ao telefone e lhe disse que achava que o cavalo largaria bem do seu boxe em Warwick no dia seguinte.

Fui até o hipódromo de Warwick em companhia de George Duffield, o jóquei de Prince of Darkness. George tinha humor e concordara com a experiência, mas estava um pouco embaraçado.

— Carpete? Ele está usando um carpete?

— Um carpete-capa.

— É um carpete liso ou estampado?

— Suponho que você diria que é um pouco estampado.

— Oh, não! — ele suspirou.

— Você não gosta de carpetes estampados?

Ele levantou os braços como se estivesse se rendendo.

— Está certo, tudo bem. Não me importo de parecer um idiota. Talvez eu devesse usar uma farda com o mesmo estampado e a mesma cor. Não podemos dar uma parada na loja de carpetes e arranjar uma farda que combine com a do cavalo?

Garanti a ele que esse era o único modo de fazer Prince of Darkness entrar e ficar no boxe de largada.

Quando o páreo estava para começar, fui ver Prince of Darkness no partidor. O juiz da largada estava bastante apreensivo por causa do carpete, mas, como dera permissão a Sir Mark para introduzir o estranho aparato na corrida, não pôde voltar atrás.

Pus o acessório atrás de George Duffield, o que certamente motivou uma série de comentários irônicos dos demais jóqueis — e havia um toque de patético ter alguém atrás do cavalo segurando um pedaço de corda a poucos segundos da partida. Quando conduzimos Prince of Darkness para dentro do seu boxe, eu torcia para que a invenção desse certo da primeira vez. Invenções raramente dão certo na primeira experiência.

Agora estavam todos sob as ordens do juiz de partida. Finquei os calcanhares no chão e enrolei a corda em volta do ombro, pronto para aguentar o tranco quando o cavalo disparasse do boxe.

E lá se foram eles! Senti o terrível tranco no ombro e Prince of Darkness partiu sem seu carpete-capa, que ficou no chão do boxe. O *timing* foi perfeito. Sucesso!

Havia 18 cavalos no páreo e em Warwick eles correm 2.240 metros. Quando deram a primeira volta, Prince of Darkness era o líder destacado. Acabou não vencendo a corrida, mas fez a melhor largada de seu grupo. Continuou sua carreira e se tornou um campeão.

Eu não sabia então, mas essa experiência me levou a inventar a "Capa Monty Roberts" para cavalos com temores similares ao de Prince of Darkness. Hoje em dia, já foi usada por mais de mil cavalos.

Recentemente vi uma cena maravilhosa. Para dividi-la com vocês, preciso apresentar um cavalheiro cujo nome é Greg Ward.

Greg Ward nasceu em 1935 em Bakersfield, Califórnia, filho de um corretor de imóveis e de uma professora primária. Morador dos subúrbios de Bakersfield, bem cedo Greg ficou intrigado com cavalos. Aos 8 ou 9 anos, ele começou a expressar seu interesse pelos animais aos seus pais e ao seu irmão mais velho. Nenhum deles tinha a mais remota ligação com o assunto.

Na escola secundária, Greg foi um brilhante atleta. Formidável quer em corridas, quer em futebol, basquete ou beisebol. Muitas das pessoas envolvidas com o atletismo da escola secundária achavam que ele seria um atleta fora de série em qualquer modalidade que escolhesse.

No dia 19 de outubro de 1952, ele dirigia um trator em uma fazenda perto de sua casa para ganhar um dinheirinho extra. Com esse extra, pretendia comprar e manter um cavalo, a fim de aprender a cavalgar.

Enquanto arrancava a vegetação com o trator no lado de uma colina, Greg colocou o veículo em má posição. O trator desgovernou-se e ele caiu. A máquina o atingiu, e um pedaço de metal perfurou seu cérebro, deixando-o inconsciente e cego.

Passou muitas semanas no hospital, onde colocaram uma placa de metal na sua cabeça. Aos poucos, seus músculos voltaram ao normal e ele voltou a enxergar, mas sem a visão periférica.

Sem a visão periférica, entretanto, ele não tinha futuro no atletismo.

Logo que ficou suficientemente bom, seus pais o ajudaram a comprar seu primeiro cavalo, cujo nome glamouroso era Blackie. Blackie tinha cerca de 8 anos quando Greg o comprou por 350 dólares, e que incluía uma boa sela como parte da barganha.

Em setembro de 1953, praticamente um ano após o acidente, ele foi para a Universidade Cal-Poly, em San Luis Obispo, levando o cavalo e a sela com ele. Quando me matriculei na universidade, Greg já estudava lá havia dois anos. Durante esse tempo fizera uma porção de perguntas, recebera palpites, observara cavaleiros em competição. Tudo isso para aprender o máximo que pudesse sobre o assunto, pois queria tentar entrar para o time de rodeio da universidade.

Lembro-me de ter observado Greg cavalgando Blackie. Ri muito, vendo aquele cavalo gordo e petiço, sem classe alguma, e pensei: "Por que ele está perdendo seu tempo? Este cavalo jamais será coisa alguma." Eu era jovem, ganhara muitos campeonatos e não perderia tempo com um animal como Blackie.

Hoje em dia, quando olho para o passado, vejo como estive errado ao rir daquele cavalo. Para Greg, ele era o cavalo mais importante da face da Terra. Na verdade, ele foi um dos mais importantes animais para toda a indústria de cavalos de prova de laço, porque estava ensinando Greg Ward, que se tornou um dos maiores cavaleiros de todos os tempos. Eu deveria ter pensado um pouco antes de rir. Pois não tivera também um cavalo chamado Brownie que fora tão importante para mim?

Eu gostava de Greg. Foi um bom colega enquanto estudamos juntos e eu lhe passava todas as informações que podia sobre equitação, inclusive meus maiores segredos e trunfos.

Mas não sabia que ele aprenderia tudo muito bem e rapidamente. Greg finalmente acabou entrando para a equipe de rodeio da universidade e, enquanto ainda estava aprendendo, contribuiu com pontos para dois campeonatos nacionais que ganhamos em 1958 e 1959.

Greg conseguiu comprar 43 acres de terra perto de Tulare e lá construiu um centro de treinamento que ainda possui hoje em dia. Ele aperfeiçoou as instalações a tal ponto que construiu duas pistas cobertas para treinos, várias áreas de treino ao ar livre e uma pista de corridas de 800 metros.

Greg casou-se com Laura Odle em 1957 enquanto ainda estudava na Cal-Poly. Em 1959, nasceu John, o filho deles, seguido de Wendy, em 1961, e Amy, em 1963. Todos três cavalgaram e deram demonstrações no seu centro. As filhas hoje estão casadas e longe do rancho, mas John continua nas pegadas do pai e é praticamente quem administra tudo hoje em dia.

Os animais treinados no rancho Ward, quer pelo pai, quer pelo filho, conquistaram inúmeros recordes nos últimos trinta anos. Venceram 12 campeonatos mundiais em várias especialidades. Ganharam literalmente milhões de dólares em prêmios.

Além disso, os jovens animais criados no rancho foram vendidos por milhões e venceram milhões de dólares em provas. O garanhão mais popular da indústria deles no momento é Dual Pep, que nasceu e foi criado no rancho e cujo valor anda em torno dos 2 milhões de dólares. Dual Pep já venceu mais de 300 mil dólares em prêmios e rende a seus donos cerca de meio milhão de dólares anuais como reprodutor.

Poderia escrever mais cinquenta páginas sobre as conquistas dos Wards e de seus cavalos, mas é suficiente dizer que a operação deles é a melhor que a América do Norte já conheceu em matéria de cavalos de lida de concurso.

Como atualmente John faz a maior parte do trabalho no rancho, Greg tem a possibilidade de experimentar técnicas de treinamento que de outro modo não poderia.

Isso me traz de volta ao motivo por que quero descrever uma cena particular que pode ser vista no rancho Ward quando Greg inicia o treinamento de seus potros.

Esses não são potros baratos. O último grupo de 32 animais está provavelmente avaliado entre 2,5 e 3 milhões de dólares. Dizem que apenas um dos potros vale cerca de um milhão.

Por motivos de ordem econômica, é claro que os potros de Greg precisam atuar magnificamente nas competições, a fim de devolver aos donos o dinheiro que custaram.

O que estou tentando dizer é que os métodos de treinamento de Greg não são o resultado de alguma noção açucarada que ele possa ter em relação a ser bom com os animais — embora sempre tenha sido gentil e respeitoso com seus cavalos. Seus métodos são os melhores e mais gentis, e já provaram seu valor nas competições mais duras.

Vi uma coisa que me emocionou quando cheguei ao rancho de Greg em Tulare.

— Monty — ele disse. — Venha aqui e dê uma olhada nos meus novos bebês.

Vi umas cinco pessoas conduzindo jovens potros no campo, sem nem ao menos puxar as rédeas. Simplesmente deixavam que os cavalos fossem aonde quisessem e se limitavam a segui-los. Faziam isso até o momento de tirar vantagem da própria vontade do animal de entrar na pista. Estavam selados e os cavaleiros os montavam com muito cuidado.

— Durante os primeiros vinte dias com a sela, nós permitimos que façam o que quiserem. Não há a mínima tensão nas rédeas.

Fiquei observando os cavaleiros se dirigirem para a pista com as respectivas montarias. Os portões estavam fechados, de modo que os cavalos não podiam sair, mas fora isso eram livres para fazer o que quisessem na pista oval de 800 metros.

Uma sexta pessoa montava um cavalo veterano e encilhado. Carregava uma longa vara com uma bandeira de plástico na ponta, de modo que pudesse evitar que os cavalos se machucassem uns aos outros, caso a situação surgisse.

Greg apontou para os potros e disse:

— Não importa a direção que eles tomem. Podem fazer o que bem entenderem.

Fiquei observando aqueles cinco cavalos e seus cavaleiros que pareciam vagabundear pela pista. Se quisessem parar para comer alguma grama perto da cerca, faziam isso mesmo. Se quisessem atravessar a pista e ir para o outro lado, ninguém os impedia. Se quisessem galopar por algum tempo, galopavam até que lhes desse vontade de parar. E, se não quisessem se mover, ficavam parados o tempo que melhor lhes aprouvesse. Se quisessem deitar na grama e rolar, tudo bem. O cavaleiro desmontaria e, despreocupado, ficaria observando sua montaria deitar e rolar literalmente.

Em suma, os jovens potros podiam fazer o que lhes desse na telha.

— E quanto tempo eles ficam nessa boa vida? — perguntei.

— Cerca de vinte dias.

Fiquei maravilhado com a cena e com o correto raciocínio que havia por trás dela. Esses cavalos estavam aprendendo a carregar o peso dos cavaleiros e é claro que não tinham a mínima suspeita de que poderiam ser punidos por qualquer pessoa. Gradualmente, se acostumavam com a ideia de terem cavaleiros montados nas suas costas. Não havia a menor possibilidade de eles cultivarem ressentimentos ou abrigarem tendências agressivas em relação aos seus parceiros humanos.

Por causa do sucesso de métodos como esse e de outros que descrevi no decorrer deste livro é que tenho a convicção de que reunindo todas essas evidências — eles constituem um novo começo na relação entre homem e cavalo, e é um privilégio para mim ter dado a minha contribuição para esse espírito de entendimento.

A cena que vi no rancho de Greg é a que mais se ajusta ao que disse acima; uma cena que demonstra o total compromisso com as teorias nas quais acredito.

Ao passar recentemente pela Inglaterra, pouco antes de voltar para a Califórnia, recebi um convite da rainha. Ela queria que eu a pusesse a par do meu trabalho recente e lhe desse minha opinião sobre o mundo dos cavalos em geral.

O major Terry Pendry me conduziu de carro pelos já familiares corredores dos jardins do Castelo de Windsor:

— Você se encontrará com sua Majestade no lado de fora — ele disse.

Lado de fora? Perguntei-me o que aquela informação significaria. Será que eu passearia com a rainha no jardim? Ou a encontraria nas cocheiras para dar uma olhada em algumas novas aquisições?

Terry Pendry estacionou num dos lados do gramado que se estende graciosamente em frente ao castelo e desembarcamos. Ele apontou:

— Ela está ali.

No meio do imenso e bem cuidado gramado havia uma figura sentada a uma pequena mesa. Um fio elétrico branco saía da mesa e ia até o interior do castelo, onde desaparecia.

Comecei a longa caminhada e, à medida que me aproximava da mesa, reconheci sua Majestade. Os cantos da toalha, branca tal qual pura neve, balançavam na brisa. A mesa estava posta para o nosso chá.

Sua Majestade me saudou de um modo muito informal e eu me sentei na cadeira à sua frente. Ela apertou um botão na extremidade do fio elétrico e o sinal viajou até o castelo. Enquanto começávamos a falar, um membro da equipe real apareceu com chá e bolinhos.

Era uma ocasião perfeita em um cenário maravilhoso. Falamos sobre cavalos e mais uma vez ela provou ser uma proprietária interessada e muito bem informada. Queria saber minhas opiniões e eu me senti realmente privilegiado por ter conhecido essa mulher que a história colocou em uma posição tão única.

Era difícil acreditar que lá estava eu completamente sozinho tomando chá com a rainha da Inglaterra no meio do gramado em frente ao Castelo de Windsor, conversando como se fôssemos velhos amigos.

Da minha parte, eu estava muito contente por poder descrever a ela o curso que está sendo ministrado em West Oxfordshire College sob a direção de Kelly Marks e dedicado a expandir os métodos de treinamento que descrevi neste livro — a primeira vez que um curso dessa natureza é criado especificamente e incluído no currículo.

Relatei-lhe minhas recentes experiências nos partidores. Disse-lhe também que olhava para o futuro, quando estudantes da minha metodologia a levariam tão à frente a ponto de considerarem arcaicas as minhas práticas. E em verdade, mesmo agora, no momento em que escrevo, certos veterinários estão desenvolvendo a capacidade de "ouvir" cavalos para determinar em que parte das entranhas o animal está sentindo dor. Identificam onde está o problema, se no duodeno, no intestino grosso ou delgado.

Finalmente, muito depois da hora marcada para o fim do nosso chá, nos levantamos. Nosso encontro fora realmente genuíno e informal. Ela retornou para o castelo enquanto eu atravessei o gramado em direção ao local onde Terry Pendry me aguardava.

Tive uma visão súbita de como essa cena pareceria para alguém que a visse de uma das janelas do castelo. O quadrado branco da mesa disposta no meio do gramado verde, o que sobrara do nosso chá, as cadeiras inclinadas sobre a mesa, a rainha da Inglaterra caminhando em direção ao castelo e este caubói da Califórnia andando na direção oposta, sacudindo a cabeça como se não acreditasse nas curiosas circunstâncias em que se encontrava.

Cerca de oitocentos anos atrás, um líder muito diverso, um conquistador chamado Temujin, tinha uma atitude diferente em relação a cavalos. Seu império cresceu para abranger a costa do Pacífico e toda a extensão do norte do mar Negro. Ao dominar uma quarta parte do mundo, ele mudou seu nome para Genghis Khan, o que significa "Senhor de Todos". Com justiça, esse nome hoje traz à nossa mente a ideia de uma inimaginável crueldade, de uma vontade de ferro e de resoluções inflexíveis.

Seu maior aliado nessa incrível expansão de poder e influência foi o cavalo.

Usando cordas, chicotes e qualquer tática cruel que pudesse engendrar, Genghis Khan utilizou a força, a estâmina e a velocidade do cavalo.

Os cavalos não tinham como reagir àquela crueldade. Eles não tinham voz. Mas... eles tinham uma língua. Ninguém viu isso, ninguém tentou ver isso, mas ela estava lá; ela existia naqueles tempos como existe hoje. É uma linguagem que existe há 45 milhões de anos e permaneceu praticamente a mesma. Só para pôr isso na perspectiva correta: o homem vive neste planeta há apenas algumas centenas de milhares de anos e sua comunicação já se fragmentou em milhares de línguas diferentes.

A ausência de diálogo entre homem e cavalo nos levou a uma desastrosa história de crueldade e abuso. E isso tudo veio também em nosso detrimento. Há milhares de anos poderíamos ter capturado a vontade do cavalo de cooperar e não o fizemos. Perdemos muito, tanto em termos emocionais como em termos da performance e do trabalho que egoisticamente teríamos recebido deles.

Tentar compensar o cavalo por tudo que lhe fizemos é meu trabalho de uma vida inteira. Faço isso há 61 anos e continuo firme e forte.

V

Conjunção — um guia, passo a passo, do método de Monty Roberts

V

Conjunção — um guia,
passo a passo, do
método de Monty
Roberts

Você pode aprender o método de CONJUNÇÃO de Monty Roberts desde que acredite, de verdade, que pode aprendê-lo e que não tenha medo de cavalos.

Para começar, gostaria que você descartasse todas as suas noções preconcebidas sobre como iniciar um cavalo. Quero, porém, que você mantenha as experiências que lhe ensinaram a não temê-lo, bem como sua habilidade de andar perto dele de modo seguro e eficaz.

Tenha sempre em mente o fato de que o cavalo não erra. Todas as suas ações, provavelmente, foram motivadas por você, principalmente em se tratando de cavalos jovens e ainda não iniciados. Nós, os cavaleiros, podemos fazer muito pouco no que diz respeito a ensinar o cavalo. O que podemos fazer é criar um ambiente em que ele queira aprender. Acredito que, mais ou menos, o mesmo aconteça com as pessoas. O jovem estudante que tem o conhecimento empurrado para dentro do cérebro aprende pouco, mas pode absorver muito se decidir aprender.

A AÇÃO FALA MAIS ALTO QUE PALAVRAS

Este é um provérbio que nós, humanos, usamos frequentemente. Geralmente, entretanto, não conseguimos levá-lo à risca. O cavalo tem uma língua previsível, reconhecível e efetiva. O mais incrível sobre essa língua é que o animal não precisa de intérpretes. Em todo o mundo eles compreendem e são compreendidos pelo EQUUS. É espantoso que nós, humanos, que possuímos o mais fenomenal cérebro da Terra, muitas vezes necessitemos de ajuda para nos comunicarmos uns com os outros.

Exatamente como qualquer outra forma de comunicação, EQUUS requer algum esforço para que a dominemos. Se nós nos recusarmos a acreditar que o cavalo pode se comunicar fluentemente, é possível usar a dor para treiná-lo com eficácia, até certo ponto. Mas se nós acreditarmos no seu talento para a comunicação, então temos que dar-lhe o crédito de ser capaz de criar uma relação inimiga conosco, no caso de o treinarmos por meio da dor.

Considere por um momento o que você sentiria se, no seu primeiro dia de escola, seu professor pusesse uma corrente dentro da sua boca ou sobre o seu nariz para então dar-lhe um safanão, e quando você se afastasse, ele pegasse um chicote. Como seria o balanço da sua relação com ele? E qual seria sua opinião sobre a escola a partir de então?

Embora o cérebro do cavalo não seja tão complexo como o humano, até certo ponto as reações são as mesmas. O objetivo do meu método é criar uma relação com base na confiança; uma relação que faça com que o cavalo queira a

CONJUNÇÃO;

queira ser parte do time; vestir a mesma camisa. A minha opinião é que o cavalo iniciado "convencionalmente" cria uma relação de inimizade com as pessoas para as quais trabalha. Pode até concordar em fazer o que as pessoas querem, mas sua atitude será sempre relutante.

A primeira regra do método ao iniciar um cavalo novo é que a iniciação deve ser feita

SEM DOR.

Nós não vamos bater, chutar, dar safanões, empurrar, puxar, amarrar ou impedir seus movimentos. Se tivermos que aplicar qualquer restrição, ela deve ser de natureza cordial e sem o sentimento de que "você deve" comunicar-se com o cavalo. Queremos eliminar esse sentimento no ambiente que criamos.

De preferência, devemos sugerir que "gostaríamos" que ele fizesse alguma coisa, e não que "ele deve". Se alguma restrição precisa ser usada, deve ser a que incentiva o cavalo a ficar com você, e não a que exige que ele fique com você.

O cavalo é a quintessência do animal voador. Seu instinto lhe diz que ele deve disparar, fugir. Se alguma pressão é aplicada na relação entre homem e cavalo, ele preferirá sempre fugir em vez de lutar. Foi com isso em mente que desenvolvi o conhecimento de um fenômeno que ocorre com a maioria dos animais do planeta. "Avançar e Recuar" são movimentos óbvios nas relações entre animais da mesma espécie ou de espécies diversas. "Avançar e Recuar" são movimentos óbvios também nas relações humanas. Nós usamos o "Avançar e Recuar" todos os dias quando tentamos impor uma situação para então recuarmos, a fim de observar o resultado. Isso é evidente nas relações tanto pessoais quanto profissionais. Um bom exemplo é o do garoto de 14 anos que está começando a escola secundária. Ele se sente atraído por uma garota da sua classe e a segue incessantemente. Ela deixa claro que não gosta dele e se afasta. Geralmente, ele insistirá durante uns seis dias para depois desistir. Logo veremos que ela começará a aparecer onde sabe que ele estará e começará a demonstrar interesse por aquele garoto a quem deixara claro seu desinteresse.

O que estudaremos e desenvolveremos é o conhecimento desse fenômeno.

Vamos agora nos transferir para o ato prático de iniciar o jovem cavalo (eu nunca uso os verbos domar ou quebrar). Nossa intenção é fazer com que o animal aceite a sela, as rédeas e o cavaleiro sem traumas. Dou demonstrações nas quais pego um jovem cavalo que jamais foi selado e tento fazê-lo aceitar sela, rédeas e montaria em aproximadamente trinta minutos. Se eu demonstrar com um cavalo que já foi montado, o espectador pode duvidar do meu trabalho. Mas, deixando de lado a demonstração, é melhor tirar alguns dias para acostumar o cavalo novo ao freio e a alguma comunicação por meio das rédeas longas e da boca do animal, do que ir diretamente para o método da iniciação.

O QUE SE SEGUE É UMA LISTA DOS ALVOS A SEREM ATINGIDOS NO PROCESSO DE INICIAÇÃO:

1. Conjunção
2. Acompanhamento
3. Áreas vulneráveis
4. Levantamento de pés
5. Manta
6. Sela
7. Cabeçada
8. Rédeas longas
9. Cavaleiro
10. Círculo à direita
11. Recuar um passo
12. Círculo à esquerda
13. Recuar um passo

LISTA DE EQUIPAMENTOS

2 Rédeas longas (10 metros cada uma)
1 Cabeçada completa de bridão
1 Sela (de sua preferência)
1 Manta
1 Loro extra
Cabresto no cavalo

Eu uso um redondel para o meu trabalho e, embora isso não seja absolutamente necessário, torna tudo mais fácil. Meu redondel de 16 metros de diâmetro tem um telhado e uma sólida parede de 2,4 metros. É coberto de areia com cerca de 6 centímetros de profundidade. De qualquer modo, já iniciei cavalos em campo aberto, sem cercas, e cavalguei um cavalo auxiliar em viagem. Um cercado quadrado pode ser usado, mas será melhor arredondar os cantos.

Um redondel de 16 metros de diâmetro é o melhor na minha opinião para cavalos de tamanho médio. Uma base de terra sólida (posteriormente coberta de areia) é importante para a segurança das pessoas e dos animais.

Traga o cavalo para dentro do redondel já com o cabresto e tenha uma longa guia, de preferência leve, e de uns 9 metros. Fique perto do centro do redondel e se apresente ao cavalo afagando a testa dele com a palma da mão, mesmo que vocês já se conheçam. Nada de palmadinhas. Agora vá para trás do cavalo, mas longe da sua área de coice. Quando estiver atrás dele ou se ele disparar, o que ocorrer primeiro, jogue a corda nos seus membros posteriores. A corda pode cair nele, mas você NÃO DEVE BATER no animal com ela. A essa altura, quase todos os potros começam a correr, dando a volta no redondel. O cavalo está recuando, de modo que você deve avançar. Mantenha a pressão. Jogue a corda a cada duas voltas ou as vezes que julgar necessárias para manter a pressão. Você deve manter uma atitude agressiva; olhos fixos nos olhos dele e os ombros enquadrados com a cabeça dele. Mova-se sempre para frente, mas mantenha-se longe da área de coice. Você deve tentar fazê-lo completar cinco ou seis voltas para um lado, depois para outro e repetir a operação. Você estará preparando o cavalo para enviar-lhe a mensagem de que ele gostaria de parar com essa correria toda. Olhe particularmente para a orelha voltada para dentro do redondel. Isso fará com que ele corra mais devagar ou pare simplesmente. Enquanto isso, a orelha do lado da cerca continuará se movendo em todas as direções para observar o ambiente. A cabeça do animal começará a baixar e subir, como se ele estivesse cumprimentando, as orelhas serão apontadas para dentro e o focinho para fora. O pescoço se inclinará levemente para aproximar a cabeça do centro do círculo. Ele provavelmente começará a lamber os lábios, pôr a língua para fora, entre os dentes semicerrados, e mastigar o ar. Finalmente, ele abaixará a cabeça quase até a superfície do solo. As orelhas demonstram o respeito dele por você. Chegar mais perto significa exatamente isso. Lamber os lábios e mastigar significa: "Sou um animal voador. Estou comendo; logo, você não precisa ter medo de mim." Abaixar a cabeça quase até o chão significa: "Se nós pudermos renegociar a situação, vou deixar você ser o chefe." A experiência afinará sua sensibilidade para os sinais, mas, quando observar o cavalo fazendo esse gesto, pode ter certeza de que ele está pedindo para você parar de pressioná-lo. Ele quer parar de correr.

Nesse ponto, você deve enrolar sua corda, assumir uma atitude submissa... olhos para baixo. Não olhe nos olhos dele. Ponha o eixo dos seus ombros numa posição de 45 graus. Esse é o seu convite para que ele venha até você ou para que, pelo menos, olhe em sua direção e pare de recuar. Se ele se aproximar, ótimo! Se ele parar, ficar olhando para você, mas não se aproximar, então você deve chegar mais perto dele. Faça isso, porém, dando voltas ou semicírculos. Não vá diretamente para ele. Se ele se afastar, ponha-o para trabalhar mais umas voltas e repita todo o processo.

Quando você se aproximar dele, faça-o com os ombros na posição de 45 graus, quase mostrando suas costas para ele. Voluntariamente, ele deverá se aproximar e encostar a cabeça em seu ombro. Essa é a CONJUNÇÃO.

Quando puder, se aproxime dele e lhe faça um bom afago entre os olhos e depois se afaste caminhando em círculos. Eu gosto de me afastar andando para a direita, uns 3,5 metros de diâmetro. Finalizado o círculo à direita, faça a mesma coisa para a esquerda. Repita isso várias vezes. O cavalo deverá segui-lo ou pelo menos se moverá para manter a cabeça na sua direção. Se isso não acontecer, você se verá olhando para o traseiro dele. Nesse caso, deve botá-lo para trabalhar outra vez. Mantenha-se longe da área do coice. Trabalhando desse modo você conseguirá realizar a CONJUNÇÃO e o ACOMPANHAMENTO.

Estabelecido o ACOMPANHAMENTO, você deve levá-lo até o centro do redondel. Fique de pé confortavelmente e prepare-se para a próxima etapa, que é a de entrar nas áreas vulneráveis do animal. Comece na parte anterior do flanco direito. Use ambas as mãos e prossiga massageando o pescoço, os ombros, as costas, as ancas, os flancos anteriores e posteriores. Faça o mesmo do outro lado do seu corpo e você estará preparado para levantar as patas do animal. Levante cada um deles de modo decidido, mas gentil.

Tendo concluído essas etapas preliminares, você estará pronto para apanhar seu equipamento e colocá-lo no meio do redondel. Dê uma chance ao cavalo para inspecionar o equipamento e mova-se constantemente entre os dois. Caminhe várias vezes entre o cavalo e o equipamento até chegar o instante em que ele preferirá seguir você. Assim que tiver sua atenção total, engate uma guia ao cabresto dele.

Pegue a guia e fique com ela na mão direita a uma distância de um metro. Pegue a manta e a coloque gentilmente sobre as costas dele. Primeiro, um pouco além da paleta, para depois ajustá-la no lugar certo. Se ele se afastar, nada de punições. Apenas o afaste com os olhos e repita o processo até a CONJUNÇÃO e o ACOMPANHAMENTO. São pouquíssimos os cavalos que se afastam a essa altura da iniciação. Depois que a manta estiver nas costas do animal, pegue a sela com a barrigueira sobre o assento. Coloque-se em frente ao pescoço, na altura da paleta. A sela deve estar apoiada no seu quadril direito. Gentilmente, ponha a sela sobre as costas do animal. Passe agora pela frente dele e lhe faça um afago no flanco. Baixe a barrigueira devagar e suavemente, mas sem hesitação, ajuste-a de modo a alcançar aproximadamente o meio da quartela. Vá até a frente do cavalo e afague-o entre os olhos. Depois, fique em frente às patas dianteiras, pegue a barrigueira e ponha o lático da frente na ponteira da frente. Aperte a barrigueira, mas observe as reações do animal, de modo a não apertá-la muito. Por outro lado, não a deixe tão solta a ponto de a sela sair do lugar caso ele empine. Então, pegue o lático traseiro e aperte a barrigueira um pouco mais do que fez com o dianteiro. Volte ao lático da frente e encontre um equilíbrio entre ele e o posterior. Tire a guia do cabresto e se afaste cautelosamente — corda na mão — do animal. Com a corda, mande-o afastar-se de você.

FIQUE CALMO

Seu cavalo deve acreditar que ele é o único irritado com a sela. Caso contrário, sua inclinação será de corcovear. Aguarde pelos sinais informando que ele quer parar de dar voltas e juntar-se a você. Só permita que ele faça isso quando notar que já se acostumou e está à vontade com a sela.

Quando ele voltar até você, coloque-lhe o bridão e ponha as rédeas debaixo da parte de trás da sela. Deixe as rédeas folgadas.

Agora pegue seu loro extra e passe-o pelo estribo da direita, de forma que fique pendurado pela metade. Depois vá para a esquerda e cuidadosamente pegue as duas pontas do loro, afivelando-o através do estribo esquerdo. Assim, os estribos ficam afivelados juntos sob o cavalo. Pegue as duas guias pela ponta do mosquetão e coloque uma sobre o assento da sela, deixando o mosquetão chegar quase ao chão do lado direito. Aí passe o segundo mosquetão pelo estribo direito (de trás para frente) e o encaixe do lado esquerdo do bridão. Vá para o lado direito e repita a operação. Volte ao lado esquerdo. Pegue as duas guias nos lados do cavalo e se mova para trás e lateralmente, fora da zona de coice do cavalo, em direção à garupa. Você agora tem como movê-lo para frente balançando a rédea direita sobre sua garupa. Se você não tem o hábito de charretear, vá com calma. Busque um pouco de comunicação pela boca, mas com cuidado. Uma boa ideia é treinar este processo com cavalos mais velhos por um tempo antes de pegar um novato. Você pode se machucar, ou a seu cavalo. Se você tem experiência com rédeas longas, faça seu cavalo andar em círculos ao galope e ao trote para os dois lados. Peça que ele vire e pare. Finalmente, faça-o parar de costas para o meio do círculo e peça que ele recue um passo.

A essa altura a maioria dos cavalos que eu faço já está pronta para ser montada. Você pode montar ou pedir a alguém que monte, tanto faz. Certifique-se de que a sela está em ordem e de que a barrigueira está apertada o suficiente para a sela não virar. Se você estiver usando um cavaleiro, traga-o neste ponto para dentro junto com o equipamento. Prenda uma guia na argola esquerda do bridão. Dê ao seu cavaleiro um ou dois minutos para se acostumar com o cavalo, afagando-o dos dois lados, tratando-o como você tratou. Eu dou pezinho para meus cavaleiros montarem. Primeiro, eu peço que eles só se apoiem com a barriga na sela (a fivela do cinto no cepilho). Daí eu movimento o cavalo com cuidado, primeiro em dois ou três círculos à esquerda, e depois à direita, duas ou três vezes. Se o cavalo estiver satisfeito e aceitando o cavaleiro sobre ele, você guia o pé do cavaleiro para o estribo esquerdo e ele monta. Repita os círculos. Se seu cavalo estiver relaxado e aceitando o cavaleiro montado, faça círculos cada vez maiores, levando o cavalo para perto do perímetro. Cuidadosamente abra o mosquetão e solte a guia, ajudando o cavaleiro a efetuar um círculo em cada direção. Não galope; passo e trote são suficientes. Após cada círculo, eu gosto que meus cavaleiros recuem um passo.

Não tente ser um herói, caso seu cavalo não esteja pronto para ser montado. Lembre-se que, quando dou uma demonstração, ela é dada de uma só vez; caso contrário, o espectador não vê todo o processo. Isso não significa que você deva fazer a mesma coisa. Esse sistema lhe poupará tanto tempo que, de qualquer modo, você estará muito adiantado em relação aos que usam os métodos convencionais. É a qualidade do seu trabalho que importa, e não a rapidez com que você o executa. No final, todos nós queremos a mesma coisa: um cavalo feliz e bem-comportado. Será por isso que você será julgado.

A essa altura, você terá alcançado o objetivo de fazer com que seu cavalo aceite a sela, rédeas e cavaleiro. O cavalo NÃO deve estar traumatizado e deve preferir ficar com você a se afastar de você.

Lembre-se: deixe o seu animal sentir-se livre. NÃO O RESTRINJA. Faça com que ele se sinta bem junto a você e ponha-o para trabalhar caso ele queira se afastar de você.

SEM DOR

Se você puder executar todo o processo, terá me ajudado na minha luta para
fazer do mundo um lugar melhor para os cavalos.

VI

Círculo completo

Desde os meus 16 anos, sempre quis realizar a Conjunção com um mustangue na pradaria.

Todos me diziam que eu era louco; que era muito perigoso. Impossível! Ninguém podia fazer uma coisa dessas. Era pedir para ser morto.

De qualquer modo, durante 45 anos mantive no fundo da mente o desejo de provar uma coisa: a Conjunção é um momento de genuína comunicação entre um homem e um cavalo selvagem e ela pode ocorrer sem cercado e sem cordas; apenas um homem, um cavalo e o imenso espaço aberto.

À medida que envelhecia, dizia a mim mesmo que não, que eu tinha 62 anos, me faltava um bom pedaço da espinha dorsal e jamais conseguiria realizar minha ambição.

Ainda assim, a ideia não me abandonava.

Este livro foi publicado pela primeira vez no outono de 1996. Seis meses mais tarde, em fevereiro de 1997, me foi oferecida a chance de tentar realizar o meu sonho. Este capítulo relata a aventura.

Tudo começou com o documentário televisivo da BBC no programa QED. Eles já haviam feito um programa de meia hora sobre a Conjunção cerca de três anos antes. Agora se ofereciam para providenciar os recursos necessários para eu tentar a Conjunção no campo, em espaço aberto.

Na época em que se ofereceram para fazer o programa, entretanto, tínhamos pouco tempo, caso eles decidissem realizá-lo naquele ano. As cascavéis acabam sua hibernação em abril e teríamos que rodar em março, portanto. Além disso, eu precisava da luz da lua para enxergar à noite.

Resolvemos rodar nos últimos dias de março de 1997, e todo mundo começou a trabalhar com a maior rapidez.

E havia o problema dos mustangues. Muita coisa mudara desde as minhas viagens a Nevada nos anos 1950. Agora os mustangues são protegidos por lei federal, e um ato do Congresso proíbe que interfiramos com eles de qualquer maneira. Eles pertencem a uma instituição federal chamada Birô de Administração de Terras e é ilegal aproximar-se deles em seu estado selvagem. Informei ao birô sobre o que me propunha a fazer, mas estava fora de questão. Entenderam a importância do documentário, mas se permitissem teriam que violar a lei para outras pessoas igualmente. Negaram meu pedido de modo sucinto.

Não, o único modo de eu chegar perto de um mustangue selvagem seria adotando-o. Trata-se de um sistema de administração de manadas. Com o auxílio de helicópteros, eles separam alguns cavalos das manadas. Ainda com seus números marcados nos pescoços, eles são oferecidos a rancheiros de reconhecida competência para adoção. Os mustangues não sabem disso, mas os nomes dos pretendentes são colocados num chapéu e, se você tiver sorte, poderá adotar até quatro cavalos de uma só vez.

Um mustangue capturado desse modo não é menos selvagem do que os outros. É como dar um tiro num leão na África, mas o rifle em vez de balas contém dardos calmantes. O leão é então transportado para Londres e largado em Trafalgar Square. Sua adrenalina estará no máximo; a experiência o fará correr como um doido e não será fácil capturá-lo. No mínimo, estará ainda mais selvagem do que na savana.

Ocorreu, portanto, que a primeira coisa que tive que fazer foi entrar numa loteria — e essa loteria não acontece todas as semanas; trata-se de um evento ocasional. E nós já estávamos em fevereiro.

Assim que o pessoal do QED me informou que tinha recursos para o programa, ocorreu uma coincidência, juro por Deus. Um estudante apareceu na Flag Is Up Farms e me disse que um evento de adoção aconteceria no dia seguinte em Paso Robles.

E para lá fui eu.

Eu precisava de machos, e não de fêmeas, pois elas poderiam estar prenhes. Queria que tivessem entre três e cinco anos. Entre as duzentos cabeças a serem adotadas, apenas vinte tinham os requisitos de que eu necessitava.

Colocamos nossos nomes num chapéu. O número de pretendentes era grande, mas apenas 52 seriam sorteados.

Fiquei esperando enquanto anunciavam os nomes conforme iam sendo retirados do chapéu.

Anunciaram 49 nomes e o meu não estava entre eles. Teria que abandonar a ideia e voltar para casa. Cinquenta e um nomes anunciados e nada de Monty Roberts. Eu já estava me preparando para ligar para o QED na Inglaterra e dizer-lhes para cancelar a filmagem. O número 52 era o meu nome. Eu fui o último nome a sair sorteado do chapéu.

Era para acontecer, não era?

Eu precisava de três cavalos. Um, a primeira escolha, teria que ser o mais bonito possível por causa das câmeras, e dois substitutos.

Eu precisava dos substitutos porque várias coisas fora do meu controle poderiam acontecer. O mustangue poderia mancar no meio da filmagem. Ou poderia ser mordido por uma cascavel. Com os recursos reunidos para a produção, seria melhor planejar as coisas de modo eficaz. Dificilmente teríamos uma segunda chance.

Olhando os mustangues dentro do curral, escrevi três números num papel. Depois que todos fizeram suas escolhas, meus três números ainda estavam disponíveis. Sim, senhores, era para acontecer!

Meus três potros desceram a rampa sem saber que haviam sido adotados para um projeto único.

Um mustangue adotado não pode ser devolvido ao ambiente selvagem. Ninguém pode entrar nessas terras que pertencem ao poder federal. Um dos compromissos dos pretendentes é manter os cavalos em terras particulares.

Eu teria que levá-los para um rancho, mas não podia ser um rancho qualquer. Tinha que ser o mais parecido possível com o *habitat* natural dos animais. Os ranchos no alto deserto de Nevada chegam a ter 40 mil acres e a única coisa que nos lembra que não estamos em território virgem são as cercas de arame farpado a cada 30, 40 quilômetros.

E as cercas não melhoravam as coisas. Ao contrário, as cercas eram o meu maior temor. Mustangues não conhecem cercas e consequentemente não tomam conhecimento delas.

Novamente, é preciso dizer que, ao aceitar realizar a Conjunção em espaço aberto, tive que usar a segunda melhor opção, trabalhando dentro do que se poderia chamar de uma área tecnicamente fechada, embora imensa e selvagem. Eu estava cheio de problemas e teria que suar muito para enfrentá-los.

Nesse ponto, tive o cuidado de contratar uma senhora da associação de observadores da vida selvagem de Santa Bárbara como árbitro. Quando os três mustangues fossem levados para uma área aberta e integrados às manadas semidomadas dos ranchos, ela passaria duas vezes por semana para se certificar de que ninguém tentara domá-los e que eles continuavam selvagens.

O rancho básico para o meu primeiro mustangue foi o Chimeneas, de propriedade de Pat Russell. Depois, encontrei mais outros dois para abrigar os substitutos.

O QED contratou um especialista em comportamento animal, o Dr. Bob Miller, para observar e comentar diante das câmeras o que eu fazia. Ele também se certificou de que os mustangues eram completamente selvagens.

Então, fomos advertidos: as cascavéis haviam saído de sua hibernação três semanas mais cedo. Mataram dois cavalos antes mesmo de o documentário começar a ser rodado. Elas atacam ao sentir o calor de um corpo e, quando emergem de seu longo e escuro inverno, estão irritadiças e são imprevisíveis. Desastres rastejantes esperando para acontecer. Um mustangue picado e teríamos que prosseguir com o substituto número um ou número dois. Um cavalo domesticado picado poderia ser substituído e se eu fosse picado seria o fim de tudo.

Por outro lado, não poderíamos dizer às cobras: "Voltem para suas covas; continuem hibernadas!"

Continuamos trabalhando.

No sábado, dia 29 de março, eu e a equipe nos encontramos no Maverick Saloon, em Santa Ynez. A banda de Art Green estava tocando e havia gente dançando quadrilhas. A equipe de televisão ficou contente em encontrar o veterano Dutch Wilson dizendo a quem quer que encontrasse:

— Maaunty é absolutamente doooido! Tem uma chance boooa demais de se deixar mataaar! Quem é doooido de ir com eeeele?

Naquela noite eu estava relaxado e pronto como jamais estarei. Se não realizasse meu sonho não seria porque ninguém me dera uma chance.

Eu estava preparado para uma longa cavalgada; pelo menos dois dias sem parar. Havia descoberto um material feito pela companhia 3M. É uma espécie de fita adesiva que você põe sobre a pele e, meia hora depois, já não consegue encontrá-la; é como se fosse uma segunda pele. É usada por corredores de maratona, por atletas de triatlo e assim por diante. Com essa fita, mais ceroulas, meias elásticas e calça com proteção de couro, eu esperava minimizar os ferimentos que sofreria durante o que provavelmente seria um dia, uma noite e um outro dia cavalgando. Para a minha coluna, usaria anti-inflamatórios e tinha uma cinta elástica preparada.

Às 21h30 daquele sábado, entrei no meu trailer e viajei com meus três cavalos — Dually, Big Red Fox e The Cadet — para o primeiro rancho, Chimeneas.

A aventura começou para valer no domingo de Páscoa ao raiar do sol, depois de uma noite fria dormindo no trailer.

Essa parte dos Estados Unidos é grande em todos os sentidos da palavra. É aqui que eles vêm filmar os comerciais de Marlboro. O primeiro sol da manhã enche o lugar de vida. Notei as colmeias brancas das abelhas que se alimentam do pólen das salvas. Os plátanos se alinham nos vales às margens dos rios. Os cactos crescem na areia.

Por aqui, de vez em quando, as abelhas se chocam em grande número contra o para-brisas do carro, e as tarântulas são tantas que cobrem a estrada de lado a lado.

Eu só consigo enxergar em preto e branco, mas já me informaram que o cenário é uma mistura de ocre, laranja escuro, cinza ardósia, giz e creme.

A primeira tarefa do dia seria separar o meu mustangue da manada. Para me ajudar, eu teria cinco vaqueiros: Pat Russell, Cathy Twisselman, seu filho Caleb, Barney Skelton e Scott Silvera.

A ideia era levar a manada para o oeste, separar o mustangue e espantá-lo para o leste, para o território aberto e selvagem.

Cathy Twisselman, uma antiga aluna minha, salvou a filmagem logo no princípio, ao impedir que o mustangue se jogasse contra a cerca.

De repente, a coisa estava feita. A manada corria para o oeste e eu cavalgava atrás do mustangue em plena disparada pelo deserto alto. A cena, filmada de um helicóptero, mostra um jovem mustangue lustroso e rápido, seguido por um velho caubói sobre seu cavalo.

Em termos de redondel, isso era como mandar o cavalo correr com ajuda da corda leve. Em termos da psicologia da manada selvagem, eu era a égua dominante correndo atrás de um adolescente, expulsando-o do grupo para demonstrar meu desgosto em relação a ele; exigindo dele respeito e consideração.

A diferença era a seguinte: essa iniciação em vez de levar trinta minutos, como ocorre no cercado, levaria o dia inteiro.

Eu não havia pensado no pânico criado pelo helicóptero. Deveria ter pedido para que nos seguisse apenas pelos primeiros vinte minutos e depois retornasse ao rancho. Desse modo, poderíamos nos reagrupar e analisar a situação à medida que ela fosse se desenvolvendo.

Em vez disso, o helicóptero nos fez correr quase até a morte. Cobrimos quase 200 quilômetros no primeiro dia; o mustangue galopando a toda, continuamente, por uma hora e meia. Foi uma cavalgada inesquecível.

Eu acenava para o helicóptero, numa tentativa de fazê-lo retornar à base. Tentei usar o rádio, sem parar de cavalgar, mas o sistema de comunicação não era tão eficaz quanto pensáramos. Eu tinha uma camisa branca dentro da minha jaqueta para acenar para eles, que entretanto não conseguiam vê-la. Eu também mal podia ouvir o que eles diziam pelo rádio por causa do barulho do motor do helicóptero.

Era realmente muito duro galopar a toda velocidade por uma hora e meia tendo, às vezes, que me levantar da sela para poupar as costas do cavalo. Eu estava inseguro em relação ao terreno, e àquela altura um tombo poderia ser fatal. Eu simplesmente rezava para o sol se pôr.

Assim, o primeiro dia foi traumático. Esgotei completamente The Cadet, o meu primeiro cavalo. Acabou com as pernas esfoladas, mas, felizmente, não sofreu danos maiores.

Como eu havia previsto, as cercas eram uma preocupação horrível, mas nesse ponto o helicóptero foi de ajuda, pois espantava o mustangue para longe do arame farpado. Havia mais de 20 quilômetros entre uma cerca e outra, mas os mustangues não conhecem arame farpado; simplesmente não o veem.

Eu me mantive durante aquele longo primeiro dia com carne-seca da bolsa da minha sela e água do cantil. Só descansava um pouco, o tempo de descer de um cavalo e montar o outro. Foi realmente uma corrida infernal.

Finalmente escureceu e o helicóptero retornou.

Então aconteceu uma outra coisa que me disse que o projeto iria dar certo. Tomei a decisão de montar durante a noite um cavalo chamado Big Red Fox.

Big Red Fox era um puro-sangue aposentado das pistas de corrida e mantido em ótimas condições por seus proprietários na Flag Is Up Farms. Volta e meia eles apareciam para montá-lo. Não era um cavalo bonito, e consequentemente eu não deveria usá-lo durante o dia em frente às câmeras.

Ele salvou o documentário inteiro durante à noite.

Estava escuro, mas uma meia lua nos mostrava o mustangue um pouco adiante de nós. Era uma pequena parte da pradaria, cheia de buracos, mas conseguimos não cair em nenhum deles.

O mustangue começou a correr mais devagar.

Eu permiti que descansasse, que comesse e bebesse, mas não tirei os olhos dele. Eu precisava manter a pressão, exatamente como fazia no redondel ao pressionar o cavalo para longe de mim, mantendo-o dando voltas até que enviasse os sinais, sugerindo a Conjunção.

Do mesmo modo, eu estava informando àquele cavalo solto no espaço aberto que eu estava ali, de olho nele. Movimentava-me de modo calmo, mas pressionando-o, à luz do luar, o tempo todo. A minha visão em preto e branco me deu uma vantagem porque — segundo me dizem — à noite eu vejo melhor do que as pessoas de visão normal.

Então, por volta da meia-noite começou um nevoeiro que escondeu a lua. A escuridão agora é total.

E eu não consigo mais ver o mustangue.

Estou desesperado. Se perdê-lo, vou ter que começar tudo novamente.

Mas Big Red Fox me manteve na cola dele. Ele mesmo parava, ele mesmo avançava; me levava para a esquerda e para a direita. Big Red Fox não se afastava do mustangue. Era como se o cavalo selvagem tivesse um desses aparelhos que nos filmes policiais indicam no carro dos mocinhos para onde está indo o carro dos bandidos. Eu poderia ser cego, mas montado em Big Red Fox não perderia a pista do mustangue.

Larguei as rédeas e deixei Big Red Fox fazer o trabalho. Nós parávamos e eu tentava olhar através da neblina. De repente, via o mustangue a 2 metros de nós. Mágica pura! Meus pelos da nuca se arrepiaram todos. Big Red Fox estava sempre colado no cavalo selvagem. Eu via uma sombra. Big Red Fox me levava até ela e a sombra se transformava no mustangue.

Passamos a noite inteira desse modo. Era como se houvessem lançado um feitiço sobre toda a pradaria.

Às 4 horas da manhã, uma luminescência surgiu a leste e Big Red Fox começou a andar mais rapidamente. Estávamos trotando e, quando a luz aumentou, começamos a galopar.

O mustangue analisava a chegada do dia. Tentaria escapar pela última vez.

Quando o sol raiou definitivamente, às 4h30, ele me fez galopar atrás dele em alta velocidade por cerca de 20 quilômetros. Nunca uma perseguição fora tão angustiante.

Não havia câmeras, eu já estava montado havia 24 horas, mas não largava o mustangue.

Por volta das 5 horas, Pat Russell, que estava em terreno mais elevado, com seus binóculos, me descobriu cavalgando em alta velocidade, tentando alcançar o topo daquele vale.

Ao mesmo tempo — assim quis a sorte — ele viu a equipe de televisão com suas câmeras aparecer a nordeste. Cavalgou até eles e informou-lhes onde poderiam me interceptar.

Às 5h45, apareceram os veículos da 4WD e da ATV. Começaram a filmar a um quilômetro de distância enquanto eu descia o matagal do vale, cheio de ravinas e pedras traiçoeiras. Saímos do vale e entramos numa área mais plana. O terreno já não era mais tão difícil e o mustangue corria menos.

Posteriormente, descobri que essa área de chão plano era a zona de conforto dos mustangues; um lugar onde o capim era alto e eles podiam pastar sem ter que abaixar muito a cabeça e sem parar. Além disso, também havia água. Os mustangues são sobreviventes; sabem reconhecer um bom lugar quando o encontram.

Então, de repente, ele começou a olhar para mim. Ele estava me passando uma informação. Fugir a toda não estava funcionando e ele precisava pedir a minha ajuda. Meu trabalho, agora, era reconhecer sua linguagem e responder; responder que sim, que eu iria ajudá-lo, que eu estava do seu lado.

Senti que era hora de tentar a Conjunção.

Eu tinha uma lanterna muito forte com a qual podia indicar minha posição até mesmo à luz do dia. Fiz sinais com a lanterna, informando à equipe que queria trocar de cavalo. E o cavalo tinha que ser Dually.

Caleb Twisselman trouxe Dually para mim e eu mudei de montaria.

Agora eu poderia falar a língua de "Equus".

O mustangue poderia apontar a orelha para mim e abaixar o focinho, e no mesmo instante eu faria Dually andar mais devagar e aliviaria a pressão, o tiraria do anzol. Mas o mustangue saiu em disparada e Dually foi atrás dele, obrigando-o a se afastar ainda mais, fazendo-o compreender que nós éramos os substitutos da égua matriarca dominante.

Do mesmo modo como acontecia no redondel, Dually e eu estávamos nos comunicando com o cavalo selvagem na língua que ele entendia, sua língua materna, "Equus".

Sobre um cavalo altamente treinado como Dually eu podia usar todos os movimentos delicados, interpretativos, que diziam ao mustangue que podia confiar em nós.

Dually era um prolongamento do meu corpo e isso só foi possível graças à delicadeza e à velocidade com que respondia ao meu comando. Posso fazer com que ele se mova não mais de um centímetro para qualquer direção, tamanha é a sua sensibilidade.

Relutantemente, o mustangue começou a nos seguir. Estava analisando a situação. Aquela era uma experiência inteiramente nova para ele, mas via-se que estava preparado para aceitar-nos, a mim e ao meu cavalo.

Aconteceu a Conjunção.

Foi um momento mágico. Juntamente com Caleb Twisselman, ficamos tão perto dele e ele permitiu que o tocássemos. Ainda estava arisco, pronto para sair voando, mas confiou em nós. Realmente incrível.

O Dr. Bob Miller, especialista em comportamento animal, concordou. Como ele mesmo disse, tratava-se de um animal "capaz de matar mosca a coice". Ele era explosivo, selvagem. Ainda assim, por sua própria vontade, permitia o toque humano. Foi um privilégio.

Na hora, me ocorreu um nome para ele: Shy Boy (Garoto Tímido).

Mais do que nunca, eu sabia que a coisa estava feita. Fora a possibilidade de ele ser mordido por uma cascavel, não havia por que temer o fracasso.

Já realizara conjunções suficientes com cavalos selvagens dentro dos limites do redondel, por todo o mundo, para saber que conseguira fazer a mesma coisa outra vez; só que agora num redondel de 25 quilômetros de diâmetro.

Havia ainda dentro de mim a sensação de que minha vida havia fechado um círculo completo. Quando rapazola, eu observara esses cavalos e vira coisas que, acreditava, ninguém vira até então; coisas que me levaram a desenvolver minhas técnicas secretamente. Agora, uma equipe de televisão observava os menores movimentos desse mustangue.

A essa altura, Dually já cansara de carregar o meu peso e mudei para um quarto cavalo em 36 horas. Ele não me pertencia. Era um cavalo de rancho chamado George.

Esse cavalo mudou a situação notavelmente no instante em que o montei. O Dr. Miller também notou a mesma coisa; notou que o mustangue podia identificar George como um cavalo da região, embora nunca o houvesse visto antes. Pelo que o cavalo havia comido e bebido, pelo seu cheiro e presença, o mustangue soube imediatamente que enquanto Dually não era das redondezas, George dividia o mesmo estilo de vida com ele.

O mustangue confiava muito mais em George do que em Dually e permitiu que eu me aproximasse ainda mais. Gentilmente deixei que uma corda caísse sobre sua crina. Com a outra extremidade, fiz um laço solto. Ele se levantou e bateu com a cabeça na minha mão, uma vez, mas, depois dessa reação nervosa, se acalmou completamente.

E isso foi o suficiente para o seu primeiro dia. Shy Boy podia descansar agora, repensar as novas experiências, pastar e beber água.

Eu, por minha vez, estava feliz da vida por poder ir ao Buckhorn Hotel, fazer uma refeição completa e celebrar.

Montara por 36 horas, mas me sentia bem. Minhas costas não reclamaram em momento algum. Minha espinha dorsal meio desvertebrada aguentara o esforço e não precisei usar a cinta elástica uma única vez.

Além disso, quando tirei toda a roupa do corpo, notei que minha pele nada sofrera graças à milagrosa fita feita pela 3M.

Naquela noite, no Buckhorn Hotel, dormi como uma pedra.

Enquanto isso, Shy Boy descansava naquela área plana do terreno, sua zona de conforto. Os cavalos do rancho não estavam muito distantes e ele estava contente com a proximidade.

Ele seria checado durante a noite, mas eu tinha certeza de que não se desgarraria.

Na manhã seguinte, ao acordar, fui informado de que Shy Boy havia fugido; tentara atravessar a autoestrada e fora atropelado por um carro. Fiquei gelado antes de me dar conta do dia em que estávamos.

Primeiro de abril!

Voltei ao trabalho. Estava na hora de encilhá-lo.

Desmontei e aproximei-me a pé de Shy Boy; um momento crucial. Não apenas eu estava mais vulnerável, mas era também uma entidade diferente do homem-e-cavalo na qual ele aprendera a confiar.

Mas a coisa começou calma; tudo segundo as regras. Usei um fio de quase 2 metros com um pequeno gancho na ponta para pegar a fivela debaixo do seu estômago e ele tinha que aprender que aquilo não era uma cobra.

A sela era outra novidade para ele. Começamos com uma sela para crianças, mas, ainda assim, quando caminhei em direção a ele com a sela pendurada no meu braço, Shy Boy estava bem certo de que eu era um predador; um problema que se aproximava.

O Dr. Miller concordou: ele ficaria sobressaltado se eu lhe pusesse a sela normal logo de cara.

Nós estávamos construindo confiança o tempo todo; enquanto trabalhamos naquele dia, Shy Boy aprendeu que a sela não era um gato enorme, aprendeu que não o machucaríamos nem restringiríamos os seus movimentos de qualquer modo.

Precisamos de três selas: a pequena, a média e a normal. Cada passo era dado com grande cuidado. A confiança era como um fio de algodão entre nós; não podia ser rompida.

O segundo dia foi de trabalho árduo e paciente: o encilhamento, a primeira, a segunda e a terceira selas. As fugas — os voos — acabaram, mas a tensão continuava grande.

No dia seguinte, 2 de abril, eu já aprendera algumas coisas sobre Shy Boy. Era inteligente e tolerante até certo ponto. Mas não gostava de não poder falar sua linguagem, e isso ocorria sempre que eu não estava por perto.

Nesse terceiro dia, consolidamos o que havíamos conseguido com a sela e o apresentamos ao bridão e às rédeas.

Chegara a hora de verificar quão perigoso ele permanecera. Scott Silvera iria montá-lo.

Eu gostaria de poder montá-lo pela primeira vez, mas não poderia fazer isso. Além de eu pesar mais do que um jovem de peso médio, havia a questão da minha idade e do perigo, tanto para mim como para o cavalo.

Com Scott Silvera se aproximando e pedindo para pôr o pé no estribo, estávamos solicitando muito mais confiança da parte do cavalo. Uma nova pessoa, um novo cheiro, uma nova pressão e, finalmente, pela primeira vez na sua vida, um homem montado nas suas costas.

Da primeira vez que Scott Silvera se aproximou, Shy Boy empinou e escoiceou o ar com as patas dianteiras.

Foi necessário que todos nós nos muníssemos de calma; puséssemos em nossas mentes que aquilo não era uma empreitada urgente. É preciso ser muito paciente com esses cavalos. Se você agir como se tivesse apenas 15 minutos, acabará necessitando do dia inteiro. Se, ao contrário, agir como se tivesse o dia inteiro, tudo levará menos de 15 minutos.

De repente, com toda a calma, Scott estava com um pé no estribo. Ele se levantou com muito cuidado e sentou-se levemente na sela, como se fosse uma pena.

Vocês podem imaginar quanto esse momento foi emocionante para mim.

O desejo de ver isso acontecer estava profundamente encravado dentro de mim. E foi como uma explosão. A realidade era como um presente que causa grande alegria, juntamente com a sensação de haver fechado um círculo completo. Sabia que havíamos conquistado algo.

Por uma hora e meia Scott Silvera montou o mustangue com toda cautela. Fez com que ele caminhasse e trotasse. Fazia com que recuasse um passo depois de cada manobra.

Então, Scott Silvera cavalgou com Shy Boy até o rancho de Pat Russell, exatamente como eu fizera 45 anos antes para um rancho diferente depois das minhas expedições em Nevada.

Naquela época, fui ouvido com total descrédito por meu pai e outros vaqueiros quando descrevi o que descobrira entre a manada de cavalos selvagens. Dessa vez, recebi aplausos e congratulações dos meus amigos e colegas; tudo devidamente gravado pela equipe da televisão inglesa. Uma sensação incrível.

A equipe filmou ainda os dois velhos cínicos do Maverick Saloon, em Santa Ynez. Gravou seus comentários quando voltamos cavalgando vitoriosos para casa: "Bem, acho que, se podem levar um homem à lua, Monty pode trazer um mustangue selvagem como se fosse um cordeiro!"

AGRADECIMENTOS

Tenho um débito de gratidão com todos aqueles que se esforçaram para criar este livro: Sue Freestone, minha editora, que entusiasticamente me apoiou durante a minha primeira aventura no mundo literário; Sam North, que viajou pela metade do mundo para passar muitas semanas conosco, trabalhando diligentemente para dar brilho às minhas palavras; Jane Turnbull, minha agente literária entusiasta e solidária que me apoiou desde o início; Kelly Marks, que organizou tudo magnificamente para mim na Inglaterra; aos meus clientes que ficaram do meu lado durante todo o projeto, além de Sir Mark Prescott, Henry Cecil, Walther J. Jacobs e o Dr. Andreas Jacobs.

Um agradecimento muito especial a Sua Majestade, a rainha Elizabeth II, que iluminou meu trabalho com seu contínuo interesse; a Sir John Miller, instrumento da minha conexão com a Casa Real, e a Terry Pendry, meu amigo e ardente aliado, e à sua adorável família.

Preciso dar crédito aos meus nove alunos que alcançaram o nível de "Profissional Avançado": Crawford Hall, Sean McCarthy, Kelly Marks, Richard Maxwell, Terry Pendry, Tim Piper, Satish Seemar, Simon Stokes e Hector Valadez.

Este livro foi composto na tipografia Sabon LT Pro,
em corpo 11/15, e impresso em
papel off-white no Sistema Cameron da
Divisão Gráfica da Distribuidora Record.